わくわくポスター 社会 6年

歴史地図

教科書ワーク

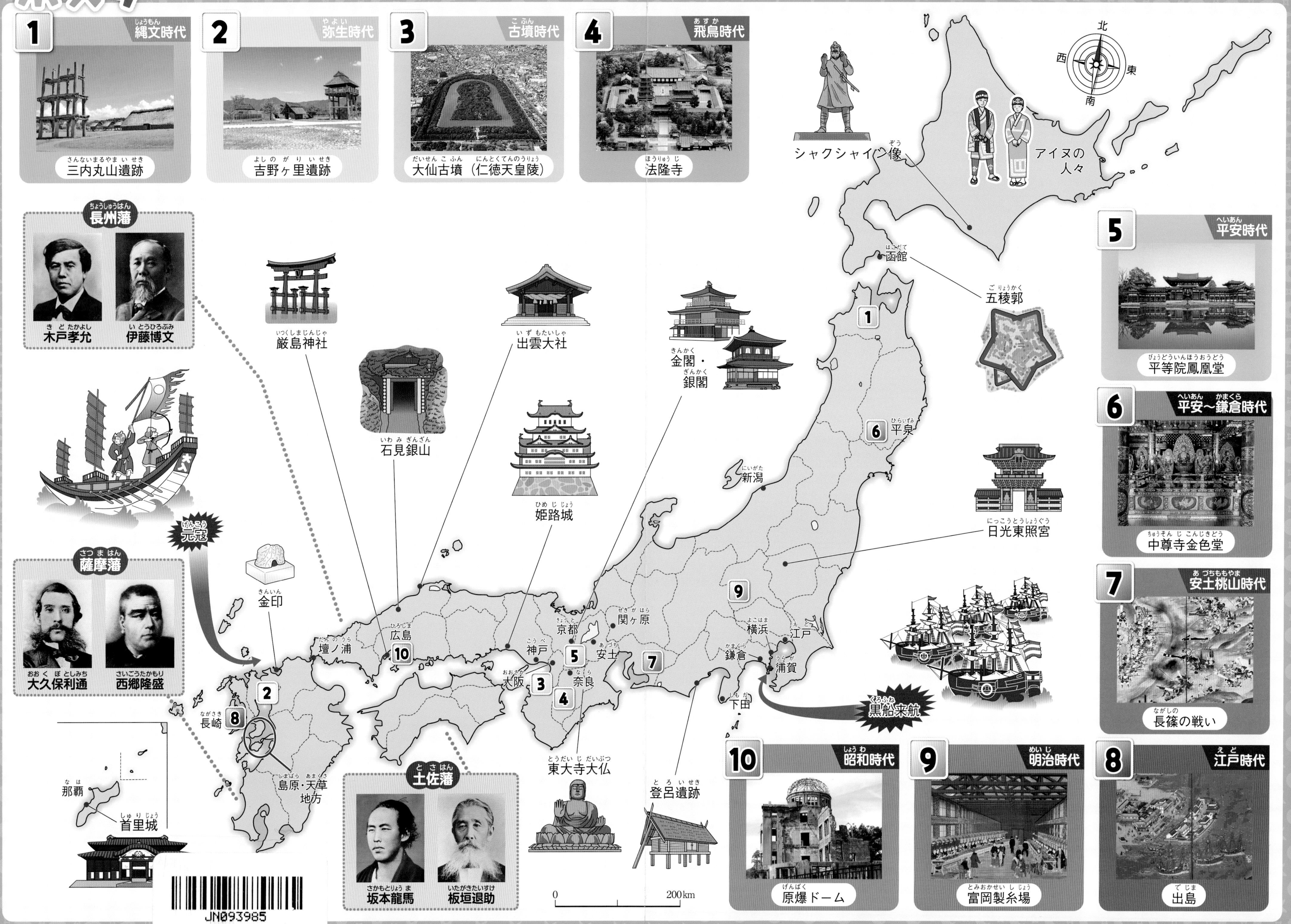

1 縄文時代 三内丸山遺跡

2 弥生時代 吉野ヶ里遺跡

3 古墳時代 大仙古墳（仁徳天皇陵）

4 飛鳥時代 法隆寺

5 平安時代 平等院鳳凰堂

6 平安～鎌倉時代 中尊寺金色堂

7 安土桃山時代 長篠の戦い

8 江戸時代 出島

9 明治時代 富岡製糸場

10 昭和時代 原爆ドーム

長州藩 木戸孝允 伊藤博文

薩摩藩 大久保利通 西郷隆盛

土佐藩 坂本龍馬 板垣退助

シャクシャイン像
アイヌの人々
北 西 東 南
函館
五稜郭
日光東照宮
厳島神社
石見銀山
出雲大社
姫路城
金閣・銀閣
平泉
新潟
元寇
金印
壇ノ浦
広島
神戸
京都
安土
関ヶ原
大阪
奈良
横浜
江戸
鎌倉
浦賀
下田
黒船来航
長崎
島原・天草地方
那覇
首里城
東大寺大仏
登呂遺跡
0 200km

JN093985

わくわくポスター 社会 6年

歴史年表

教科書ワーク

服装

時代	年	できごと
縄文		狩りや漁をしてくらす
弥生		米づくりが伝わる
弥生	二三九	邪馬台国の女王卑弥呼が中国（魏）に使いを送る
古墳		古墳が各地につくられる
古墳		大和朝廷が国土の統一をすすめる
古墳		大陸から仏教が伝わる
飛鳥		聖徳太子が政治の改革をすすめる
飛鳥	六四五	**大化の改新**が起こる
奈良	七一〇	都が平城京に移される
奈良	七五二	東大寺の大仏がつくられる
平安	七九四	都が平安京に移される
平安	八九四	遣唐使を停止する
平安	一〇一六	**藤原道長**が摂政になる
鎌倉	一一九二	**源頼朝**が征夷大将軍に任命される
鎌倉	一二七四 一二八一	元軍が二度にわたって攻めてくる（元寇）
室町	一三三八	足利尊氏が京都に室町幕府を開く
室町	一四六七	応仁の乱が起こる
戦国	一五四九	フランシスコ・ザビエルがキリスト教を伝える
戦国	一五七三	織田信長が室町幕府をほろぼす
安土桃山	一五七五	長篠の戦いが起こる
安土桃山	一五九〇	豊臣秀吉が全国を統一する
安土桃山	一六〇〇	徳川家康が関ケ原の戦いで勝利する
江戸	一六〇三	徳川家康が江戸に幕府を開く
江戸	一六三七	島原・天草一揆が起こる
江戸	一六四一	徳川家光が鎖国を完成させる
江戸	一八五三	ペリーが浦賀に来る
江戸	一八五四	日米和親条約を結ぶ
江戸	一八五八	各国と修好通商条約を結ぶ
江戸	一八六七	徳川慶喜が大政奉還を行う
明治	一八六八	明治維新が始まる
明治	一八八九	大日本帝国憲法が発布される
明治	一八九四	日清戦争が始まる
明治	一九〇四	日露戦争が始まる
明治	一九一一	**不平等条約の改正**を達成する
大正	一九一四	第一次世界大戦が始まる
昭和	一九三一	満州事変が起こる
昭和	一九三三	国際連盟を脱退する
昭和	一九三七	日中戦争が始まる
昭和	一九三九	第二次世界大戦が始まる
昭和	一九四一	太平洋戦争が始まる
昭和	一九四五	広島・長崎に原爆が落とされる・終戦
昭和	一九四六	日本国憲法が公布される
昭和	一九五一	サンフランシスコ平和条約・日米安全保障条約が結ばれる
昭和	一九五六	国際連合に加盟する
昭和	一九六四	東京でオリンピック・パラリンピックが開かれる
平成	二〇一一	東日本大震災が起こる
令和	二〇二一	東京でオリンピック・パラリンピックが開かれる

大化の改新を行った人々

中大兄皇子　中臣鎌足

同時代の**女性作家たち**

紫式部　清少納言

頼朝を取りまく人々

平清盛　源義経　北条政子

条約改正を進めた人々

陸奥宗光　小村寿太郎

食文化

縄文

狩りや漁のえものや木の実、貝などを食べていた。

弥生

米づくりが広まってからも、狩りや漁を行っていた。

奈良～平安

庶民の食事

お米と汁物と漬物だけの質素な食事。

貴族の食事

保存食が多く、栄養面はあまりよくなかった。

鎌倉

武士の食事

朝夕２回の質素な食事。

江戸

江戸の町の屋台

すし・天ぷら・そばなどの屋台ができ、外食をするようになった。

明治

食の明治維新

肉を食べることや、パン・牛乳などが広まった。

6年

実力アップ 白地図ノート

特別ふろく

教科書ワーク112ページのプラスワークも見てみましょう。

自分だけの地図を作って社会の力をのばす！調べ学習にも！

年	組	名前

※地図の縮尺(しゅくしゃく)は異(こと)なっている場合があります。また、一部の離島(りとう)を省略している場合があります。

「白地図ノート」はとりはずして使用できます。

●勉強した日　　月　　日

1 歴史地図①

歴史に出てきた地名をどんどん書いてみよう！　日本のどこで、どんなことが起こったかな？

●色分けのルールをかこう。

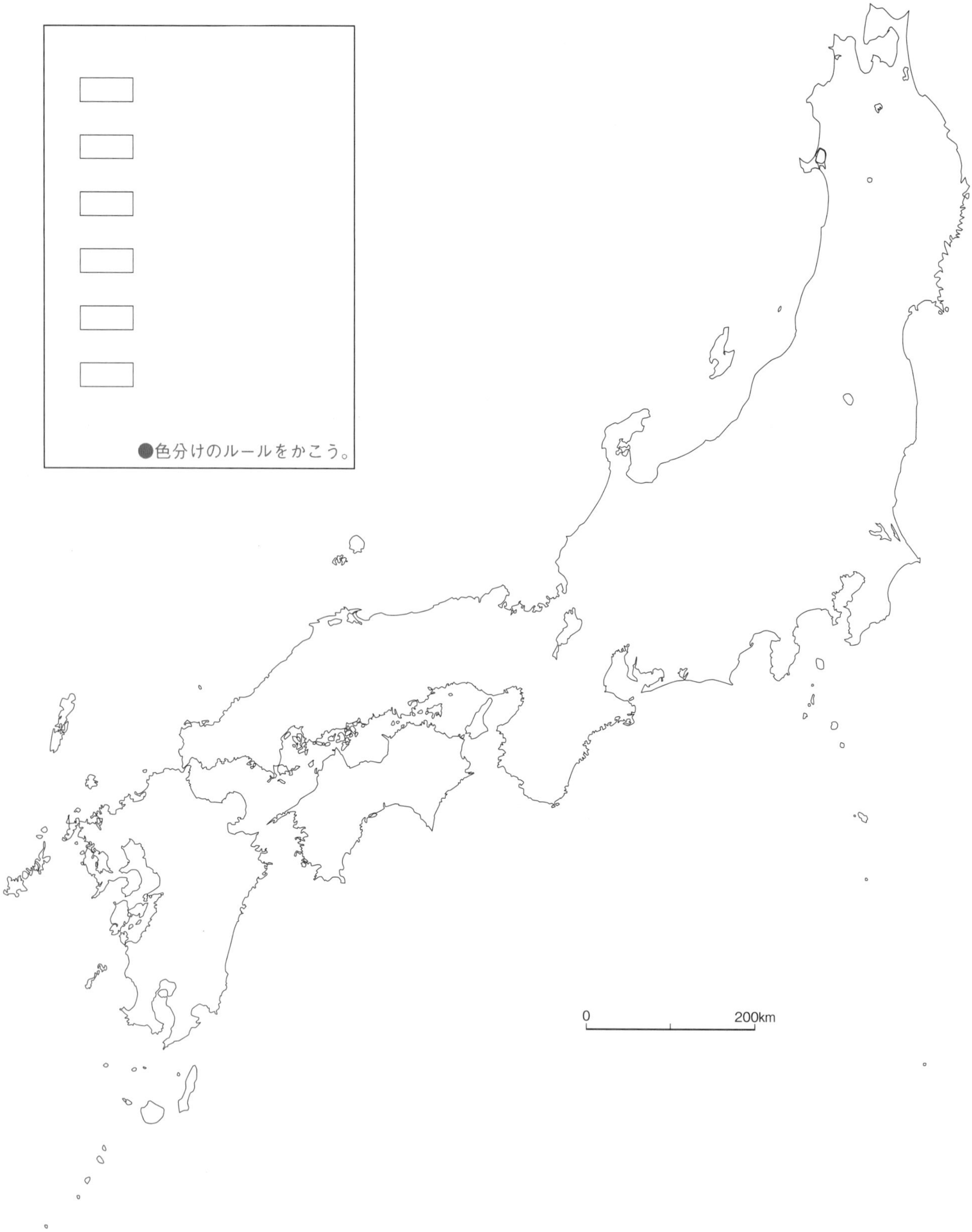

0　200km

歴史地図②

歴史的な建物がある場所を書き入れてみよう！　現在では、どの都道府県にあるかな？

●色分けのルールをかこう。

0　200km

●勉強した日　　月　　日

3 政治の中心となった地域①

使い方のヒント
この地域は長く日本の政治の中心で、歴史的な建物がたくさん残っているよ！調べてみよう！

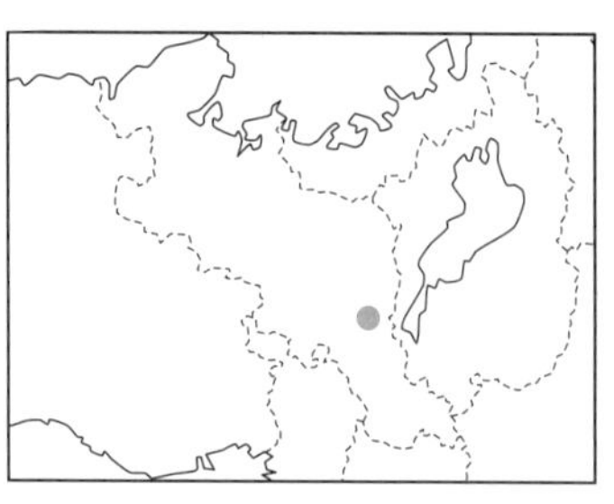

京都

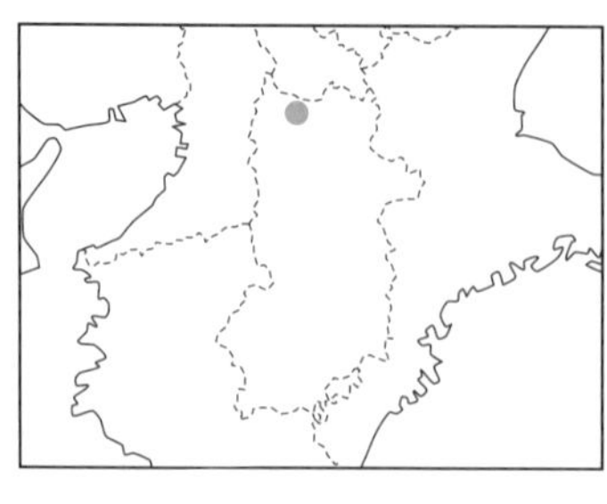

奈良

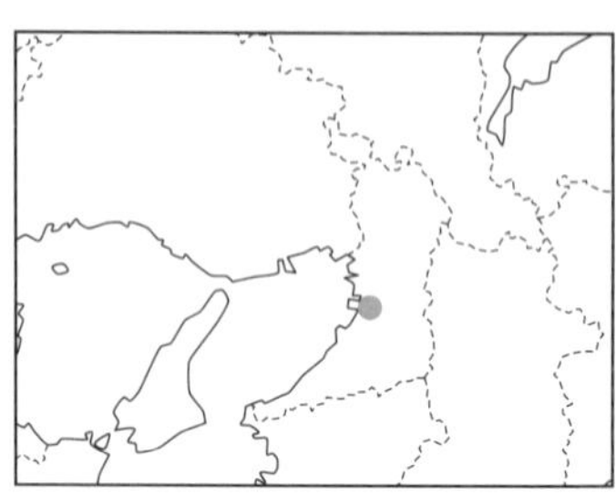

堺

●勉強した日　月　日

4 政治の中心となった地域②

使い方のヒント

江戸時代以降は、江戸（東京）が日本の政治の中心だよ！　鎌倉幕府があった場所も、この地図の中にあるね。

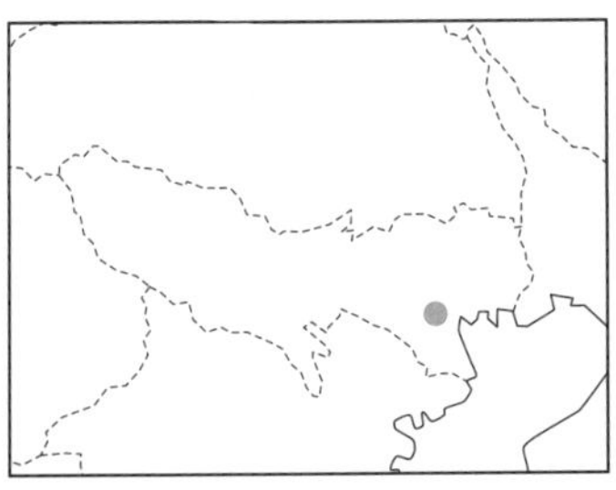

江戸

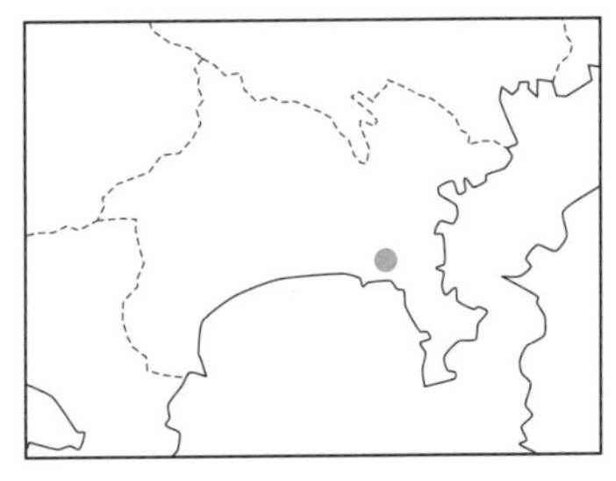

鎌倉

5 日本の旧国名

使い方のヒント

江戸(えど)時代の終わりごろの日本には、現在の都道府県とはことなる境界(きょうかい)があったよ。旧国名を調べてみよう！

●色分けのルールをかこう。

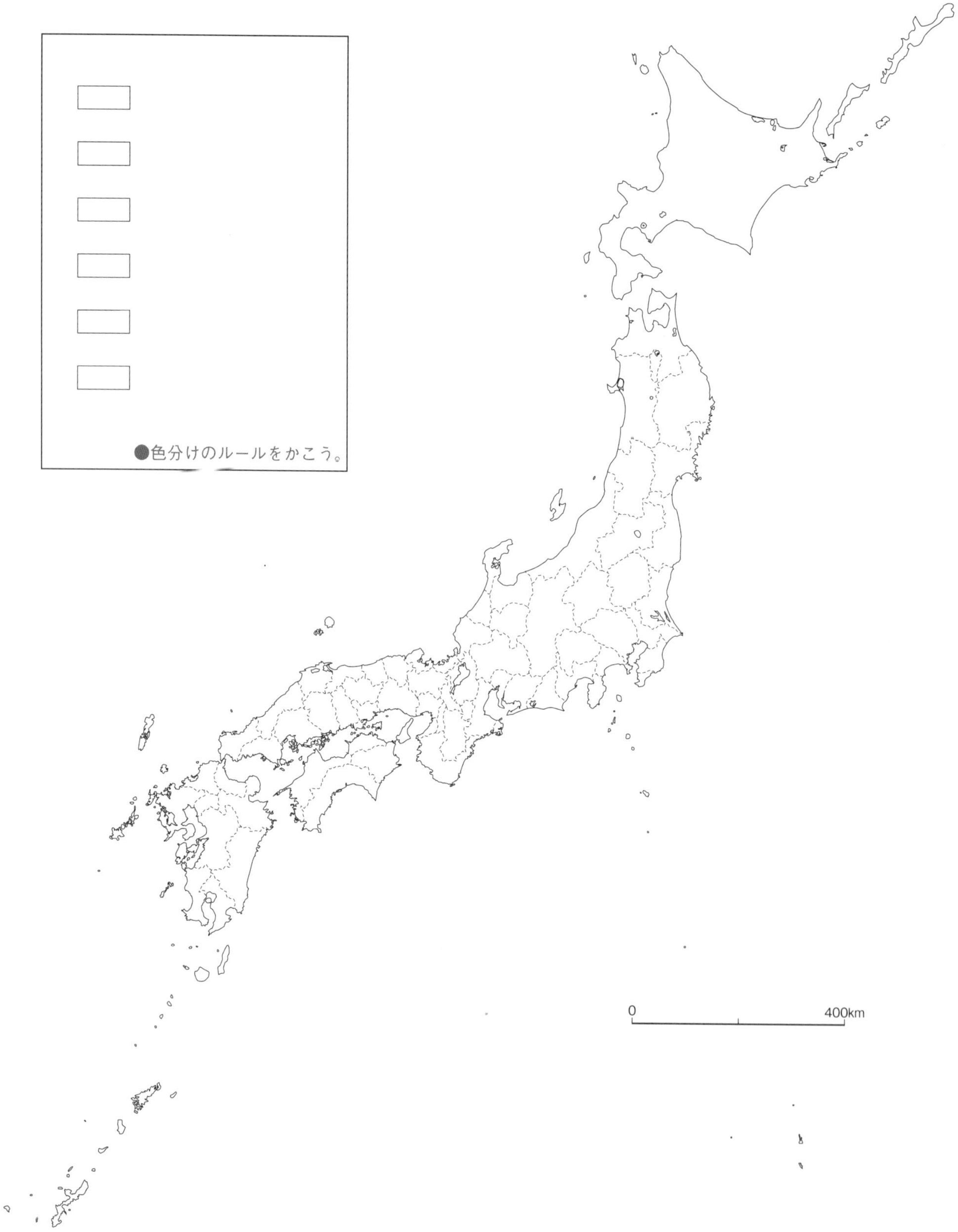

0　400km

●勉強した日　　月　　日

6 日本の都道府県

使い方のヒント
これは現在の日本の地図だよ！　左のページの地図と比べて、どこが変わっているかな？

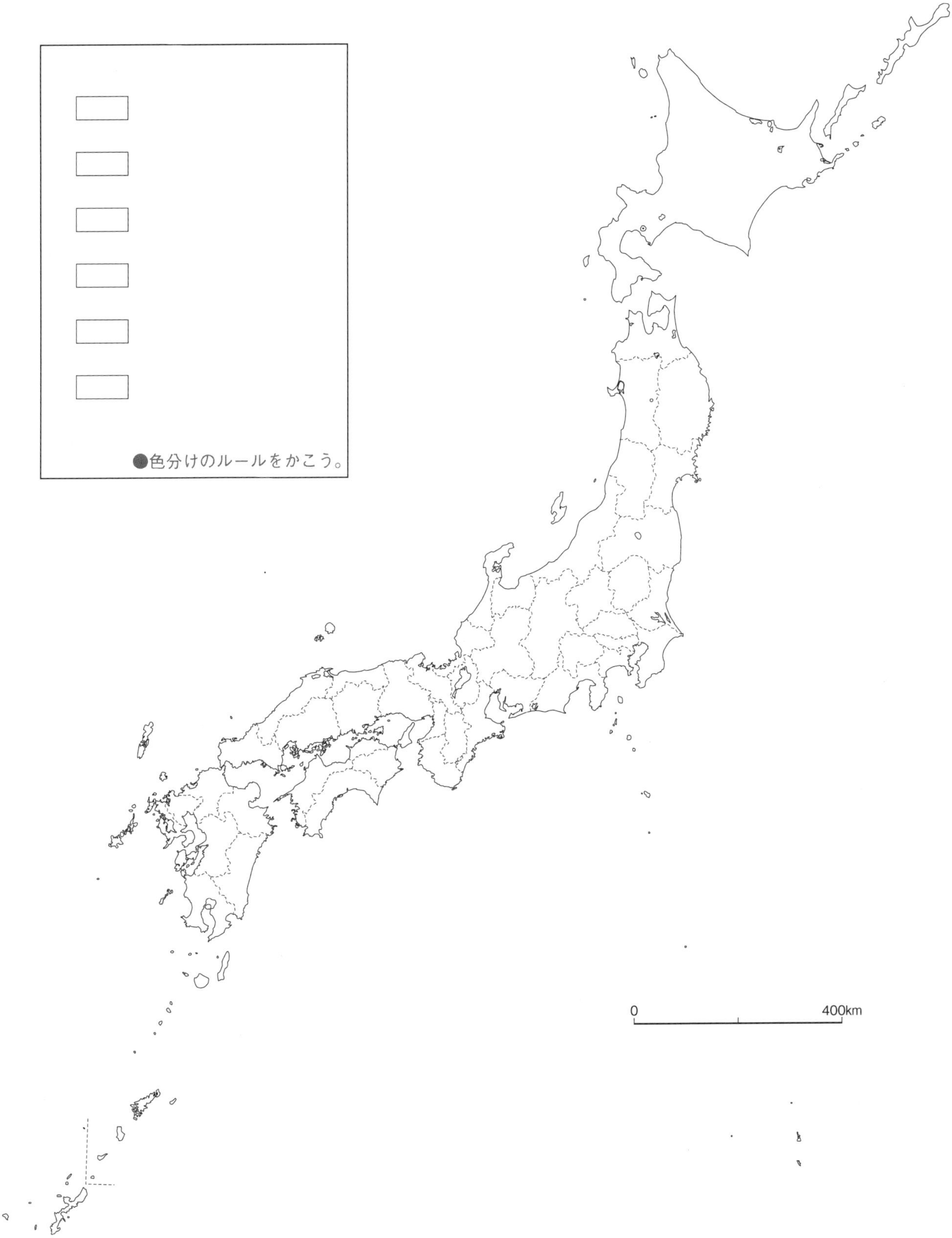

●色分けのルールをかこう。

0　400km

7 世界の国々

80°
20°
20°　0°　20°　40°　60°　80°　100°　120°　140°　160

●色分けのルールをかこう。

使い方のヒント

世界の地図だよ！　歴史に出てきた国や、行ったことがある国など、知っている国をぬってみよう！

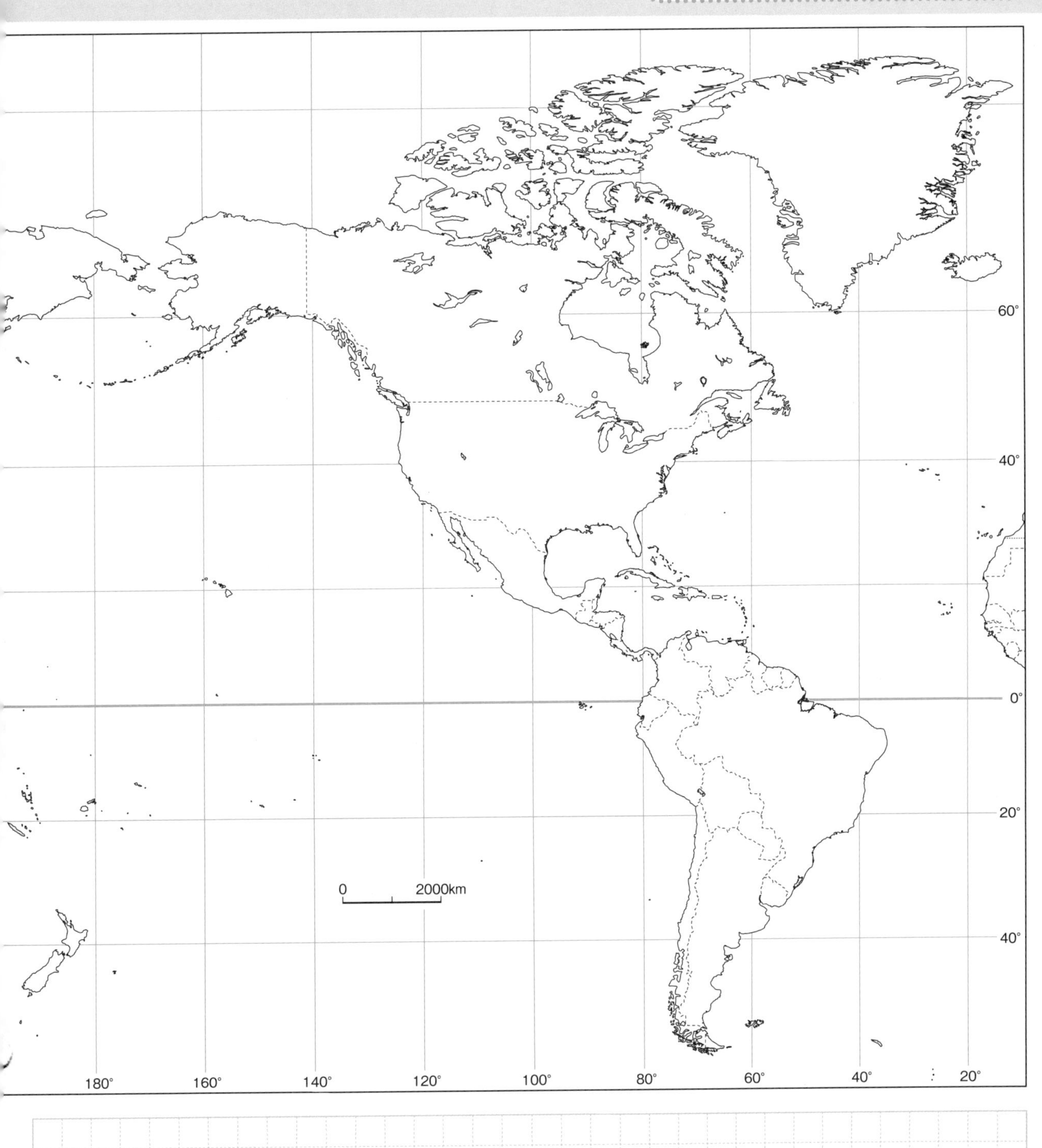

●調べたことを自由にかこう。

●勉強した日　　月　　日

8 東南アジア / 東アジア / オセアニア

使い方のヒント

日本は東アジアの国だね！　日本と直接飛行機で結ばれている国はどこかな？　調べてみよう！

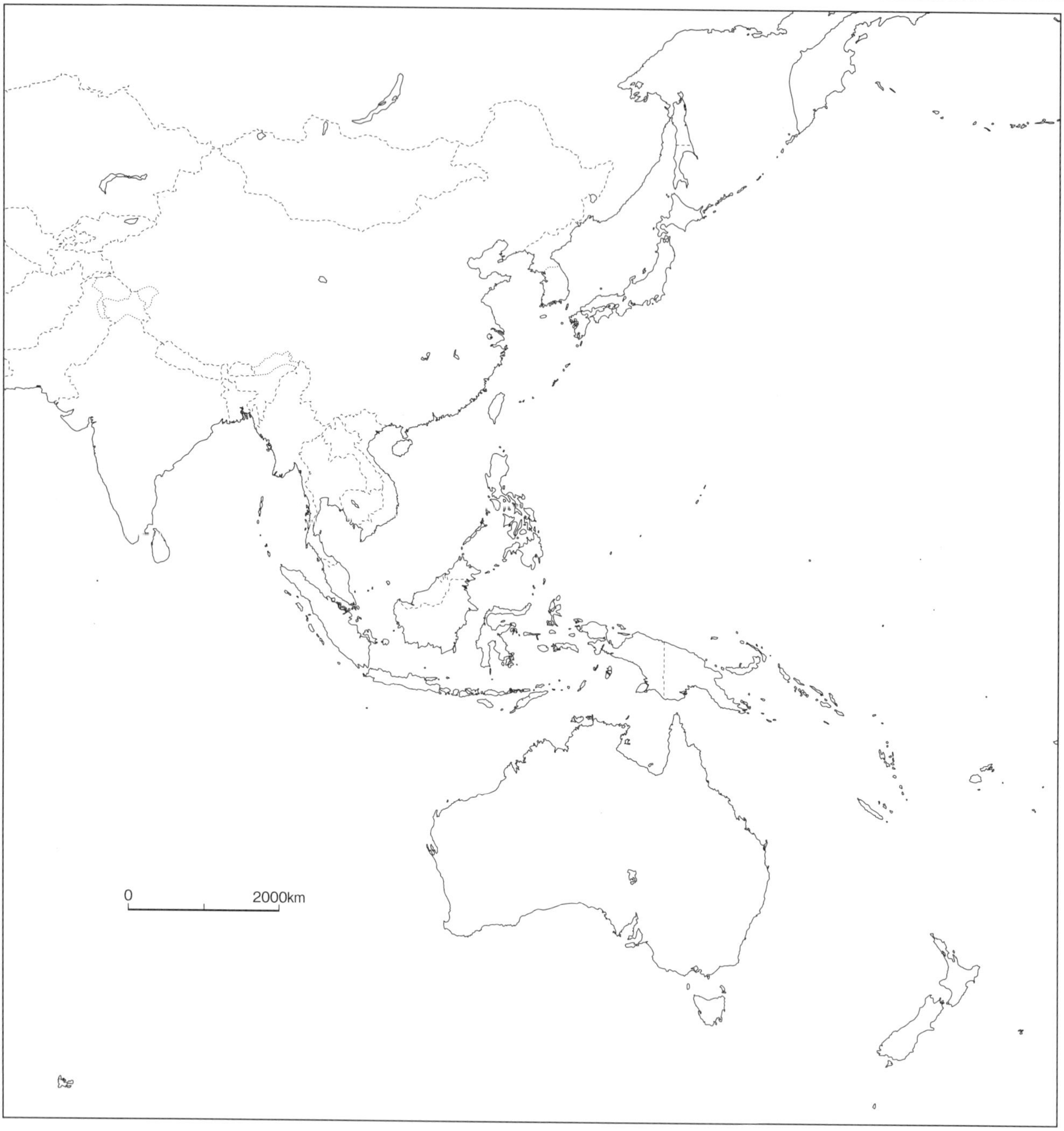

0　2000km

●色分けのルールをかこう。

●勉強した日　　月　　日

9 南アジア / 西アジア / アフリカ

この地域(ちいき)には、イスラム教やヒンドゥー教の信者が多い国があるよ。気になる国の宗教(しゅうきょう)を調べてみよう！

0　2000km

●色分けのルールをかこう。

10 ヨーロッパ

使い方のヒント
安土桃山時代以降、この地域から日本にいろいろな文化が伝わったね。歴史に出てきた国を探してみよう！

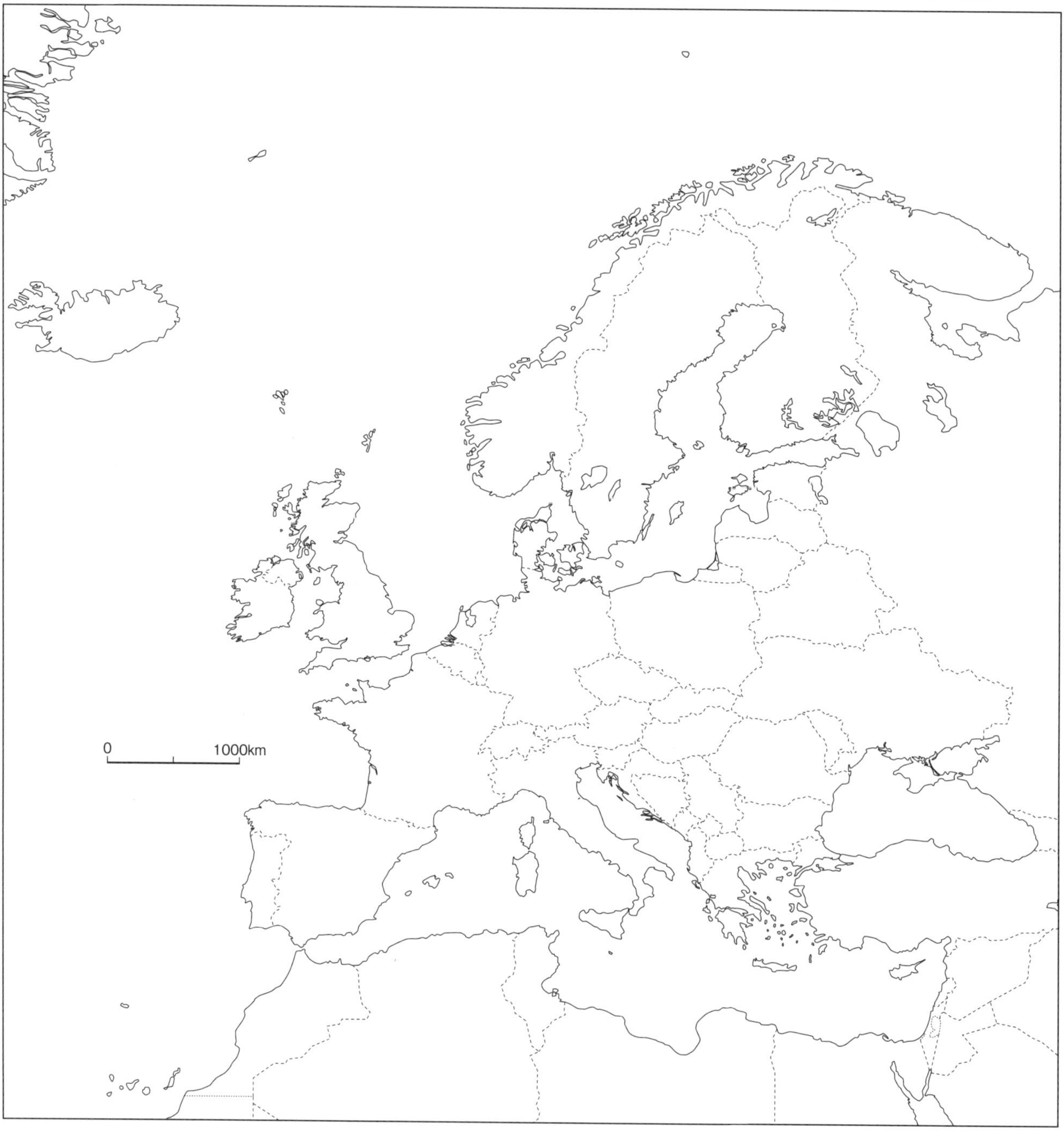

0　1000km

●色分けのルールをかこう。

●勉強した日　　月　　日

11 北アメリカ/南アメリカ

アメリカ合衆国（がっしゅうこく）やブラジルは、日本と特に関係が深い国だよ。他に知っている国はあるかな？

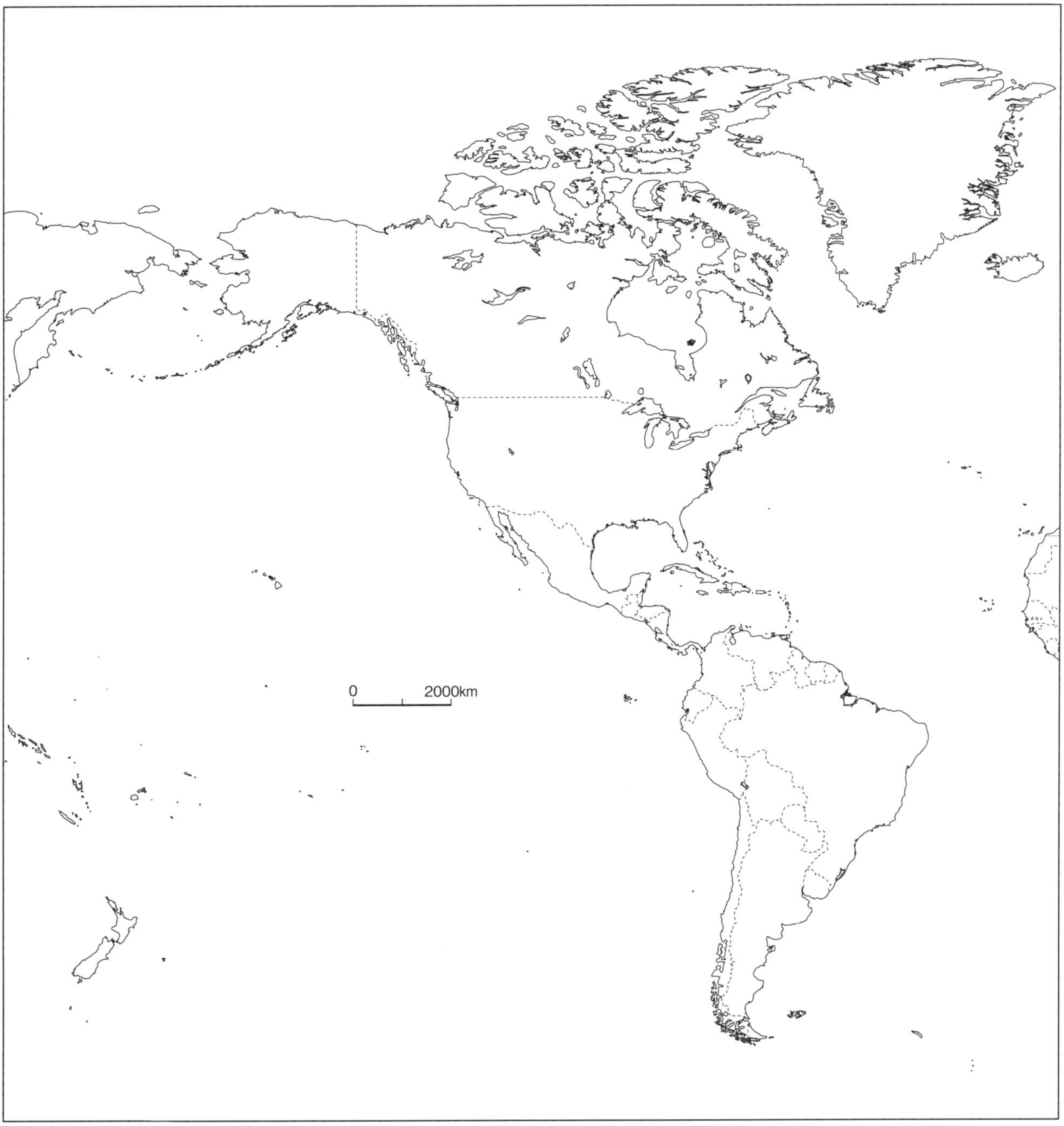

0　2000km

●色分けのルールをかこう。

12 フリー日本地図

好きな歴史人物、好きな時代などテーマを決めて、自分だけの歴史マップを自由につくってみよう！

●色分けのルールをかこう。

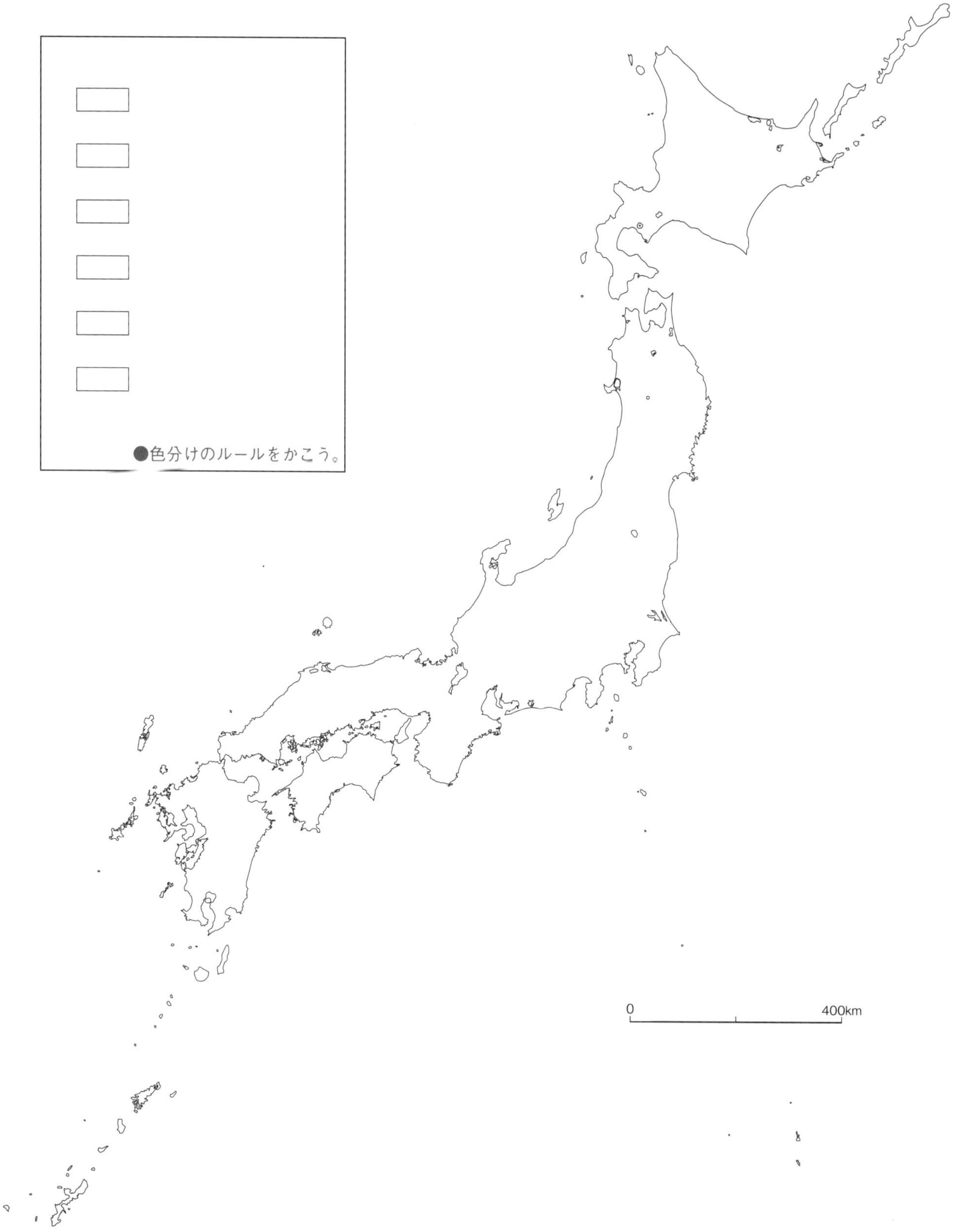

0　400km

●勉強した日　　月　　日

13 世界地図

使い方のヒント

さまざまな国の食べ物や宗教(しゅうきょう)、産業などについて調べて、どんなちがいがあるのかをまとめよう！

0　2000km

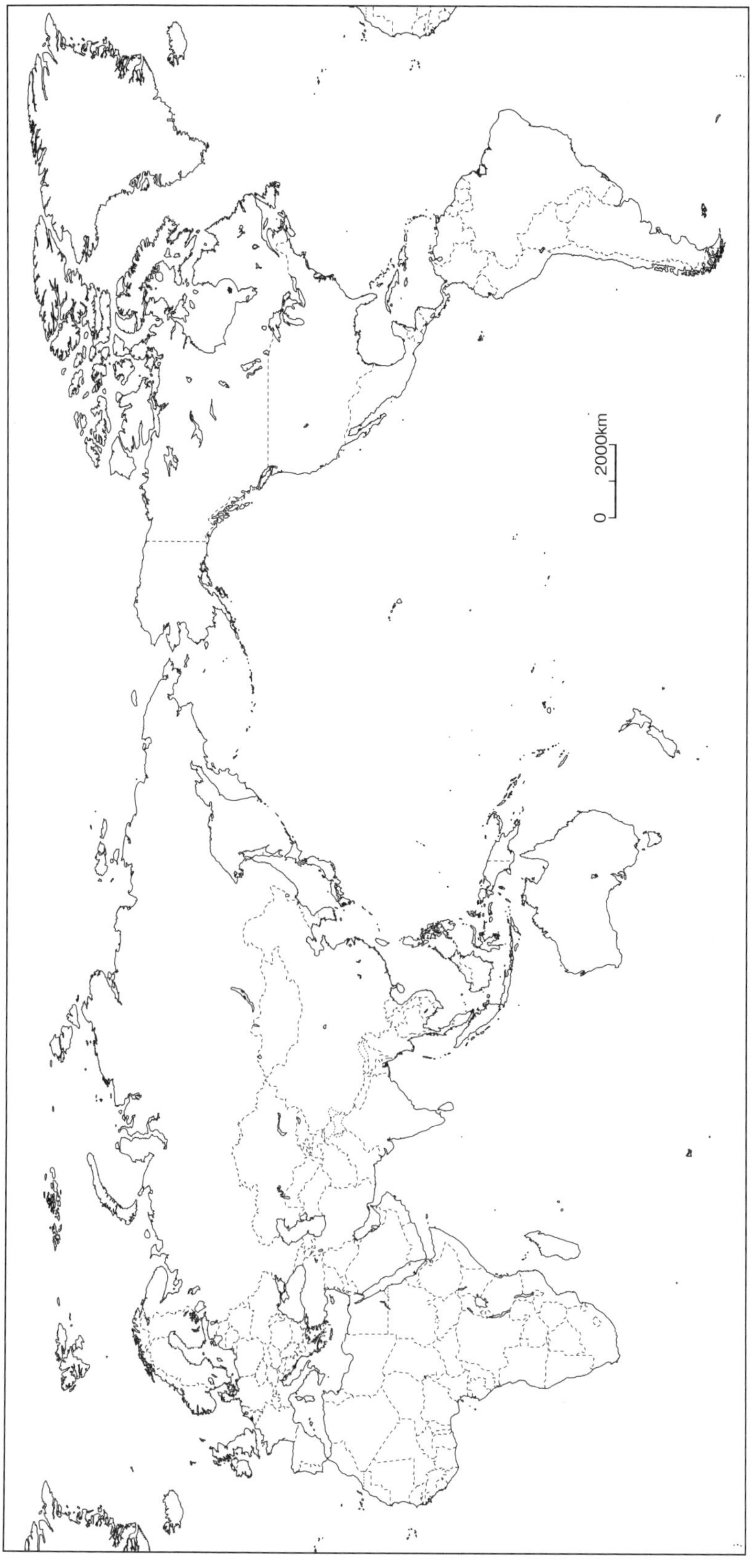

●調べたことを自由にかこう。
●色分けのルールをかこう。

●勉強した日　　月　　日

14 フリー年表

使い方のヒント

好きな時代や覚えたい時代の年表を自由につくってみよう！　イラストをかいてもいいね！

年	できごと

わくわくシール

★学習が終わったら、ページの上に好きなふせんシールをはろう。
がんばったページやあとで見直したいページなどにはってもいいよ。
★実力判定テストが終わったら、まんてんシールをはろう。

まんてんシール

ふせんシール

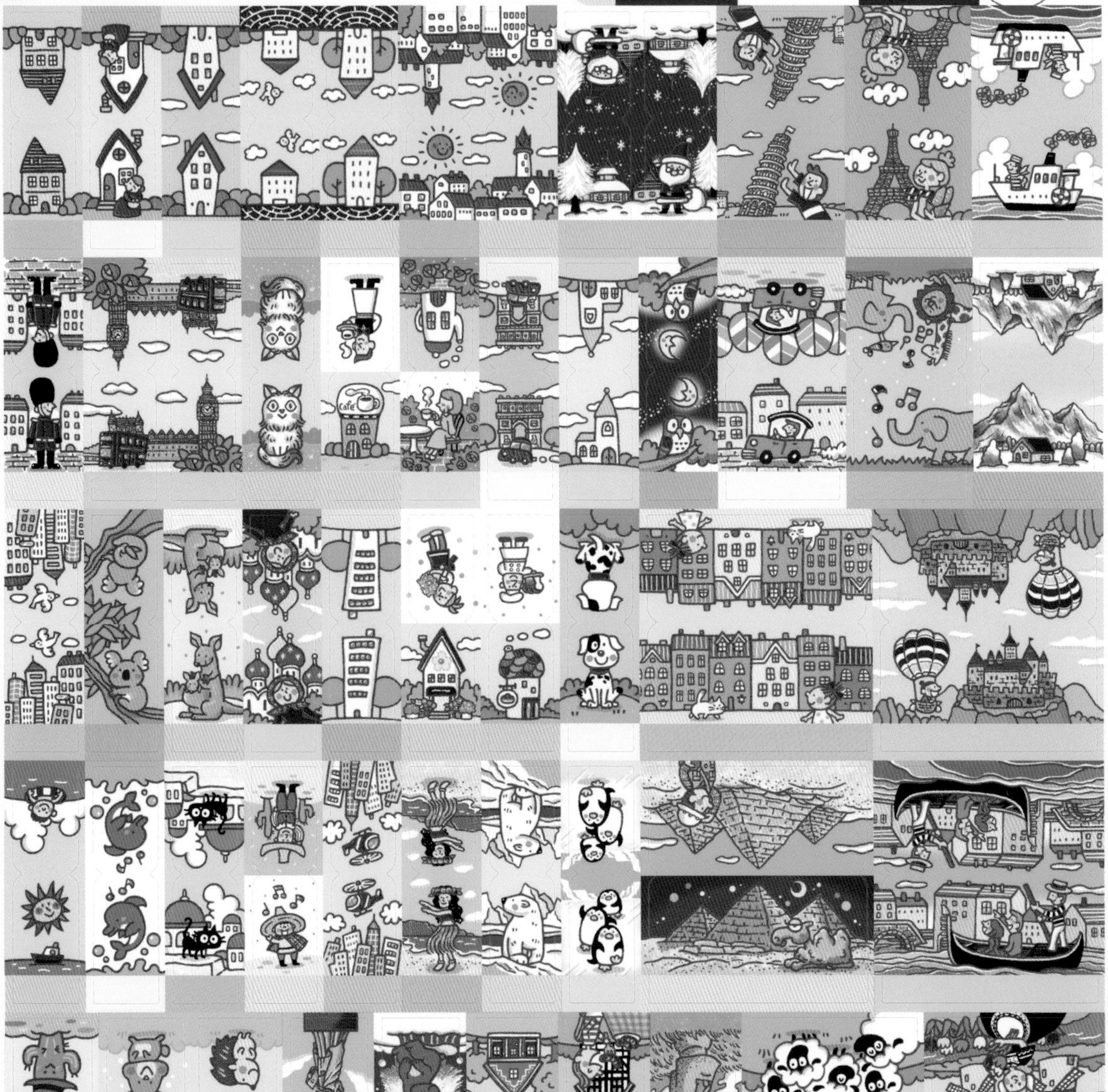

OK!!
できた!!
ドヤがお
かくにん
注意!!
ここが大切
重要!
見直し
カンペキ!
次はここから

教科書ワーク

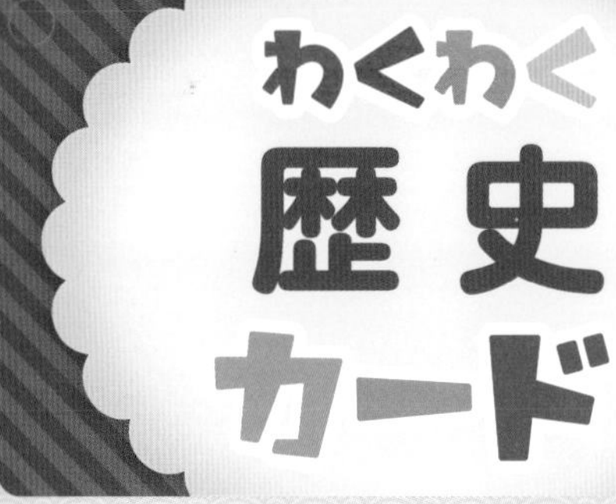

縄文時代

約5500年前

これはなに？

ヒント

- 縄文時代中期の大集落
- 青森県青森市
- 巨大な掘立柱の建物

1

弥生時代

57年ごろ

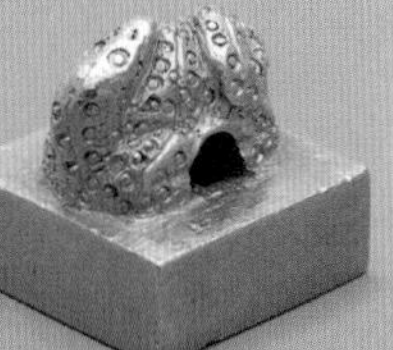

これはなに？

ヒント

- 中国の皇帝から奴国王へ
- 漢委奴国王ときざまれる
- 福岡県志賀島で発見

2

弥生時代

3世紀ごろ

これはだれ？

ヒント

- 邪馬台国の女王
- まじないで政治をする
- 中国に使いを送る

3

古墳時代

5世紀ごろ

これはなに？

ヒント

- 前方後円墳
- 日本最大の古墳
- 仁徳天皇の墓といわれる

4

飛鳥時代

574年～622年

これはだれ？

ヒント

- 十七条の憲法を定めた
- 冠位十二階を定めた
- 法隆寺を建てた

5

飛鳥時代

626年～671年

これはだれ？

ヒント

- 大化の改新を行った
- 中臣鎌足と協力した
- のちの天智天皇

6

奈良時代

752年

これはなに？

ヒント

- 聖武天皇がつくらせた
- 世界文化遺産
- 行基の協力

7

奈良時代

630年～894年

これはなに？

ヒント

- 中国（唐）に送られた
- 日本からの使者
- 大陸の文化をもたらす

8

奈良時代

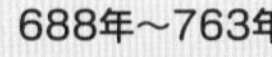

688年～763年

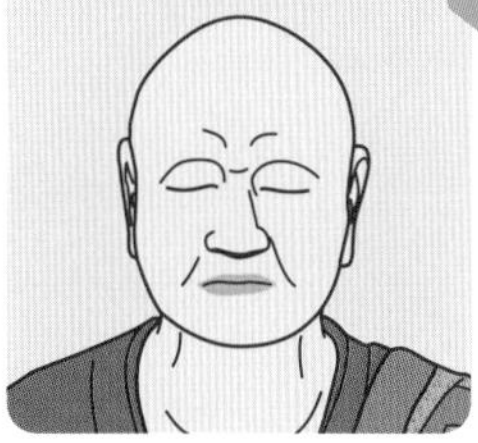

これはだれ？

ヒント

- 中国（唐）から来た僧
- 6回目の渡航で来日
- 唐招提寺を建てた

9

平安時代

966年～1027年

これはだれ？

ヒント

- この世をば　わが世とぞ思ふ（う）　もち月の　かけたることも　なしと思へ（え）ば

10

平安時代

1053年

これはなに？

ヒント

- 藤原頼通が建てた
- 10円玉にえがかれている
- 世界文化遺産

11

中大兄皇子

しゃかいかメモ

中臣鎌足とは、けまりの会で知り合いになったといわれているんだよ。

わたしが中臣鎌足と行った改革は？

6

東大寺大仏

しゃかいかメモ

仏教の力で国を守ろうと考えた右の天皇が、大仏や国分寺などをつくったよ。

大仏建立を命令した天皇はだれ？

7

遣唐使

しゃかいかメモ

彼らが持ち帰ったガラスのコップや琵琶などは、奈良・東大寺の正倉院に残っているよ。

わたしたちが向かった国はどこ？

8

鑑真

しゃかいかメモ

日本への渡航に５回失敗し、失明。唐招提寺には、日本最古の肖像ちょうこくがあるよ。

わたしはどこの国から来た？

9

藤原道長

しゃかいかメモ

４人のむすめを天皇のきさきにしたよ。天皇の親戚になって権力をにぎったんだ。

わたしがよんだのはどんな歌？

10

平等院鳳凰堂

しゃかいかメモ

上から見ると、鳳凰という鳥がつばさを広げた形に見えることから名づけられたよ。

これを建てた、藤原道長の息子は？

11

使い方

●きりとり線にそって切りはなしましょう。
●表面を見て人やものの名前を、裏面を見てふき出しのクイズの答えを言ってみましょう。
●時代ごとに分けたり、しゃかいかメモの豆知識を読んだりして楽しく学習しましょう。

※地図の縮尺は同じではありません。

三内丸山遺跡

しゃかいかメモ

集落の周辺でクリやマメを栽培したよ。当時の東北地方は今より暖かかったんだ。

ここはどの時代の遺跡？

1

金印

しゃかいかメモ

これをさずかった奴国は、１世紀ごろに九州北部にあった、有力だったくにの１つだよ。

これはどの国からさずけられた？

2

卑弥呼

しゃかいかメモ

卑弥呼や卑弥呼が治めた国のことは、中国の歴史書「魏志倭人伝」に記されているよ。

わたしが治めていた国の名前は？

3

大仙古墳

しゃかいかメモ

仁徳天皇陵古墳ともよばれる。のべ約700万人で、約16年かけて建設したとされるよ。

この古墳の形のことをなんという？

4

聖徳太子

しゃかいかメモ

小野妹子ら遣隋使を送り、大陸の制度や文化を取り入れた。法隆寺は世界文化遺産だよ。

わたしが定めた憲法は？

5

平安時代

10世紀～11世紀

これはだれ？

ヒント

- 「源氏物語」を著した
- かな文字
- 長編の小説

⑫

平安時代

10世紀～11世紀

これはだれ？

ヒント

- 「枕草子」を著した
- かな文字
- 随筆

⑬

平安時代

1118年～1181年

これはだれ？

ヒント

- 武士初の太政大臣
- 平氏のかしら
- 厳島神社を守り神とした

⑭

鎌倉時代

1147年～1199年

これはだれ？

ヒント

- 鎌倉幕府を開いた
- 鎌倉幕府の初代将軍
- 源氏のかしら

⑮

鎌倉時代

1159年～1189年

これはだれ？

ヒント

- 平氏をほろぼした
- 一ノ谷、屋島、壇ノ浦
- 源 頼朝の弟

⑯

鎌倉時代

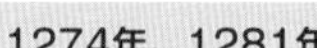

1274年、1281年

これはなに？

ヒント

- 執権は北条時宗
- 集団戦法・火薬兵器
- 九州北部での戦い

⑰

室町時代

1358年～1408年

これはだれ？

ヒント

- 金閣を建てた
- 室町幕府の3代将軍
- 中国（明）との貿易

⑱

室町時代

1436年～1490年

これはだれ？

ヒント

- 銀閣を建てた
- 室町幕府の8代将軍
- 書院造

⑲

室町時代

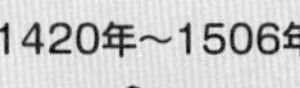

1420年～1506年

これはだれ？

ヒント

- 水墨画
- 墨の濃淡で絵をえがく
- 「天橋立図」

⑳

戦国時代

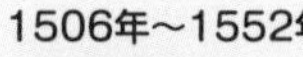

1506年～1552年

これはだれ？

ヒント

- キリスト教を日本に布教
- スペイン人
- 鹿児島から上陸した

㉑

安土桃山時代

1534年～1582年

これはだれ？

ヒント

- 長篠の戦いに勝った
- 安土城を建てた
- 楽市・楽座

㉒

安土桃山時代

1537年～1598年

これはだれ？

ヒント

- 大阪城を拠点に天下統一
- 明智光秀をたおした
- 検地と刀狩

㉓

紫式部

しゃかいかメモ

藤原道長のむすめの彰子に仕えたよ。紫式部の小説は、宮中でとても人気だったんだ。

わたしが書いた長編小説は？ 12

清少納言

しゃかいかメモ

藤原道隆のむすめの定子に仕えたよ。紫式部とはライバルだったといわれているんだ。

わたしが書いた随筆は？ 13

平清盛

しゃかいかメモ

平治の乱で勝利し、権力をにぎった。中国（宋）と貿易したよ。右の写真は、厳島神社。

わたしは武士で初めて何になった？ 14

源頼朝

しゃかいかメモ

平治の乱で平清盛にやぶれた源義朝の、三男として生まれた。妻は北条政子だよ。

わたしが開いた幕府は？ 15

源義経

しゃかいかメモ

子どものころの名前は牛若丸。のちに頼朝と対立し、平泉でなくなったよ。

わたしがほろぼしたのは何氏？ 16

元寇

しゃかいかメモ

表面の絵は熊本の御家人だった竹崎季長が、自分の活やくを示すためにえがかせたよ。

この時の執権はだれ？ 17

足利義満

しゃかいかメモ

右の写真は京都北山にある別荘だよ。室町幕府は義満の時代にもっともさかえたんだ。

わたしが建てた別荘の名前は？ 18

足利義政

しゃかいかメモ

右の写真は京都東山にある別荘だよ。義政の時代に応仁の乱という戦いが起こったんだ。

わたしが建てた別荘の名前は？ 19

雪舟

しゃかいかメモ

中国にわたって、絵の勉強をしたんだ。右の写真の「天橋立図」は国宝になっているよ。

わたしはどんな絵をえがいた？ 20

ザビエル

しゃかいかメモ

マラッカでの日本人アンジローとの出会いが来日のきっかけといわれているよ。

わたしが日本に伝えたものは？ 21

織田信長

しゃかいかメモ

「鳴かぬなら　殺してしまえ　ほととぎす」は激しい気性を表しているね。

わたしが鉄砲で武田氏に勝った戦いは？ 22

豊臣秀吉

しゃかいかメモ

「鳴かぬなら　鳴かせてみせよう　ほととぎす」知恵を働かせるのが得意だったんだ。

わたしが上の場所に建てた城は？ 23

江戸時代

1542年～1616年

これはだれ？

ヒント

- 関ヶ原の戦いに勝利
- 江戸幕府を開いた
- 豊臣氏をほろぼした

24

江戸時代

1635年～

これはなに？

ヒント

- 徳川家光が制度化
- 1年おきに江戸に住む
- 大名に大きな負担

25

江戸時代

1634年～

これはなに？

ヒント

- 長崎につくられた
- オランダとの窓口
- おうぎ形の人工島

26

江戸時代

1653年～1724年

これはだれ？

ヒント

- 歌舞伎と人形浄瑠璃
- 約150編の脚本を書く
- 「曽根崎心中」など

27

江戸時代

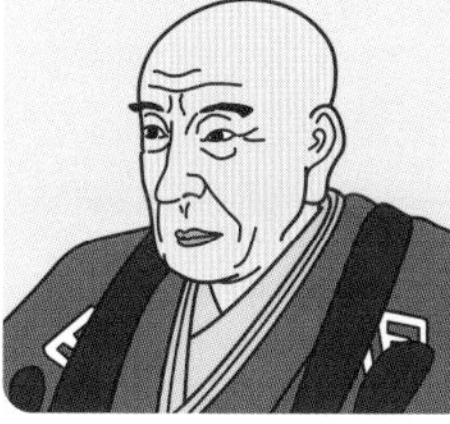

1797年～1858年

これはだれ？

ヒント

- 人気の浮世絵師
- 「東海道五十三次」
- 西洋の絵画にもえいきょう

28

江戸時代

1733年～1817年

これはだれ？

ヒント

- 「解体新書」をほん訳
- 前野良沢らと協力
- 医学と蘭学を発展させる

29

江戸時代

1745年～1818年

これはだれ？

ヒント

- 全国を歩いて測量した
- 正確な日本地図
- 地図は死後に完成

30

江戸時代

1794年～1858年

これはだれ？

ヒント

- 日米和親条約を結んだ
- 黒船で浦賀に来航
- アメリカ人

31

江戸時代

1837年～1913年

これはだれ？

ヒント

- 江戸幕府 15 代将軍
- 政権を朝廷に返した
- 武士の政治を終わらせた

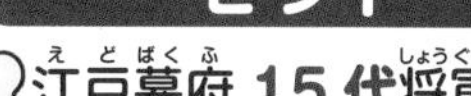

32

江戸時代

1823年～1899年

これはだれ？

ヒント

- 坂本龍馬の師
- 幕府の役人
- 江戸城の無血開城

33

明治時代

1827年～1877年

これはだれ？

ヒント

- 西南戦争を起こした
- 薩摩藩の出身
- 長州藩と同盟を結んだ

34

明治時代

1830年～1878年

これはだれ？

ヒント

- 薩摩藩の出身
- 明治政府の指導者
- 政府の実権をにぎった

35

伊能忠敬

しゃかいかメモ

伊能忠敬は千葉県佐原の名主。50 才になってから地図の勉強をしたんだよ。

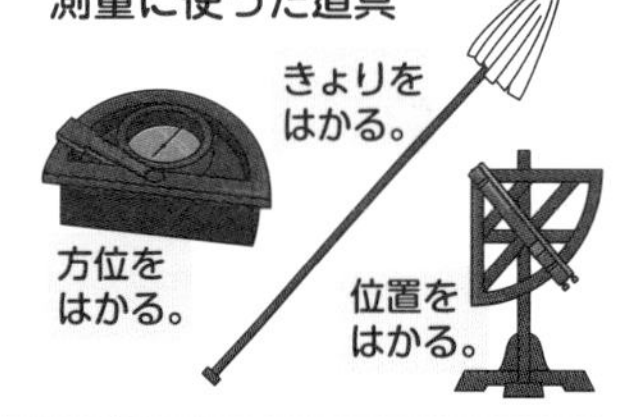

わたしはどうやって地図を作った？

30

ペリー

しゃかいかメモ

日本に開国をせまるアメリカ大統領からの手紙を持ってやってきたよ。

わたしが日本と結んだ条約は？

31

徳川慶喜

しゃかいかメモ

右の絵は、慶喜が政権を朝廷に返すことを大名たちに告げているようすだよ。

わたしは江戸幕府何代目の将軍？

32

勝海舟

しゃかいかメモ

新政府軍代表の西郷隆盛と話し合って江戸城を明けわたし、江戸の町を戦火から守ったよ。

土佐藩出身の、わたしの弟子は？

33

西郷隆盛

しゃかいかメモ

大久保利通とは幼なじみ。右の絵の戦いで新政府の軍隊にやぶれ、自害したよ。

わたしが中心となった士族の反乱は？

34

大久保利通

しゃかいかメモ

廃藩置県、富国強兵、殖産興業など、明治の改革を中心となってすすめたよ。

わたしはどこの藩の出身かな？

35

徳川家康

しゃかいかメモ

「鳴かぬなら　鳴くまで待とう　ほととぎす」ねばり強くがまんして天下をとったよ。

わたしが 1600 年に勝った戦いは？

24

参勤交代

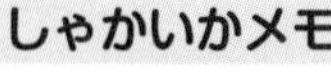

しゃかいかメモ

行列には武器や衣類を運ぶ人や、先頭で行列が来たことを知らせる人などがいたよ。

これを制度化したのはだれ？

25

出島

しゃかいかメモ

出島を通して、さまざまなヨーロッパの文化が日本に伝えられたよ。

この人工島はどこにつくられた？

26

近松門左衛門

しゃかいかメモ

町人のいきいきとしたすがたをえがいたよ。作品は今でも上演されているんだ。

わたしは何の脚本を書いた？

27

歌川広重

しゃかいかメモ

「東海道五十三次」は東海道の名所風景をえがいた版画。大量に印刷されたよ。

わたしはどんな絵をえがいた？

28

杉田玄白

しゃかいかメモ

「蘭学事始」には、オランダ語の医学書を日本語に訳す苦労などが記されているよ。

わたしたちがほん訳した医学書は？

29

明治時代

1833年～1877年

これはだれ？

ヒント

- 長州藩の出身
- 五箇条の御誓文を作成
- 明治政府の指導者

36

明治時代

明治初期

これはなに？

ヒント

- 西洋の文化を取り入れた
- 鉄道・電信の開通
- ガス灯がついた

37

明治時代

1834年～1901年

これはだれ？

ヒント

- 「学問のすゝめ」を著す
- 人間の平等などを説く
- 慶應義塾大学を設立

38

明治時代

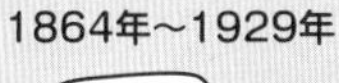

1864年～1929年

これはだれ？

ヒント

- 満６才でアメリカに留学
- 日本初の女子留学生
- 女子教育に力をつくす

39

明治時代

1837年～1919年

これはだれ？

ヒント

- 自由民権運動の中心
- 国会開設をめざした
- 土佐藩の出身

40

明治時代

1841年～1909年

これはだれ？

ヒント

- 大日本帝国憲法の草案
- 初代内閣総理大臣
- 長州藩の出身

41

明治時代

1844年～1897年

これはだれ？

ヒント

- イギリスと交渉
- 領事裁判権の廃止に成功
- 外務大臣

42

明治時代

1852年～1931年

これはだれ？

ヒント

- 破傷風の治療法を発見
- 伝染病の研究所を設立
- 新しいお札の肖像

43

明治時代

1878年～1942年

これはだれ？

ヒント

- 日露戦争に反対する歌
- 君死にたまふことなかれ
- 歌集「みだれ髪」

44

明治時代

1886年～1971年

これはだれ？

ヒント

- 雑誌「青鞜」を発刊
- 女性の地位向上をめざす
- 新婦人協会

45

昭和時代

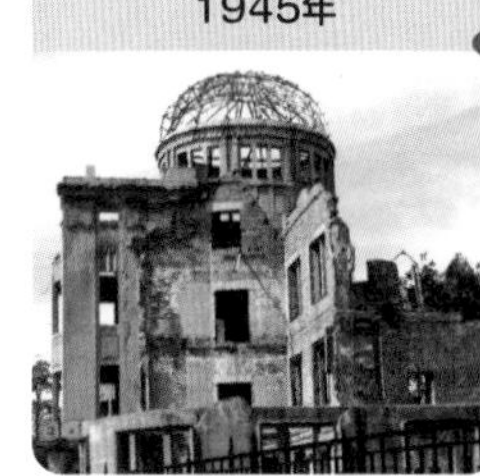

1945年

これはなに？

ヒント

- 1945年8月6日
- 広島に原爆が投下された
- 世界文化遺産

46

昭和時代

1964年

これはなに？

ヒント

- 1964年10月10日
- アジア初のオリンピック
- 高度経済成長

47

陸奥宗光

しゃかいかメモ

小村寿太郎（右）がアメリカと交渉して関税自主権を回復し、条約改正が達成されたよ。

◀小村寿太郎

わたし、陸奥宗光が交渉した国は？

42

北里柴三郎

しゃかいかメモ

熊本県出身の細菌学者。大学卒業後にドイツに留学し、研究にはげんだよ。

わたしが治療法を発見した病気は？

43

与謝野晶子

しゃかいかメモ

「君死にたまふことなかれ」には、戦場にいる弟を心配する気持ちがこめられていたよ。

わたしが反対した戦争は？

44

平塚らいてう

しゃかいかメモ

右の雑誌の創刊号でのべた、「元始、女性は実に太陽であった」という言葉が有名だよ。

わたしを中心に発行された雑誌は？

45

原爆ドーム

しゃかいかメモ

広島の3日後、長崎にも原爆が投下されたんだ。右の像は、それから10年後にできたよ。

▼平和祈念像(長崎)

広島に原爆が投下されたのは何月何日？

46

東京オリンピック

しゃかいかメモ

後に札幌と長野で冬季オリンピックが開かれた。２回目の東京オリンピックは 2021 年！

初めて開かれたのは何年？

47

木戸孝允

しゃかいかメモ

もとの名は桂小五郎。大久保利通、西郷隆盛とともに「明治維新の三傑」と呼ばれるよ。

わたしはどこの藩の出身かな？

36

文明開化

しゃかいかメモ

「ざんぎり頭をたたいてみれば　文明開化の音がする」とうたわれたよ。

これはどんな風潮のこと？

37

福沢諭吉

しゃかいかメモ

「天は人の上に人を造らず、人の下に人を造らずと言えり。」は有名だね。

◀慶應義塾大学

わたしが書いた本は？

38

津田梅子

しゃかいかメモ

岩倉使節団に同行した留学生の１人。女子英学塾（今の津田塾大学）をつくったよ。

▼岩倉使節団

わたしが留学した国は？

39

板垣退助

しゃかいかメモ

国会開設が決まると、板垣退助は自由党を、大隈重信は立憲改進党を結成したよ。

わたしが中心となった運動は？

40

伊藤博文

しゃかいかメモ

大久保利通の暗殺後、政治の中心人物になったよ。中国のハルビンで暗殺されたんだ。

わたしを中心につくられた憲法は？

41

日本文教版 社会6年

動画 コードを読みとって、下の番号の動画を見てみよう。

この本のページ

◆は選択学習です。いずれかを選んで学習をしましょう。

写真提供：アフロ、遠藤徹、岡山県立博物館、甲斐 善光寺、木村則夫、京都国立博物館、近現代PL、神戸市立博物館（南蛮屏風（右隻）/狩野内膳）、国立教育政策研究所教育図書館、国立劇場／人形浄瑠璃文楽座、国立国会図書館、慈照寺、首藤光一、正倉院正倉、世田谷区、東京国立博物館／TNM Image Archives、東京大学史料編纂所（大山寺縁起絵巻模写、聖堂講釈図・寺子屋図模写）、東京大学法学部付属明治新聞雑誌文庫、東京都江戸東京博物館、東阪航空サービス、徳川美術館イメージアーカイブ（源氏物語絵巻　東屋（一）絵、長篠合戦図屏風、米騒動絵巻＿三巻（米屋征伐）/桜井清香）、富井義夫、縄手英樹、日光東照宮、福岡市、藤田美術館、文化庁／さきたま史跡の博物館、毎日新聞社、前田育徳会、三田崇博、御寺泉涌寺、本居宣長記念館、山口県文書館、米沢市上杉博物館、読売新聞、ロイター、鹿苑寺、早稲田大学演劇博物館（近松巣林子像（模写）／（00287））、早稲田大学図書館、akg-images、Alamy、AP、Bridgeman Images、ColBase、DNPartcom、EUROPEAN SPACE AGENCY、GRANGER.COM、Interfoto、Mary Evans Picture Library、Picture Alliance、PIXTA、REX、Science Photo Library、The New York Times、TopFoto、U.S. Army、Ullstein bild、ZUMAPRESS（順不同・敬称略）

勉強した日　月　日

1　日本国憲法と政治のしくみ①

基本のワーク

学習の目標
日本国憲法は、くらしとどのように関係しているのでしょうか。

教科書 8～17ページ　答え 1ページ

1 幸せな生活を送る権利／日本国憲法とは

●JOY倶楽部…福岡市にある障がい者施設。一人一人の命をたいせつにした**社会参加**を進めることで、ともに生きる社会の実現をめざして活動している。

●①(　　　　)…人間一人一人が生まれながらにもっている権利。

●②(　　　　)**憲法**…国の政治の基本的なあり方や**基本的人権**を定めたもの。憲法にもとづいて、国や地方公共団体は政治をおこなう。

- 国民に広く知らせる**公布**……1946（昭和21）年③(　　月　　日)
- 実際に使われはじめる**施行**…1947（昭和22）年④(　　月　　日)

地方公共団体は、都道府県や市（区）町村のことだよ。地方自治体とも呼ぶね。

●**日本国憲法の三つの原則**

- ⑤(　　　　)**主権**…国の政治のあり方を最終的に決める権限が国民にあること。
- ⑥(　　　　)**の尊重**…人間が生まれながらにもっている権利を尊重すること。
- ⑦(　　　　)**主義**…戦争を二度とくりかえさないこと。

2 基本的人権と国民の権利・義務／人権に関する問題への取り組み

よみトク！図表　●**国民の基本的人権と三大義務…保障される権利とはたすべき義務。**

基本的人権

個人の尊重と⑧の平等

男女の平等

思想や学問の自由

言論や集会の自由

信教の自由

生命・身体の自由を侵害されない

居住・移転と⑨を選ぶ自由

健康で⑩な生活を営む権利

教育を受ける権利

働く権利

団結する権利

選挙する権利・選挙される権利

裁判を受ける権利

義務

⑪義務

税金を納める義務

子どもに⑫を受けさせる義務

●□にあてはまる言葉を書きましょう。

⑧(　　　　)⑨(　　　　)
⑩(　　　　)⑪(　　　　)
⑫(　　　　)

●人権に関する問題…障がい者、女性、高齢者、子ども、外国人などの人権に関する問題、インターネットやSNSの利用によって人権がおかされる問題がおきている。

●人権を守るために、さまざまな⑬(　　　　)がつくられている。

- ⑭(　　　　)法…障がい者の差別に関する**法律**の一つ。障がいを理由にした差別的なあつかいや、権利をおかすことを禁止している。

つながるSDGs
法律にもとづき、基本的人権を尊重することが求められる。

1889年に定められた大日本帝国憲法では、国民の権利は「天皇からあたえられたもの」であったため、法律によって権利や自由が制限されることもあったんだよ。

できた数　／15問中

教科書　8〜17ページ　答え　1ページ

1 日本国憲法について、次の文を読んで、あとの問いに答えましょう。

日本国憲法の前文の一部（要約したもの）

日本国民は、①わたしたちと子孫のために、世界の人々と仲よく協力し合い、自由のもたらす恵みを国土の全体にわたって確かなものにし、②政府の手によって再び戦争の災いがおこることのないように決意し、③主権が国民にあることを宣言して、この憲法を定める。

(1) 日本国憲法が施行されたのはいつですか。次から選びましょう。（　）

㋐ 1946年５月３日　㋑ 1946年11月３日　㋒ 1947年５月３日

(2) 下線部①〜③は、日本国憲法の３つの原則のうち、どれにあてはまりますか。次からそれぞれ選びましょう。①（　）②（　）③（　）

㋐ 国民主権　㋑ 基本的人権の尊重　㋒ 平和主義

(3) 地方の政治をおこなっている、都道府県や市（区）町村のことを何といいますか。（　）

2 次のカードを見て、あとの問いに答えましょう。

Ⓐ 教育を受ける権利	Ⓑ 裁判を受ける権利	Ⓒ 職業を選ぶ自由
Ⓓ 信教の自由	Ⓔ 思想や学問の自由	Ⓕ 男女の平等

(1) 上の**カード**は、日本国憲法で保障されたさまざまな権利の一部を示しています。このように、人間が生まれながらにもっている権利を何といいますか。（　）

(2) 次の①〜③にあてはまる国民の権利を、**カード**Ⓐ〜Ⓕからそれぞれ選びましょう。①（　）②（　）③（　）

① 性別を理由に差別されない。

② 好きな宗教を信仰できる。　③ 小学校に通うことができる。

(3) 国民の義務にあてはまるものを、次から３つ選びましょう。（　）（　）（　）

㋐ 税金を納める義務　㋑ 政治に参加する義務　㋒ 選挙で投票する義務

㋓ 仕事について働く義務　㋔ 子どもに教育を受けさせる義務

(4) 社会の秩序を守り、国民の生活を豊かにするため、国が定めたきまりを何といいますか。（　）

(5) 右の**資料**中の□にあてはまる言葉を、┆┆からそれぞれ選びましょう。①（　）②（　）

┆ 平和的　差別的　平等　かべ　利益 ┆

障害者差別解消法（2016年施行）

・障がいを理由に、①なあつかいや権利をおかすことをしてはならない。

・社会的な②となっていることを取りのぞくために、合理的配慮をすること。　など

ポイント 日本国憲法では、国民の基本的人権が保障されている。

勉強した日 月 日

1 日本国憲法と政治のしくみ②

学習の目標
国民主権はわたしたちの生活とどのような関係があるのでしょうか。

基本のワーク

教科書 18～21ページ　答え 1ページ

1 国民主権とは

●**国民主権**…国の政治のあり方を最終的に決める権限が①（　　　）にあること。

●国の政治…②（　　　）・内閣・裁判所の三つの機関が、仕事を分担して進めている。

➡国会の仕事は、全国から選挙で選ばれた③（　　　）が進める。

●現在の日本では、国民が選んだ代表者による④（　　　）政治がおこなわれている。

●選挙権…⑤（　　　）才以上の全ての国民が選挙で投票する権利をもつ。

◆国民の意見である⑥（　　　）が大きな力となり、政治を動かすこともある。

●**天皇**の地位…日本の国や国民のまとまりの⑦（　　　）。

◆⑧（　　　）の助言と承認にもとづいて、憲法で定められた仕事をおこなう。

国民主権のおもな内容

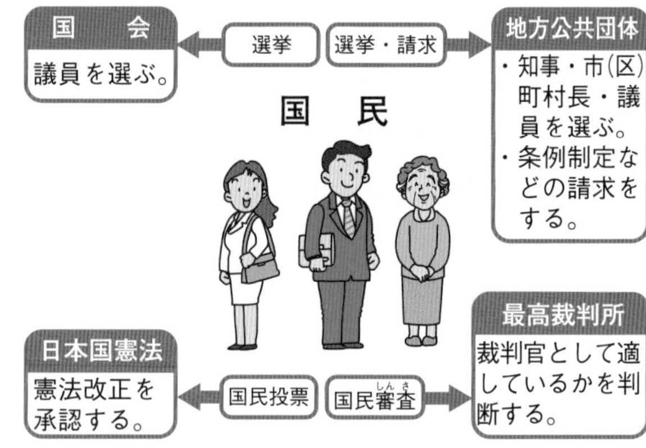

天皇のおもな仕事

- 憲法改正、法律、条約の公布
- 国会の召集　・衆議院の解散
- 内閣総理大臣や最高裁判所長官の任命
- 勲章などの授与
- 外国の大使などに会う

2 国会のはたらき

よみトク！資料

●**国会**…国の進む方向を決める機関。**衆議院**と**参議院**の⑫（　　　）制がとられている。

衆議院と参議院のちがい

⑨		参議院
465人	議員数	248人
⑩（　　　）年	任期	⑪（　　　）年
あり	解散	なし

●国会の仕事

◆**法律**や国の⑬（　　　）（収入と支出）、外国と結んだ⑭（　　　）の承認などを話し合って決める。

◆話し合いは、衆議院・参議院のそれぞれの本会議や委員会でおこなわれ、⑮（　　　）で決める。

多数決は、いちばん賛成の多い意見によって決める方法だよ。

●障害者差別解消法の成立…2006年に**国際連合**で障害者権利条約が採択され、障がいのある人たちの権利を守る義務があることを定めた。➡2016年に施行。改正法も2021年に成立。

●**国民の祝日**…「国民の祝日に関する法律」に規定。日本国憲法が公布された11月3日は⑯（　　　）の日、施行された5月3日は⑰（　　　）日など。

2016年の選挙から、選挙する人の年令が20才以上から18才以上に引き下げられたよ。高校生でも選挙で投票できる人がいるよ。

練習のワーク

できた数　／15問中

教科書　18～21ページ　　答え　1ページ

1 次の問いに答えましょう。

(1) 右の**図**は、国民主権のおもな内容を示しています。**図**中のあ～えにあてはまるものを、次からそれぞれ選びましょう。

あ(　　) い(　　)
う(　　) え(　　)

国会　あ
選挙
選挙・請求
地方公共団体　・知事・市(区)町村長・議員を選ぶ。　い
国民
日本国憲法　う
国民投票
国民審査
最高裁判所　え

㋐ 条例の制定などを請求する。
㋑ 憲法改正を承認する。
㋒ 議員を選ぶ。
㋓ 最高裁判所の裁判官として、適しているかを判断する。

(2) 天皇について、次の問いに答えましょう。

① 日本国憲法で定められている天皇の仕事を、次から選びましょう。(　　)

㋐ 法律が憲法に違反していないか判断する。　㋑ 内閣総理大臣を任命する。
㋒ 法律案をつくって、国会に提出する。　㋓ 外国と条約を結ぶ。

② 天皇が①をおこなうときに、助言と承認をあたえる機関はどこですか。(　　)

2 国会について、次の問いに答えましょう。

(1) 国会は、右の**図**のように、Ⓐ・Ⓑの２つの議院から構成されています。このようなしくみを何といいますか。(　　)

Ⓐ 議員数 465人
Ⓑ 議員数 248人

(2) Ⓐ・Ⓑの議院をそれぞれ何といいますか。

Ⓐ(　　) Ⓑ(　　)

(3) Ⓐについて、次の文の{　}にあてはまる言葉をそれぞれ選びましょう。

①(　　) ②(　　)

● Ⓐの議員の任期は①{ ㋐４年　㋑６年 }で、解散が②{ ㋐ある　㋑ない }。

(4) 国会の仕事を、次から２つ選びましょう。(　　)(　　)

㋐ 法律を話し合って決める。　㋑ 外国の大使などに会う。
㋒ 外国と結んだ条約を承認する。　㋓ 国の予算案をつくる。
㋔ 勲章などを授与する。

(5) 右の**図**は、法律ができるまでの流れを示しています。**図**中の□にあてはまる言葉を、□の中からそれぞれ選びましょう。

①(　　) ②(　　)

本会議　天皇　裁判所　内閣

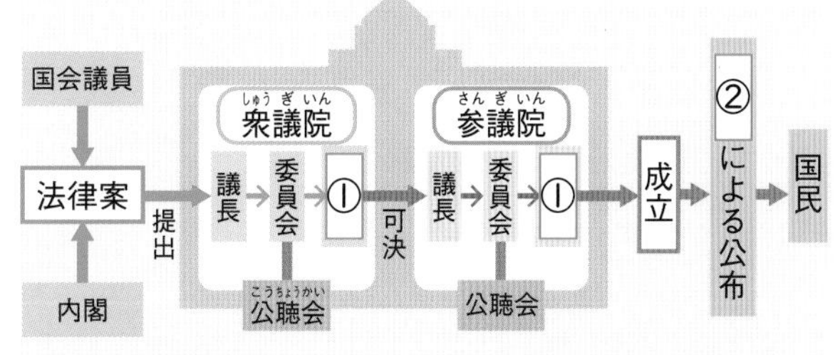

(衆議院が先に審議する場合)

ポイント　衆議院と参議院からなる国会が、法律を制定する。

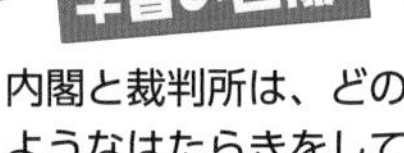

1 日本国憲法と政治のしくみ③

学習の目標
内閣と裁判所は、どのようなはたらきをしているのでしょうか。

基本のワーク

教科書 22～25ページ　答え 2ページ

1 内閣のはたらき

●①(　　　　)…国会で決まった法律（ほうりつ）や**予算**にもとづいて、実際の政治をおこなう機関。

●**内閣**（ないかく）の最高責任者は②(　　　　)(首相)で、専門的（せんもん）な仕事を担当（たんとう）する③(　　　　)を任命する。

●④(　　　　)…内閣総理大臣と国務大臣が参加して、国の政治の進め方を決定する会議。決定は全員一致（いっち）が原則。

予算とは、1年間に国や地方公共団体に入るお金やその使い道の計画のことだよ。

閣議のようす

●内閣のもとには、さまざまな省や庁（ちょう）があり、仕事を分担して進めている。
◆⑤(　　　　)省…国の予算や**財政**（ざいせい）に関する仕事をおこなう。そのなかにある国税庁は、国民から集められた⑥(　　　　)を管理している。国の収入（しゅうにゅう）の半分以上が税金。

2 裁判所のはたらき

●⑦(　　　　)…争いごとや犯罪などを、憲法（けんぽう）や⑧(　　　　)にもとづいて解決したり、罪のあるなしを判断したりする機関。

●裁判（さいばん）の判決に不服があるときは、さらに上級の裁判所にうったえ、3回まで裁判を受けることができる制度を⑨(　　　　)という。

●選挙権（けん）をもつ18才以上の国民のなかから選ばれた裁判員が、刑事裁判に参加する⑩(　　　　)**制度**が、2009年からはじまった。

裁判のしくみ

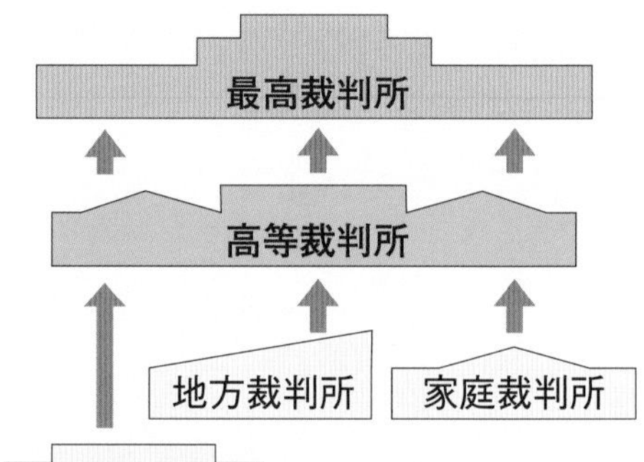

※ 刑事事件の場合

よみトク！資料　三権分立のおもなしくみ

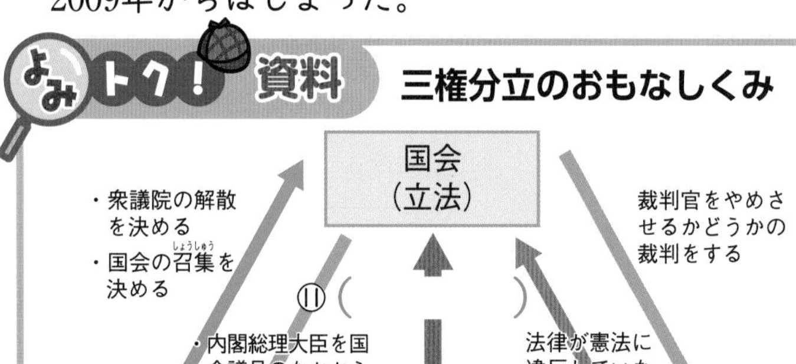

●国の政治は国会・内閣・**裁判所**が、それぞれ仕事を分担して進めている。
◆国会…⑬(　　　　)を担当。
◆内閣…行政を担当。
◆裁判所…⑭(　　　　)を担当。

●**三権分立**…一つの機関に権力が⑮(　　　　)らないように、たがいに確認し合うしくみ。国民の権利と自由を保障（ほしょう）する原則として、憲法に定められている。

しゃかいか工場
裁判官になるためには、国がおこなっている司法試験に合格する必要があるよ。司法試験は毎年7月に4日間かけておこなわれるんだ。

勉強した日　月　日

練習のワーク

教科書 22〜25ページ　答え 2ページ

できた数　／15問中

1 次の図は内閣のしくみの一部です。この図を見て、あとの問いに答えましょう。

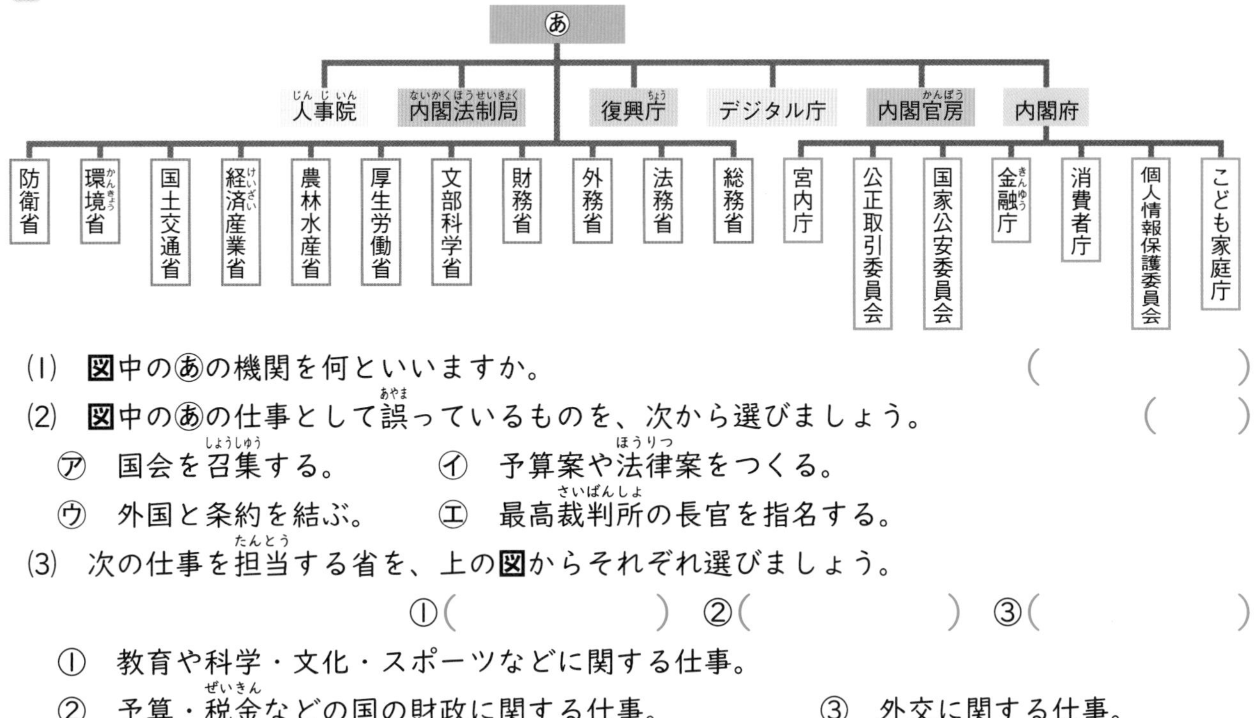

(1)　**図**中のあの機関を何といいますか。　(　　　　　)

(2)　**図**中のあの仕事として誤っているものを、次から選びましょう。　(　　)

㋐　国会を召集する。　㋑　予算案や法律案をつくる。

㋒　外国と条約を結ぶ。　㋓　最高裁判所の長官を指名する。

(3)　次の仕事を担当する省を、上の**図**からそれぞれ選びましょう。

①(　　　　　)　②(　　　　　)　③(　　　　　)

①　教育や科学・文化・スポーツなどに関する仕事。

②　予算・税金などの国の財政に関する仕事。　③　外交に関する仕事。

2 裁判所について、次の問いに答えましょう。

裁判のしくみ

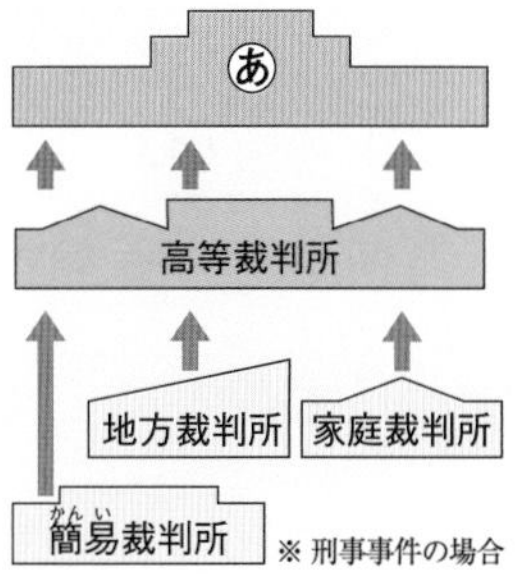

あ
高等裁判所
地方裁判所
家庭裁判所
簡易裁判所
※ 刑事事件の場合

(1)　右の**図**中のあにあてはまる裁判所の名前を書きましょう。

(　　　　　)

(2)　判決に納得できないとき、裁判は何回まで受けることができますか。　(　　　回)

(3)　次の文の{　　}にあてはまる言葉をそれぞれ選びましょう。

①(　　)　②(　　)

●　裁判員裁判では、①{ ㋐18才以上　㋑20才以上 }の国民のなかから選ばれた裁判員が、②{ ㋐地方　㋑高等 }裁判所でおこなわれる刑事裁判に参加する。

3 右の図を見て、次の問いに答えましょう。

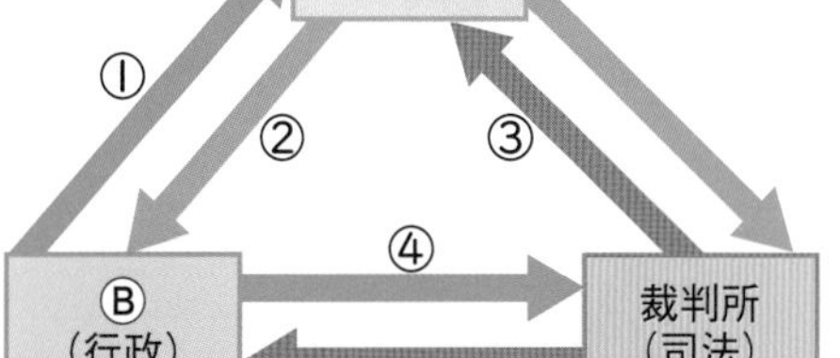

(1)　**図**中のⒶ・Ⓑにあてはまる機関の名前をそれぞれ書きましょう。　Ⓐ(　　　　　)　Ⓑ(　　　　　)

(2)　**図**中の①〜④の矢印について説明した文を、次からそれぞれ選びましょう。

①(　　)　②(　　)　③(　　)　④(　　)

㋐　法律が憲法に違反していないか判断する。　㋑　裁判所の裁判官を任命する。

㋒　内閣総理大臣を指名する。　㋓　衆議院の解散を決める。

国の政治は、国会・内閣・裁判所が分担しておこなっている。

勉強した日　　月　　日

1　日本国憲法と政治のしくみ④

学習の目標
平和主義実現のため、どのようなことがおこなわれているのでしょう。

教科書　26～35ページ　　答え　2ページ

1　平和主義と人々の願い／平和の実現をめざして

よみトク！SDGs

●①(　　　　)…二度と戦争をせず、世界の平和を求める考え方。憲法の前文と第９条に示す。外国との争いを、②(　　　　)によって解決しないことを規定。

◆③(　　　　)により多くの人がぎせいとなった④(　　　　)や長崎では、毎年式典をおこない、戦争の悲惨さや命の尊さを次の世代に伝える取り組みをおこなう。

●日本は「核兵器をもたない、つくらない、もちこませない」という⑤(　　　　)を宣言。

日本国憲法第９条

1 日本国民は、正義と秩序を基調とする国際平和を誠実に希求し、国権の発動たる戦争と、武力による威嚇又は武力の行使は、国際紛争を解決する手段としては、永久にこれを放棄する。（一部）

SDGsの目標16「平和と公正をすべての人に」に関連する内容だよ。

●⑥(　　　　)…日本の平和と安全を守るため、日本の海と空の国境の警備をおこなう。

◆自衛隊の最高司令官は⑦(　　　　)。国民の代表者である政治家が自衛隊を統制することを**シビリアン・コントロール（文民統制）**という。

●世界で平和の実現のために力をつくした日本人

◆中村哲さん…医師。戦争がおき、水不足に苦しむ⑧(　　　　)で、用水路を建設。

◆緒方貞子さん…国連で、戦争などで国外にのがれた⑨(　　　　)を救う仕事にあたる。

2　わたしたちのくらしとのつながり／さらに考えたい問題／考えたことを広げ深めよう

●憲法の三つの原則について話し合われている問題

◆人権に関する問題…1989年の国連総会で、子ども（18才未満）は命を守られ成長できること、子どもは差別されないことなどを原則とする⑩(　　　　)が採択された。

◆⑪(　　　　)の税率引き上げに関する問題…日本はこれからますます⑫(　　　　)の多い社会になるため、たくさんのお金が必要になる。➡税率引き上げについて話し合われている。

◆選挙での低い⑬(　　　　)に関する問題…国や地方公共団体がテレビやラジオ、インターネットなどで選挙のたいせつさを呼びかける。学校では⑭(　　　　)の投票率の向上をめざし、選挙を体験する模擬投票などがおこなわれている。

消費税率の移り変わり

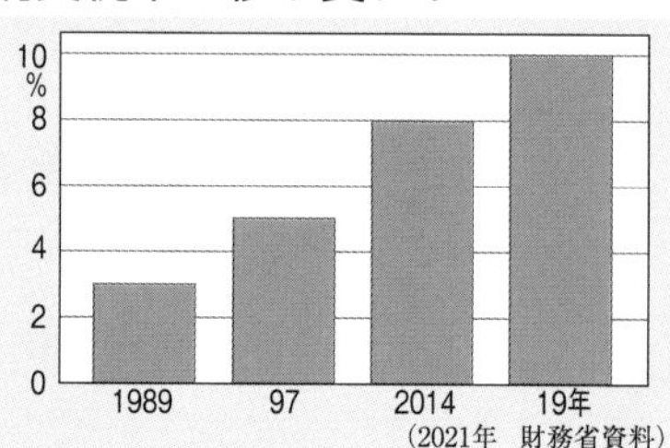

衆議院議員選挙の投票率の推移

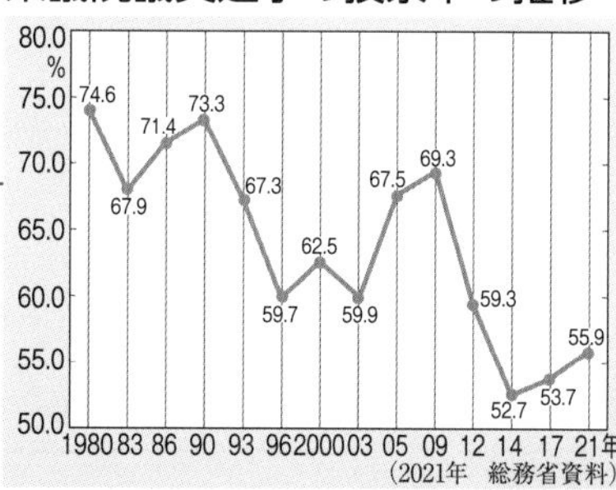

自衛隊は、大規模な災害がおきたときには、現地で救援活動や救助活動をおこなうよ。国内だけでなく、海外に行って活動したこともあるんだ。

練習のワーク

教科書　26〜35ページ　　答え　2ページ

できた数　／15問中

1 次の問いに答えましょう。

憲法第□条

> ①日本国民は、Ⓐと秩序を基調とする国際平和を誠実に希求し、国権の発動たる戦争と、武力による威嚇又は武力の行使は、国際紛争を解決する手段としては、永久にこれを放棄する。
> ②前項の目的を達するため、陸海空軍その他のⒷは、これを保持しない。国のⒸ権は、これを認めない。

(1) 右の**資料**中の□にあてはまる数字を書きましょう。　（第　　　条）

(2) 右の**資料**中のⒶ〜Ⓒにあてはまる言葉を、□からそれぞれ選びましょう。

Ⓐ（　　　　）
Ⓑ（　　　　）
Ⓒ（　　　　）

公正　正義　公平
交戦　戦争　戦力

(3) 自衛隊がおこなうことを、次から２つ選びましょう。　（　　）（　　）

㋐ 日本の平和と安全を守ること。
㋑ 自然災害のときに国民の生命や財産を守ること。
㋒ 犯罪を取りしまること。
㋓ 争いを武力で解決すること。

(4) 原子爆弾（原爆）により多くの人々がぎせいとなったため、毎年式典をおこない、戦争の悲惨さや命の尊さを伝える取り組みをしている都市を、次から２つ選びましょう。

㋐ 長崎　㋑ 京都　㋒ 札幌　㋓ 広島　（　　）（　　）

非核三原則

> 核兵器をもたない、□、もちこませない。

(5) 日本は、戦争と原爆の悲劇をくり返さないようにするため、非核三原則を宣言しています。右の□にあてはまる言葉を書きましょう。　（　　　　）

(6) 国民の代表者である政治家が自衛隊を統制することを何といいますか。カタカナで書きましょう。　（　　　　）

2 次の問いに答えましょう。

日本と外国の□率

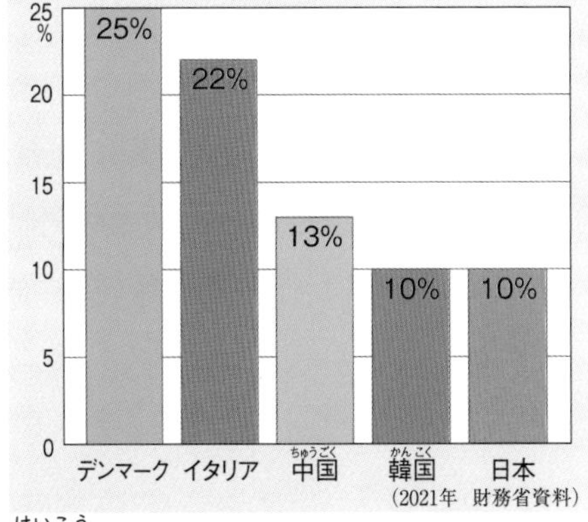

(1) 右の**グラフ**を見て、次の問いに答えましょう。

① **グラフ**中の□にあてはまる、商品を買ったりサービスを受けたりしたときなどにかかる税を何といいますか。　（　　　　）

② ①の税率が日本の２倍以上ある国を、**グラフ**中から２つ選びましょう。　（　　　　）（　　　　）

(2) 次の文の｛　｝にあてはまる言葉をそれぞれ選びましょう。　①（　　）②（　　）

● 近年、選挙の投票率が①｛㋐上がる　㋑下がる｝傾向にある。そのため学校で、②｛㋐若者　㋑高齢者｝に向けて、選挙を体験する模擬投票などをおこなっている。

日本は平和主義をかかげ、二度と戦争をしないことを誓っている。

勉強した日　月　日

まとめのテスト

1　日本国憲法と政治のしくみ

教科書　8～35ページ　答え　2ページ

1 日本国憲法と基本的人権　次の問いに答えましょう。　1つ4〔32点〕

よく出る

(1)　日本国憲法の三つの原則のうち、次のⒶ・Ⓑにあてはまる原則を、それぞれ書きましょう。

Ⓐ(　　　　)　Ⓑ(　　　　)

Ⓐ　国の政治のあり方を最終的に決める権限が国民にあること。

Ⓑ　人間が生まれながらにもっている権利を尊重すること。

(2)　次の①～④について、国民の権利には㋐、国民の義務には㋑、権利でも義務でもあるものには㋒を書きましょう。　①(　)　②(　)　③(　)　④(　)

①　選挙で投票すること。　②　税金を納めること。

③　仕事について働くこと。　④　健康で文化的な生活を営むこと。

(3)　次の文の□にあてはまる言葉を、それぞれ書きましょう。

①(　　　　)　②(　　　　)

①　日本国憲法では、［①］を国や国民のまとまりの象徴と定めている。

②　天皇は［②］を召集するなど、憲法で定められた仕事をおこなう。

2 国会と内閣　右の資料を見て、次の問いに答えましょう。　1つ4〔28点〕

よく出る

(1)　**資料**は、法律ができるまでの流れを示したものです。Ⓐにあてはまる議院名を書きましょう。

(　　　　)

(2)　**資料**中のⒷにあてはまる言葉を、次から2つ選びましょう。

(　　)(　　)

㋐　内閣　㋑　内閣総理大臣

㋒　天皇　㋓　国会議員

Ⓑ → 法律案 → 提出 → 衆議院（議長 → 委員会 → 本会議、公聴会）→ 可決 → Ⓐ（議長 → 委員会 → 本会議、公聴会）→ 成立 → 天皇による公布 → 国民

(衆議院が先に審議する場合)

(3)　**資料**中の衆議院についての説明として正しいものを、次から2つ選びましょう。

(　　)(　　)

㋐　30才になると議員に立候補することができる。

㋑　議員数は400人以上いる。

㋒　議員の任期は6年で、3年ごとに改選される。

㋓　任期の途中で解散することがある。

(4)　右の**写真**は、内閣総理大臣と国務大臣が参加する会議です。この会議を何といいますか。　(　　　　)

(5)　(4)では、話し合ったことを、どのような方法で決定しますか。次から選びましょう。　(　　)

㋐　多数決　㋑　くじ引き　㋒　選挙　㋓　全員一致

3 裁判所と三権分立 右の図を見て、次の問いに答えましょう。 1つ3〔24点〕

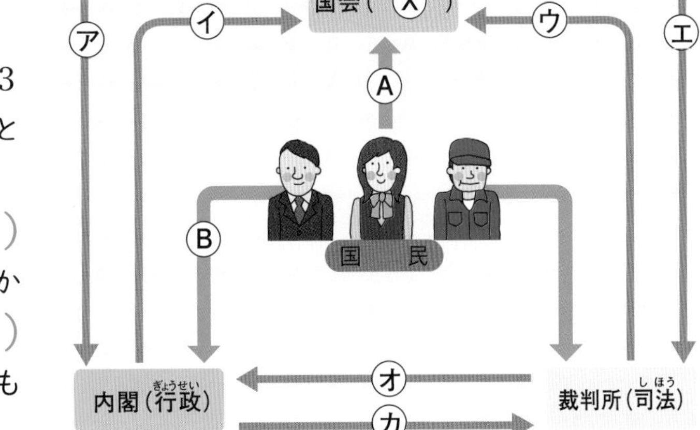

(1) 図中の裁判所について、次の問いに答えましょう。

① 裁判の判決に納得できないとき、3回まで裁判を受けられるしくみを何といいますか。
（　　　　）

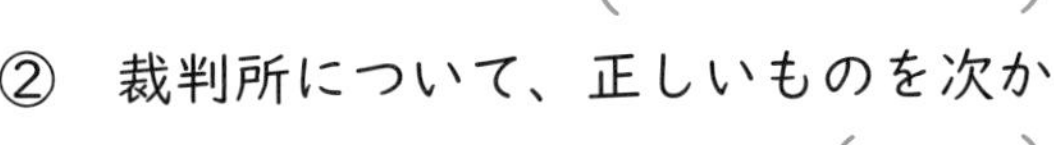

チャレンジ! ② 裁判所について、正しいものを次から選びましょう。（　　　）

㋐ 裁判所のうち、高等裁判所が最も上級の裁判所である。

㋑ 裁判所は、法律や内閣がおこなう政治が憲法に違反していないかどうか判断する。

㋒ 裁判員裁判では、裁判員は選挙で選ばれる。

㋓ 裁判員裁判では、裁判員だけで話し合い、有罪か無罪かを決める。

よく出る (2) 国の政治の役割のうち、国会がもつ図中のⓍにあてはまるはたらきを何といいますか。
（　　　　）

(3) 図中のⒶ・Ⓑは、国民と政治との関係を示しています。あてはまる言葉を、［　］からそれぞれ選びましょう。

憲法改正	選挙
国民審査	世論

Ⓐ（　　　　）　Ⓑ（　　　　）

(4) 次の文にあてはまる矢印を、図中の㋐～㋕からそれぞれ選びましょう。

① 裁判官をやめさせるかどうかの裁判をおこなう。　①（　　）　②（　　）

② 内閣を信任しないことを決議する。

記述 (5) 図のように、国の権力を三つの機関に分けているのはなぜですか。その理由を簡単に書きましょう。

（　　　　　　　　　　　　　　）

4 平和主義 次の問いに答えましょう。 1つ4〔16点〕

よく出る (1) 右の資料の下線部は、憲法の三つの原則のうち、どれを示したものですか。（　　　　）

日本国憲法前文（一部要約したもの）

> 日本国民は、わたしたちと子孫のために、世界の人々と仲よく協力し合い、自由のもたらす恵みを国土の全体にわたって確かなものにし、<u>政府の手によって再び戦争の災いがおこることのないように決意し</u>、主権が国民にあることを宣言して、この憲法を定める。

よく出る (2) 憲法では、(1)に関してどのようなことを定めていますか。次から2つ選びましょう。
（　　　）（　　　）

㋐ 外国との争いごとを武力で解決しないこと。

㋑ 戦力をもたないこと。

㋒ 強い武器を保持すること。

㋓ 他国から攻撃を受けた場合には、戦争することを認めること。

記述 (3) (1)の原則をふまえ、日本では非核三原則を宣言しています。非核三原則とは、どのような内容ですか。「核兵器を」の書き出しに続けて簡単に書きましょう。

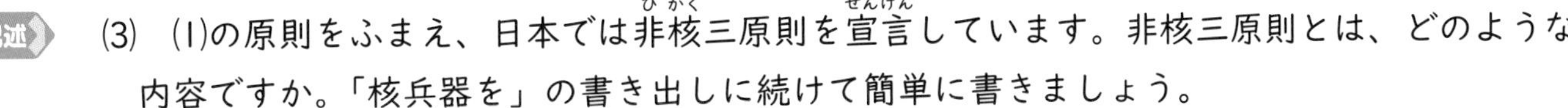

（核兵器を　　　　　　　　　　　）

勉強した日　　月　　日

2 わたしたちの願いと政治のはたらき①

基本のワーク

学習の目標
子育て中の家庭には、どのような願いがあるでしょうか。

教科書 36〜40ページ　答え 3ページ

1 待機児童についての問題

●①(　　　　)…子育て中の保護者などが、保育園の利用を希望して申しこんでも、入れない子どものこと。全国各地にたくさんいる。

よみトク！グラフ

全国の待機児童の数の移り変わり

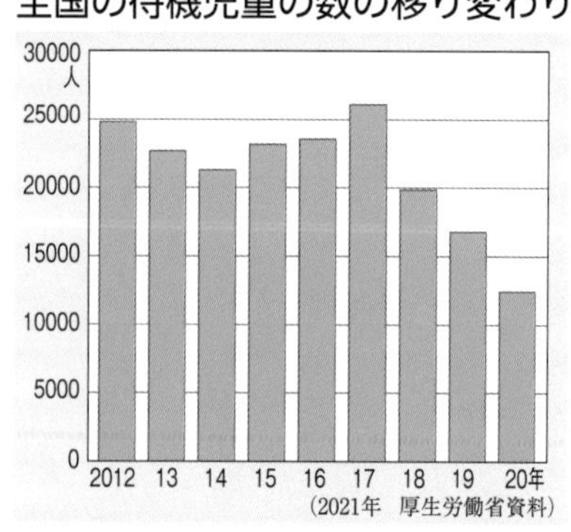

核家族世帯数の移り変わり

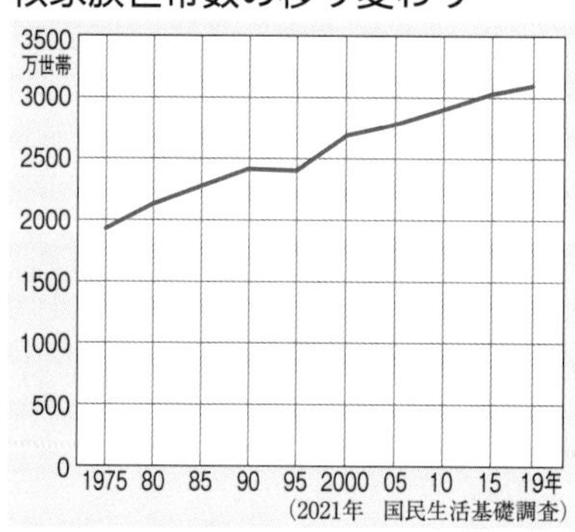

共働き世帯と専業主婦世帯数の移り変わり

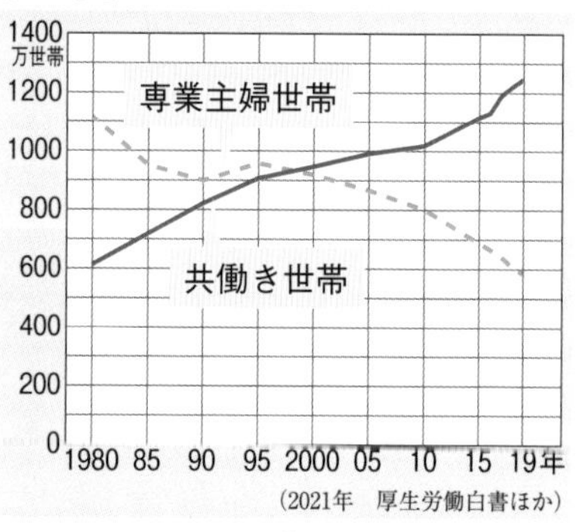

待機児童の数は、2017年以降は②(　　　　)きており、2012年と比べて、2020年の待機児童の数は、約③(　　　　)分の1になった。

夫婦だけ、または、親とその子どもだけで構成される④(　　　　)の世帯数が、年々増えている。

夫婦ともに働いている⑤(　　　　)世帯の数が年々増え続け、2000年ごろには⑥(　　　　)世帯より多くなった。

●子どもをもつ家庭は、国や地方公共団体などに⑦(　　　　)支援をしてもらえるよう願っている。

子どもが保育園に入れないと、保護者は安心して働けないね。

2 東京都足立区の住民の願いと区役所のはたらき／待機児童の問題への取り組み

●「足立区待機児童解消⑧(　　　　)・プラン」…東京都足立区は、2011年度に待機児童の問題を解決するための計画を立て、具体的な**政策**に取り組む。➡2021年には待機児童はゼロに。

◆足立区では、マンションの建設や共働き世帯の増加により、⑨(　　　　)の利用を希望する住民が増加。
➡整備が追いつかず待機児童が増加。

◆区役所では、⑩(　　　　)の願いを受け入れ、国や⑪(　　　　)と連携して、保育園や保育士の数を増やす。

政策
国民や住民の願いを実現するため、問題を解決するための取り組みのこと。

区では、子育てを支援するための情報をまとめたパンフレットを発行しているよ。

全国の待機児童は少しずつ減っているね。でも、厚生労働省の定義にはあてはまらないために待機児童にカウントされない、「かくれ待機児童」が全国にたくさんいるんだ。

勉強した日　月　日

練習のワーク

教科書 36～40ページ　答え 3ページ

できた数　／13問中

1 次の文を読んで、あとの問いに答えましょう。

保育園に入りたくても入れない Ⓐ が全国に多くいる。この問題を解決していかないと、人々が安心して働いたり、生活したりすることができないため、国や Ⓑ などの公的な機関は Ⓒ などの取り組みをおこなっている。

(1) 文中のⒶ～Ⓒにあてはまる言葉を、［　］から選びましょう。

Ⓐ(　　　) Ⓑ(　　　)
Ⓒ(　　　)

待機児童　食料支援　子育て支援
地方公共団体　国際連合　国会議員

(2) 右の**資料**は、全国のⒶの数を示したものです。**資料**について述べた次の文の［　］にあてはまる数字を、それぞれ書きましょう。

①(　　) ②(　　)

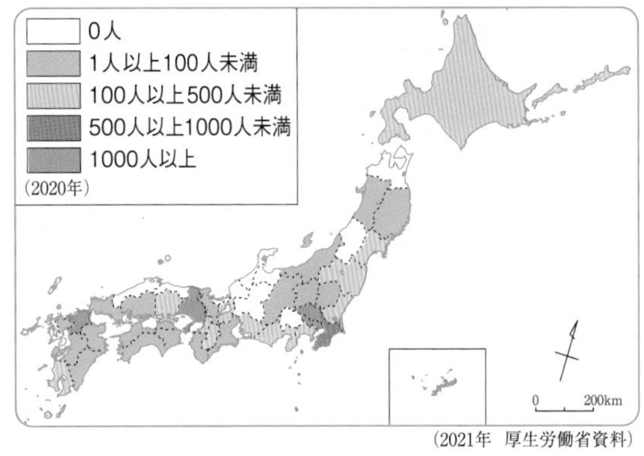

(2021年　厚生労働省資料)

- Ⓐが1000人以上いる都道府県は、東京都や沖縄県など、全部で ① 都県ある。
- Ⓐが0人である都道府県は、青森県や長崎県など、全部で ② 県ある。

(3) 次の㋐～㋓のうち、上の文中の下線部が問題となっている背景としてあてはまるものを、2つ選びましょう。　(　　)(　　)

㋐ 子どもの人口がおおはばに増えたこと。
㋑ 核家族が増えたこと。
㋒ 専業主婦世帯より共働き世帯が増えたこと。
㋓ 高齢者の数が減ったこと。

2 次の問いに答えましょう。

(1) 国民や住民の願いを実現するため、議会での話し合いをもとにおこなわれる、問題を解決するための取り組みのことを何といいますか。　(　　　)

(2) 足立区の待機児童について、次の文のⒶ～Ⓒにあてはまる言葉を、［　］からそれぞれ選びましょう。　Ⓐ(　　　) Ⓑ(　　　) Ⓒ(　　　)

足立区で待機児童が増えたのは、 Ⓐ の建設や Ⓑ 世帯の増加により、 Ⓒ の利用を希望する人が急増したことで、保育施設の整備が追いつかなかったためである。

専業主婦　共働き
道路　保育園
マンション　病院

(3) 足立区で進められている「足立区待機児童解消アクション・プラン」について、正しいものを、次から2つ選びましょう。　(　　)(　　)

㋐ 保育園の数を減らした。
㋑ 国や東京都と連携して進めた。
㋒ 働く保育士を支援した。
㋓ 区役所で待機児童を預かった。

待機児童問題の解決のため、国や地方公共団体は子育て支援をしている。

勉強した日

2 わたしたちの願いと政治のはたらき②

基本のワーク

学習の目標
区議会は、どのようなはたらきをしているのでしょうか。

教科書 41～45ページ　答え 3ページ

1 税金のはたらき

●①（　　　）…人々が国や②（　　　）、市（区）町村に納めるお金。
◆足立区では、政策に必要なお金は区民が納める税金や、国や東京都からの補助でまかなう。

会社員の ③ にかかる税

④ にかかる税

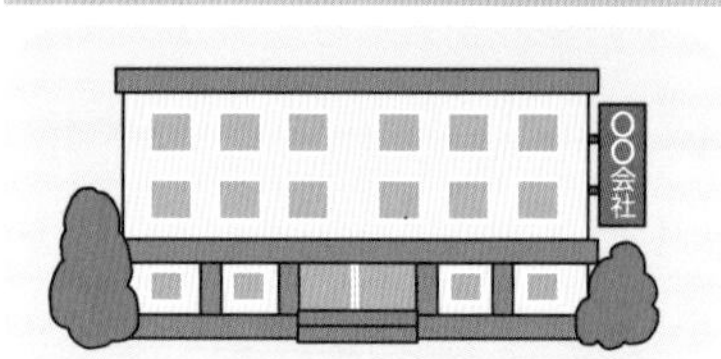

物を買ったときにかかる税

市（区）町村の ⑤ にかかる税

⑥ や建物にかかる税

③（　　　）
④（　　　）
⑤（　　　）
⑥（　　　）

2 区議会のはたらき／わたしたちの提案

●**区議会**…区民による⑦（　　　）で議員を選ぶ。議員は、区民のさまざまな⑧（　　　）を聞き、実現のために働いている。
◆区議会のおもな仕事
・区民の⑨（　　　）を聞く。
・区独自のきまりである⑩（　　　）を制定・改正したり、廃止したりする。
・区の収入・支出についての計画である⑪（　　　）を決める。
・区民などから納められた⑫（　　　）の使いみちを決める。

区議会のはたらきは、国会のはたらきと似ているよ。

よみトク！図　●区の住民の願いが実現するまでの流れ

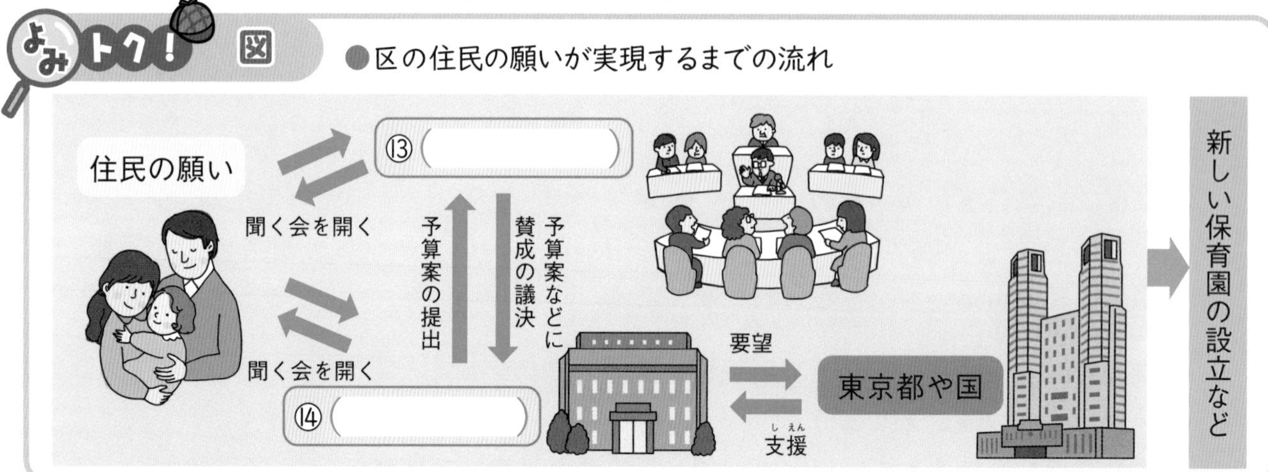

●新しい保育園の設置…区役所でつくられた⑮（　　　）にもとづき、国や東京都の支援を受けながら、設置するかどうか、区議会で最終的な判断をおこなう。

しゃかい工場　税金は、国民の生活に必要な設備やサービスを提供するために使われているよ。わたしたちが学校で使う教科書や理科の実験器具などのお金も、税金で支払われているんだ。

勉強した日　　月　　日

教科書 41～45ページ　答え 3ページ

できた数　／16問中

1 次の問いに答えましょう。

(1) 右の**グラフ**を見て、次の問いに答えましょう。

① 足立区の収入のうち、最も大きい割合をしめているものは何ですか。（　　　　　　）

② 足立区の支出のうち、半分近くの割合をしめているものは、何のための費用ですか。

（　　　　　のための費用）

③ ②の費用のうち、子どものために使われている費用は支出全体の何%ですか。（　　　　%）

(2) わたしたちが税金を納めるところを、次から２つ選びましょう。（　　）（　　）

㋐ 裁判所　㋑ 国　㋒ 都道府県　㋓ 国際連合

(3) 足立区では、税金をどのようなことに使っていますか。次から２つ選びましょう。（　　）（　　）

㋐ スーパーマーケットの経営　㋑ 子育て支援

㋒ 神社や寺の建設　㋓ 保育園の設立

足立区の収入と支出

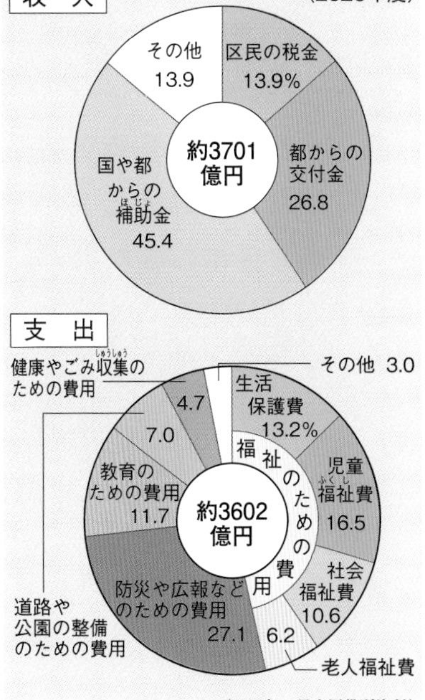

2 右の図を見て、次の問いに答えましょう。

(1) **図**中のⒶ～Ⓓにあてはまる言葉を、次から選びましょう。

Ⓐ（　　）　Ⓑ（　　）

Ⓒ（　　）　Ⓓ（　　）

㋐ 予算案などに賛成の議決

㋑ 予算案の提出

㋒ 要望

㋓ 支援

住民の願いが実現するまでの流れ

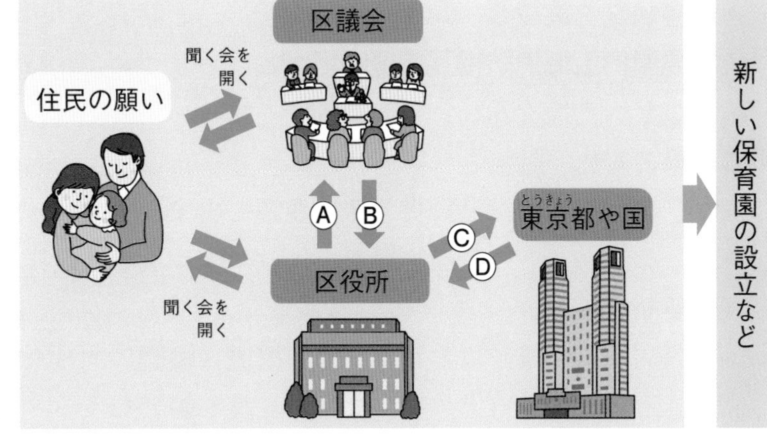

(2) 次の文の｛　｝にあてはまる言葉を、それぞれ選びましょう。

①（　　）　②（　　）

① 区議会では、｛㋐選挙　㋑くじ引き｝で選ばれた議員が働いている。

② 区で新しい保育園を設立する場合、｛㋐区議会　㋑区役所｝が計画を立てる。

(3) 区議会の仕事を、次から３つ選びましょう。（　　）（　　）（　　）

㋐ 条例を制定、改正、廃止する。　㋑ 外国と条約を結ぶ。

㋒ 区の予算を決める。　㋓ 国や都に意見書を出す。

㋔ 地方裁判所の裁判官を任命する。

ポイント 区議会や区役所は、税金を使って住民の願いを実現する。

勉強した日　月　日

2 ◆自然災害からの復旧や復興の取り組み

基本のワーク

学習の目標
災害がおきたとき、市や県、国はどのように対応するのでしょうか。

教科書 46〜51ページ　答え 3ページ

1 平成26年広島豪雨災害・平成30年西日本豪雨災害／災害の発生と政治のはたらき

よみトク！写真

●平成26年広島豪雨災害…2014年8月20日に広島県広島市安佐南区・安佐北区でおきた災害。
◆大量の①（　　　　）が、住宅地まで流れこんだ。➡土砂を取りのぞき、電気・水道・ガスなどの②（　　　　）の復旧も進められた。

平成26年広島豪雨災害の被害のようす

平成30年西日本豪雨災害の被害のようす

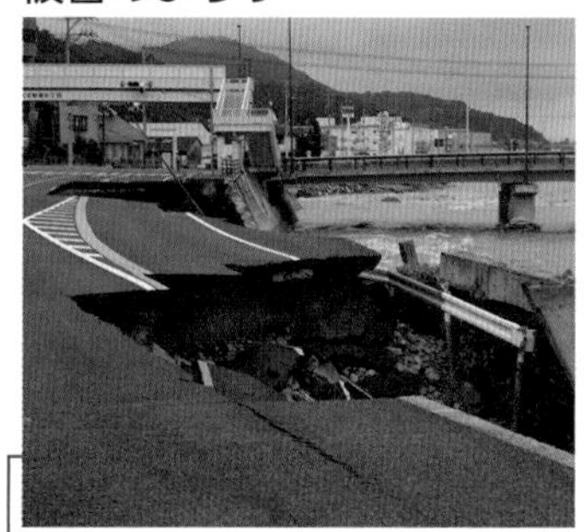

●平成30年西日本豪雨災害…2018年7月におきた災害。
◆川が増水し、道路の数か所が③（　　　　）した。
➡かんぼつしたところに多くの土のうを積み、土台をつくり**復旧作業**を進めた。

どちらも豪雨で山やがけがくずれ、多くの人が被害を受けたよ。

●災害が発生した直後の広島市の対応
◆**災害対策基本法**にもとづき、④（　　　　）を設置。
◆被害状況を確認し、⑤（　　　　）を開設。
◆**広島県内広域消防相互応援協定**などにもとづいて、ほかの市などへ支援を⑥（　　　　）する。

復旧・復興
復旧は被災した人の生活をもとどおりにすること。復興は、被災した地域の活気を取りもどすために、支援すること。

●広島県の対応
◆⑦（　　　　）に災害派遣要請を出す。
◆⑧（　　　　）庁や警察庁に救助隊や災害派遣隊の派遣を要請する。

自衛隊などによる救助活動

●国の対応…県や市と協力しながら、**復旧**・**復興**に向けた⑨（　　　　）上の整備などの支援をおこなう。

2 災害復興に向けた取り組み

●国と県、市が協力して⑩（　　　　）**ダム**を建設。
➡土石流が発生したときに、勢いを弱めたり止めたりする。

SDGs ●市では「復興まちづくりビジョン」として⑪（　　　　）に強いまちづくりを進めている。➡税金でまかなわれている。
◆⑫（　　　　）路の整備、雨水排水施設などの整備、
⑬（　　　　）再建の支援など。

災害に強いまちにすることは、SDGsの目標11「住み続けられるまちづくりを」を実現するための取り組みだね。

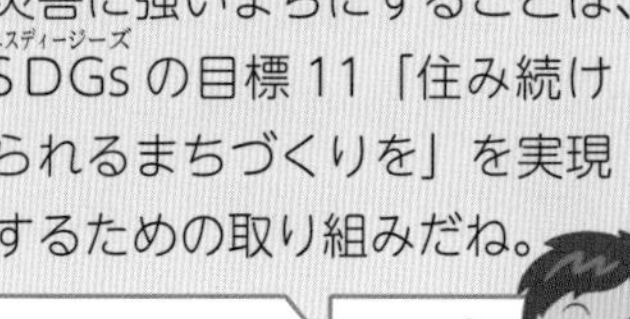

しゃかいか工場　災害がおきたときにおこなう復旧や復興のための取り組みは、国が「復旧・復興ハンドブック」を出して、事前に決めているんだ。

練習のワーク

教科書 46～51ページ　答え 3ページ

できた数 ／12問中

1 次の問いに答えましょう。

(1) 右の**写真**は、平成26年広島豪雨災害の被害のようすです。この被害は、豪雨によって何がおきたことが原因ですか。次から選びましょう。（　　）

㋐ 津波　㋑ 土石流　㋒ 竜巻

(2) 次の声は、被害にあった直後の人々の願いです。にあてはまる言葉を、右のから選びましょう。

①（　　　　）②（　　　　）

③（　　　　）

②　と
水を配ってほしい。

③　を
つくってほしい。

食料　お金
復旧　遊び場
避難所

(3) 右の**図**の①～⑥にあてはまる言葉を、下からそれぞれ選びましょう。

①（　　）
②（　　）
③（　　）
④（　　）
⑤（　　）
⑥（　　）

災害が発生した直後の政治のはたらき

外国 ⋯調整連絡⋯ ①
① →派遣命令→ ⑤
他の都道府県 ⋯協力要請⋯ ②
② →被害報告→ ①　① →支援→ ②　①←支援要請← ②
② →派遣要請→ ⑤
② →協力要請→ ⑥
⑥ 海上保安庁 日本赤十字社 電気・ガス 放送局など
他の市(区)町村 ←支援要請← 被災した市(区)町村
③
被災した市(区)町村 →被害報告→ ②　② →支援→ 被災した市(区)町村　②←支援要請← 被災した市(区)町村
被災した市(区)町村 ⋯調整連絡⋯ ⑥
●避難誘導 ● ④ の開設 ●被害状況の確認
●支援要請 ●支援物資の提供 ●救助活動 など
外国・他の都道府県・他の市(区)町村・③ →支援→ 被災地・被災者
⑥ →救助活動協力→ 被災地・被災者
⑤ →救助活動など→ 被災地・被災者
被災地・被災者

㋐ ボランティア
㋑ 市民講座
㋒ 警察・消防
㋓ 都道府県　㋔ 国　㋕ 自衛隊　㋖ 避難所　㋗ 町内会

2 右の資料を見て、次の問いに答えましょう。

(1) ①をおこなうのは何のためですか。次から選びましょう。（　　）

㋐ 土砂をせき止めるため。
㋑ 強風を防ぐため。
㋒ 雨水をためるため。

(2) ①～④の取り組みにかかる費用は、何でまかなわれますか。漢字２字で書きましょう。（　　　　）

復興まちづくりビジョンの基本方針
①砂防ダムの整備
②避難路の整備
③雨水排水施設などの整備
④住宅の再建支援

ポイント　災害時には、市・県・国が協力して復旧・復興をおこなう。

勉強した日　月　日

2◆経験をむだにしないまちづくり

基本のワーク

学習の目標
地域活性化のため、水俣市ではどのような取り組みをしているでしょうか。

教科書 52～57ページ　答え 3ページ

1 水俣市の挑戦

●熊本県水俣市…1968年に①（　　　　　）が**公害病**と認定される。

➡水俣市は、公害による健康被害、環境汚染をはじめ、差別や偏見などの問題に長年向き合う。

●水俣市の取り組み…**水俣病**の教訓をもとに、ごみの高度分別や②（　　　　　）など、③（　　　　　）に配慮した取り組みをおこなう。

➡2020年には、ＳＤＧｓ④（　　　　　）に選ばれる。

SDGs未来都市は、持続可能なまちづくりに向けて、先進的な取り組みをおこなう地方公共団体が選ばれるよ。

2 水俣市による地域の活性化／地域活性化のための取り組み

よみトク！SDGs　●水俣市での環境モデル都市づくりのための取り組み

年	おもなできごと
1992	「⑤（　　　　　）づくり宣言」をする
1993	ごみの分別回収を開始する
2001	国から⑥（　　　　　）事業の承認を受ける
2008	国の「環境モデル都市」に認定される
2013	⑦（　　　　　）に関する水俣条約外交会議が、熊本市と水俣市で開かれる
2017	水銀に関する水俣条約が発効される
2020	国の「SDGs未来都市」に選定される

資源ごみの分別回収のようす

自然を生かしたマリンスポーツ

●市では、約30年前から家庭ごみの⑧（　　　　　）や減量化などに取り組む。

●2016年には、環境を基本としたさまざまな分野で研究をおこなう⑨（　　　　　）アカデミアを開設。

●国や県と連携して、農林水産物の⑩（　　　　　）**化**を進める。

●美しい自然を生かした⑪（　　　　　）の大会を開く。

●⑫（　　　　　）のための取り組み…高速道路の建設や温泉地の整備など、予算などの面から国や県の支援を受けて実現。

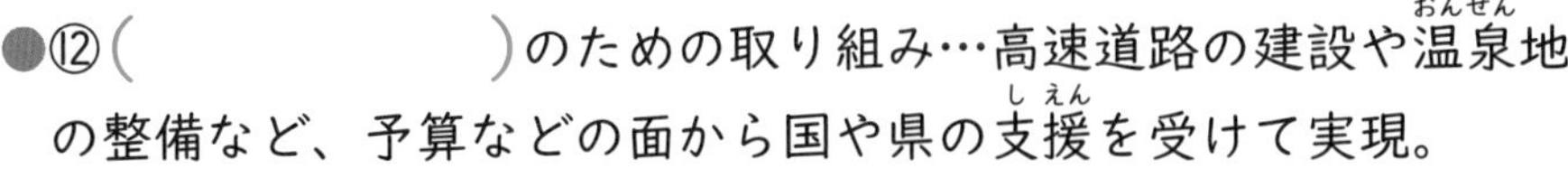

◆水俣市では、国の認可を受け、2001年からエコタウン事業に取り組む。➡「水俣産業団地」にはリサイクル施設や環境関連産業の誘致が進められている。

エコタウン事業
国が1997年度に廃棄物ゼロをめざしてつくった制度。

水俣病は、化学工場が海に排出した有機水銀が原因でおこったんだ。市・県・国が経済発展を優先させたために対応が遅れ、被害者が増えてしまったんだよ。

練習のワーク

教科書 52〜57ページ　答え 3ページ

できた数　／14問中

1 次の文を読んで、あとの問いに答えましょう。

熊本県水俣市では、かつて[Ⓐ]が汚染されたことで、水俣病が発生し、Ⓑ多くの人が被害を受けました。その教訓をもとにⓒ環境に配慮した取り組みをおこなってきました。

(1) Ⓐにあてはまるものを、次から選びましょう。（　　）

㋐ 空気　㋑ 土地　㋒ 海

(2) 下線部Ⓑについて、水俣病の被害を受けた人々の現在の願いを、次から選びましょう。（　　）

㋐ 水俣病を公害病として認定してほしい。

㋑ 水俣市の人々のさまざまな権利を憲法で保障してほしい。

㋒ 水俣病を教訓として役だててほしい。

(3) 下線部ⓒについて、次の文中の[　]にあてはまる言葉を、それぞれ書きましょう。

①（　　　　）②（　　　　）③（　　　　）

- 水俣市では、ごみの高度[①]やリサイクルなどに取り組んできた。
- 水俣市は、持続可能なまちづくりに向けて、先進的な取り組みをおこなっているとして、2020年に[②]未来都市に選ばれた。
- 2016年には、水俣環境[③]を開設し、小学生に向けた講義などもおこなっている。

2 次の問いに答えましょう。

(1) 次の**絵**は、水俣市のブランド農林水産物です。それぞれにあてはまる名前を、あとから選びましょう。

①（　　）②（　　）③（　　）④（　　）

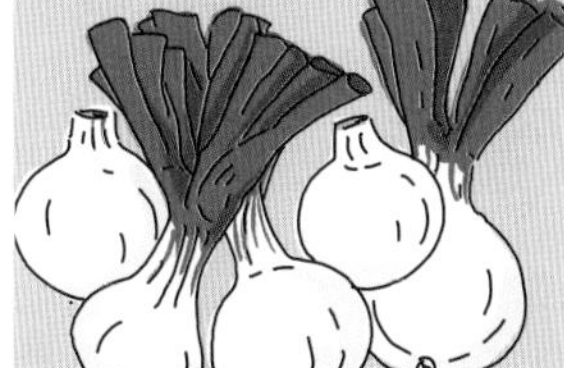

㋐ サラダたまねぎ　㋑ いよかん　㋒ みなまた茶

㋓ 恋路カキ　㋔ デコポン　㋕ はちべえトマト

(2) 水俣市でエコタウン事業として誘致が進められてきた施設や産業を、次から２つ選びましょう。（　　）（　　）

㋐ 介護施設　㋑ リサイクル施設　㋒ 自動車産業　㋓ 環境関連産業

(3) 水俣市が地域活性化のために独自に取り組んでいることを、次から３つ選びましょう。（　　）（　　）（　　）

㋐ 大型リゾート地の建設　㋑ 温泉地の整備　㋒ 水俣病へのデモ行進

㋓ 人気テーマパークの誘致　㋔ 高速道路の建設　㋕ マリンスポーツ大会の開催

ポイント 水俣市は、環境に配慮したまちづくりをおこなっている。

まとめのテスト

2 わたしたちの願いと政治のはたらき
2◆自然災害からの復旧や復興の取り組み
2◆経験をむだにしないまちづくり

勉強した日 月 日

得点 /100点

教科書 36〜57ページ　

答え 4ページ

1 待機児童の問題 次の資料を見て、①〜④の下線部が正しい場合には○を、あやまっている場合には正しい言葉を書きましょう。 1つ4〔16点〕

足立区の保育士の数の移り変わり

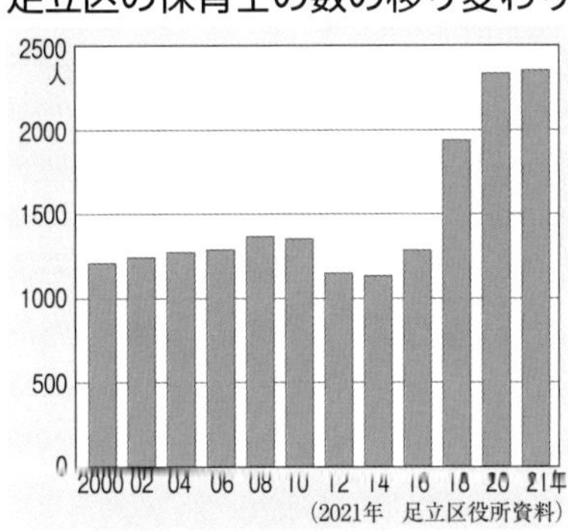

（2021年 足立区役所資料）

核家族世帯数の移り変わり

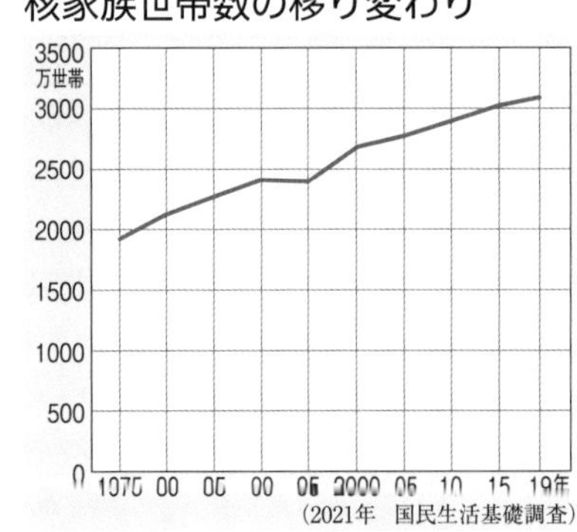

（2021年 国民生活基礎調査）

共働き世帯と専業主婦世帯数の移り変わり

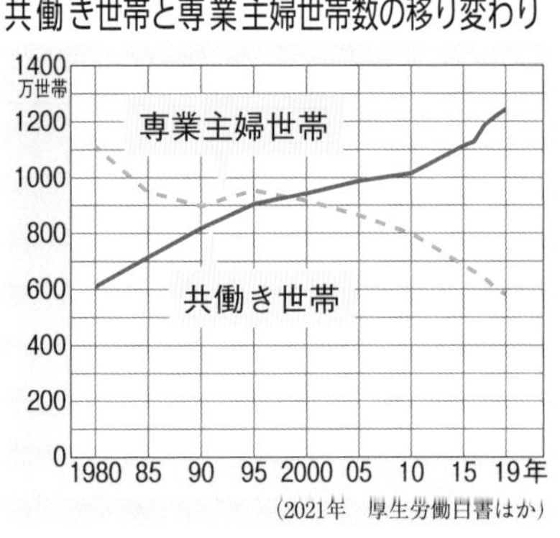

（2021年 厚生労働白書ほか）

① 核家族世帯は年々増え、2019年には<u>3000万世帯</u>を上回っている。（　　）

② 働く女性が多くなり、<u>専業主婦</u>世帯が増え続けている（　　）

③ 2019年現在、共働き世帯は専業主婦世帯の<u>2倍</u>をこえている。（　　）

④ 2021年の足立区の保育士の数は、2014年の<u>約3倍</u>になった。（　　）

2 税金と区議会のはたらき 次の問いに答えましょう。 1つ5〔30点〕

(1) 右の写真は区議会での話し合いのようすです。これを見て、次の問いに答えましょう。

① 区議会で話し合っている人たちを何といいますか。（　　）

② 区議会とよく似たはたらきをする国の機関を、□から選んで書きましょう。（　　）

国会　内閣　裁判所

記述 ③ ②と区議会はどのようなところが似ていますか。簡単に書きましょう。

（　　）

よく出る (2) 小学生や高齢者など、多くの人が納めている税金を、次から選びましょう。（　　）

㋐ 市（区）町村の住民にかかる税　㋑ 会社にかかる税

㋒ 物を買ったときにかかる税　㋓ 会社員の給与にかかる税

(3) 右の**図**は、区の税金の使いみちを決めるしくみを示しています。（　）にあてはまるように、→か←の矢印を書きましょう。

区民の願い → 区役所（予算案の作成・執行）
社会の動き → 区役所
区役所 ①（　　）予算案の提出 区議会
区役所 ②（　　）予算案などに賛成の議決 区議会
税金

3 広島市の復旧・復興 右の図を見て、次の問いに答えましょう。 1つ5〔30点〕

よく出る

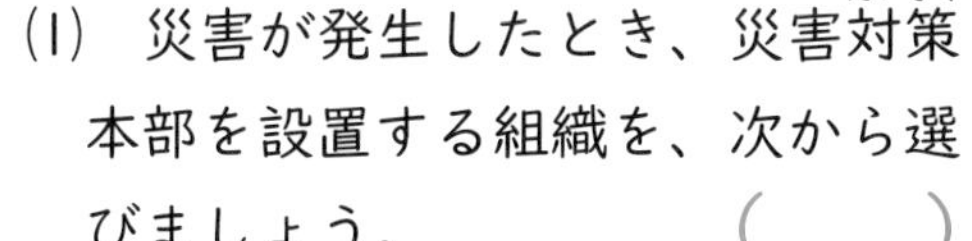

(1) 災害が発生したとき、災害対策本部を設置する組織を、次から選びましょう。 (　　)

㋐ 国

㋑ 被災した市（区）町村がある都道府県

㋒ 被災した市（区）町村

よく出る

(2) 次の①、②にあてはまる組織を、**図**中からそれぞれ選びましょう。

①(　　　　)

②(　　　　)

災害が発生した直後の政治のはたらき

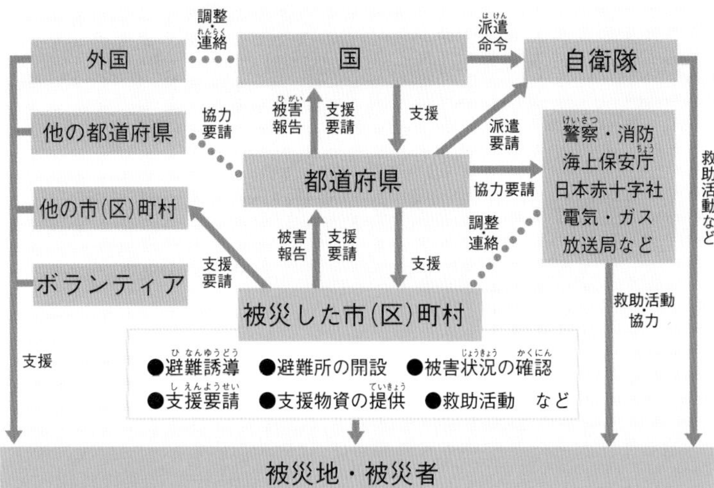

① 国の命令や都道府県の要請を受けて、被災地で救助活動をおこなう。

② 全国からかけつけ、泥出しや室内清掃、炊き出しなどの活動をおこなう人たち。

(3) 災害が発生した地域を復旧するための活動を、次から2つ選びましょう。

㋐ 水道や電気、ガスなどのライフラインをもとにもどす。 (　　)(　　)

㋑ 土砂災害を想定した避難訓練をおこなう。

㋒ 被災者の心のケアをするために交流の場をつくる。

㋓ 住宅地に流れこんだ土砂を撤去する。

記述

(4) 広島市が右の方針を決めたのは、どのようなまちをつくるためですか。簡単に書きましょう。

(　　　　　　　　　　　　　　　　)

復興まちづくりビジョンの基本方針
①砂防ダムの整備
②避難路の整備
③雨水排水施設などの整備
④住宅の再建支援

4 水俣市のまちづくり 右の年表を見て、次の問いに答えましょう。 1つ4〔24点〕

(1) **年表**中のⒶ～Ⓓにあてはまる言葉を、[　　]からそれぞれ書きましょう。

Ⓐ(　　　　) Ⓑ(　　　　)

Ⓒ(　　　　) Ⓓ(　　　　)

エコタウン　環境モデル　SDGs未来　
温泉地　公害病　水俣環境アカデミア

年	おもなできごと
1968	水俣病が Ⓐ と認定される
2001	国から Ⓑ 事業の承認を受ける
2008	国の Ⓒ 都市に認定される
2020	国の Ⓓ 都市に選定される

記述

(2) 水俣市でごみに関しておこなわれていることを、右の**絵**を参考にして、簡単に書きましょう。

(　　　　　　　　　　　　　　　　)

水俣市の取り組みのようす

(3) 水俣市は、「デコポン」や「みなまた茶」などの地域の農林水産物を[　　]化する取り組みを進めています。[　　]にあてはまる言葉をカタカナで書きましょう。

(　　　　化)

勉強した日　月　日

1　大昔のくらしとくにの統一①

基本のワーク

学習の目標
縄文時代の人々は、どのようなくらしをしていたのでしょうか。

教科書 62～73ページ　答え 4ページ

1 歴史学習の基本を学ぼう!!

よみトク! 年表

等尺年表

縄文時代（約1万年）　古墳時代（約300年）　令和時代　弥生時代（約700年）　奈良時代（約80年）

●年月を同じはばであらわした①（　　　）年表は、時間の長さをとらえるのに役だつ。

●**西暦・世紀**…イエス＝キリストが生まれたとされていた年を西暦②（　　　）年とし、それから③（　　　）年間を1世紀という。今は21世紀。

2 大昔のくらし／狩りや漁の生活

三内丸山遺跡

想像図

●④（　　　）**図**…遺跡からの出土品などを手がかりに、昔の人々のくらしのようすをえがいたもの。

●⑤（　　　）**遺跡**（青森県）…約5500年前から約1500年間にわたって、人々がくらしていたあと。

➡北海道・北東北の縄文遺跡群の一つとして、2021年にユネスコの⑥（　　　）に登録。

◆くりやくるみを⑦（　　　）していた。

◆武器は見つかっていない。➡⑧（　　　）はなく、自然に合わせたくらしをしていた。

●⑨（　　　）**時代**…今から約1万2000年前から約2300年前まで続いた時代。

◆食べ物をにたきしたり、たくわえたりするために、縄を転がしてもようをつけた⑩（　　　）を使っていた。

◆貝や⑪（　　　）を集めたり、動物や魚などを、石や⑫（　　　）などでつくった道具でとったりして食料としていた。

◆豊作などを祈るまじないに、⑬（　　　）が使われた。

◆地面をほってつくった⑭（　　　）でくらした。

●加曽利⑮（　　　）（千葉県）…今から約5000年前の遺跡。➡貝がらや木の実、土器のかけらなどが出土している。

縄文土器

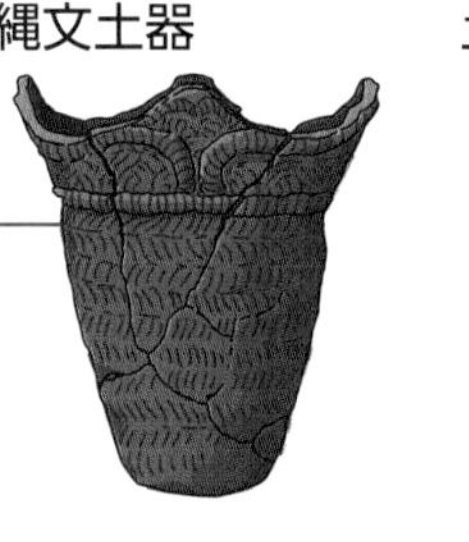

土偶

竪穴住居（復元）

しゃかいか工場
縄文時代の遺跡から、ヒスイと呼ばれる宝石の一種が出土しているよ。当時の人々は、穴をあけて胸や腰につける飾りとして用いていたよ。

練習のワーク

教科書 62～73ページ　答え 4ページ

できた数　／16問中

1 次の問いに答えましょう。

(1) 年月を同じはばであらわした年表を何といいますか。（　　　）

(2) 400年を１cmで示した(1)の年表で縄文時代をあらわすと、約25cmになりました。このことから、縄文時代は約何年続いたことがわかりますか。次から選びましょう。（　　）

㋐ 約2500年　㋑ 約5000年　㋒ 約１万年　㋓ 約１万4000年

(3) 右の**図**を見て、次の問いに答えましょう。

① 西暦１年は、だれが生まれたと考えられた年ですか。（　　　）

② 西暦１年から100年間を何といいますか。（　　　）

③ **図**中のあ～えにあてはまる数を書きましょう。

あ（　　　）　い（　　　）

う（　　　）　え（　　　）

西暦	1～100年	1世紀
西暦	101～200年	あ世紀
西暦	201～い年	3世紀
⋮		⋮
西暦	う～2000年	20世紀
西暦	2001～え年	21世紀（現代）

2 右の資料を見て、次の問いに答えましょう。

(1) **資料1**のように、縄を転がしてつくったもようのある土器が多く使われていた時代を何といいますか。（　　　）

(2) (1)の時代の大きな集落のあとが青森県で見つかりました。何という遺跡ですか。（　　　）

資料1

資料2

復元

(3) **資料2**は、(1)の時代のころから人々が住むようになった住居です。何といいますか。（　　　）

(4) **資料3**を見て、次の文にあてはまる季節を、春・夏・秋・冬からそれぞれ選びましょう。

① くりやくるみなどの木の実を採集する。（　　　）

② 木の芽を採集し、アザラシをとる。（　　　）

③ マグロやサケ・マスなどの漁をする。（　　　）

④ イノシシやシカをとる。（　　　）

資料3　縄文人の１年のくらし

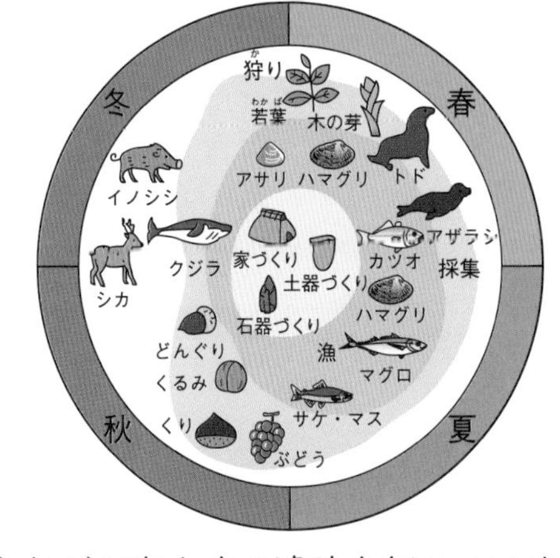

(5) 縄文時代の人々が食べた貝がらや木の実、土器のかけらなどが出土する遺跡を何といいますか。（　　　）

ポイント　縄文時代の人々は、狩りや漁、採集をしてくらしていた。

勉強した日　月　日

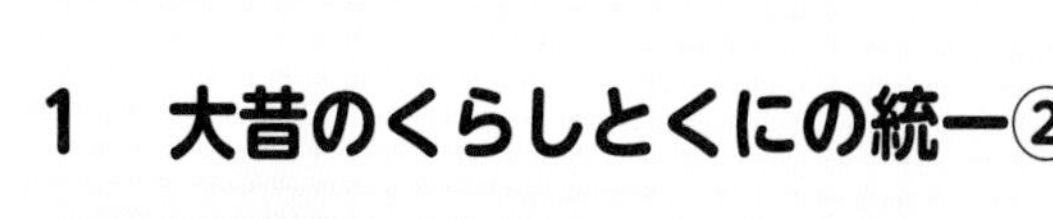

1　大昔のくらしとくにの統一②

学習の目標・
米作りは、くらしにどのようなえいきょうをあたえたでしょうか。

教科書 74～77ページ　答え 4ページ

1 米作りが広がったころ

●①（　　　）遺跡（静岡県）…今から1800年ほど前の水田やむらのあとが残る遺跡。

◆住居と②（　　　）のあとが見つかっている。

◆水の便のよい湿地に、板を打ちこんで水路やあぜ道をつくり、③（　　　）をつくっていた。

●米やおかずのにたきに使ったり、たくわえたりするために、④（　　　）が使われる。

➡縄文土器に比べてうすくてかたく、もようが少ない。

●**弥生時代**…今から約2400年前から３世紀なかごろまで続いた、**弥生土器**が使われた時代。

◆今から2400年ほど前、大陸や⑤（　　　）から**米作り**が伝わる。➡米が主食となる。

◆米作りには、多くの人手が必要。➡指導する人を中心にして、むらとしてのまとまりを強める。

弥生時代の米作りのようす

想像図

米を保存した高床倉庫

復元

弥生土器

2 むらからくにへ

●米作りが広がると、米作りに適した⑥（　　　）や水、たくわえた米をめぐり、むらどうしで⑦（　　　）がおこるようになる。➡勝ったむらのかしらは、ほかのむらを支配する⑧（　　　）に成長。➡まわりの**豪族**を従えて⑨（　　　）をつくる⑩（　　　）があらわれる。

●⑪（　　　）遺跡（佐賀県）…くにの**王**が住んだ集落のあと。

◆人骨にささった矢じりや剣が出土。➡戦いがあった。

◆集落を守るために、物見やぐら、むらのまわりを囲む深い⑫（　　　）、木のさくが設けられた。

吉野ヶ里遺跡（佐賀県）

復元

(想像図)

卑弥呼
（３世紀ごろ）

●中国の歴史の本のなかに、米作りが日本に伝わってから600 ～ 700年ほどあとの日本のようすが書かれている。

◆⑬（　　　）（日本）では、⑭（　　　）が30ほどのくにを従えていた。

◆**邪馬台国**の女王⑮（　　　）は神のおつげを伝え、それにもとづいて弟が政治をおこなった。

邪馬台国のようすは中国の歴史書（「魏志」倭人伝）に書かれているけれど、その位置についてははっきりしていないんだ。近畿地方とも九州地方ともいわれているよ。

練習のワーク

教科書　74〜77ページ　答え　4ページ

1 次の問いに答えましょう。

(1) 日本で米作りがおこなわれていたことがわかる登呂遺跡がある場所を、右の**地図**中の㋐〜㋓から選びましょう。（　　）

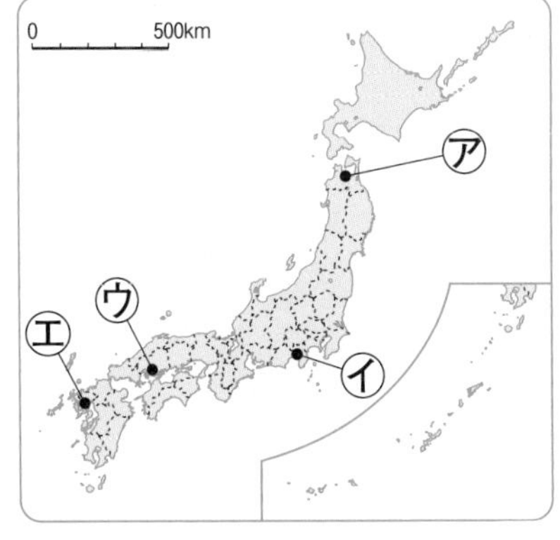

(2) 今から2400年ほど前に米作りを伝えたのは、どこから移り住んできた人々ですか。次から選びましょう。（　　）

㋐ 大陸や朝鮮半島　㋑ 太平洋の島々

㋒ 北アメリカ大陸　㋓ アフリカ大陸

(3) 弥生土器にあてはまる特ちょうを、次から２つ選びましょう。

（　　）（　　）

㋐ うすくてかたい。　㋑ 厚くてもろい。

㋒ 縄を転がしてつくったもようがある。　㋓ もようが少ない。

(4) Ⓐ・Ⓑの説明として正しいものを、次からそれぞれ選びましょう。　Ⓐ（　　）　Ⓑ（　　）

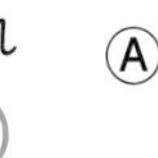

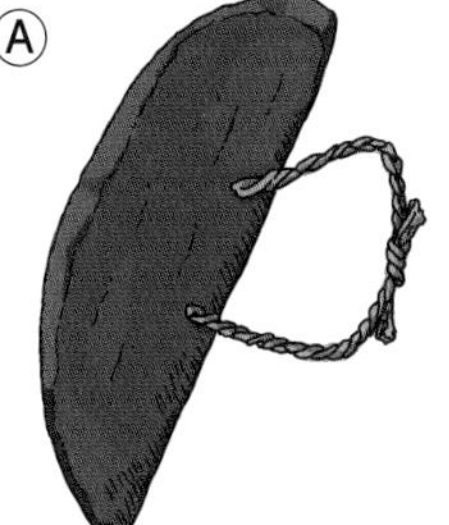

復元

㋐ 水田で作業するときにはく田げた

㋑ 稲の穂をつみとるときに使う石包丁

㋒ 取り入れた米を保存する高床倉庫

㋓ 地面をほってつくった竪穴住居

2 次の問いに答えましょう。

(1) 米作りが広がると、社会はどのように変化していきましたか。次の文を古い順に並べかえましょう。（　　）→（　　）→（　　）

㋐ くにをつくる王があらわれる。

㋑ ほかのむらを支配する豪族があらわれる。

㋒ 指導者を中心にしたむらができる。

復元

(2) 右の**写真**は、くにの王が住んだ集落のあとと考えられている遺跡です。何という遺跡ですか。

（　　）

(3) (2)がある県はどこですか。（　　県）

(4) 右の**絵**は、祭りのときに使われたと考えられている道具です。この道具の名前を、次から選びましょう。（　　）

㋐ 鉄の刀　㋑ 銅剣　㋒ 貨幣　㋓ 銅鐸

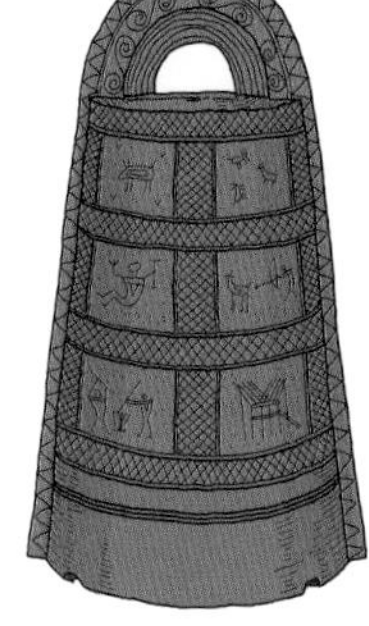

(5) 中国の古い歴史書に書かれている、邪馬台国の女王を何といいますか。

（　　）

(6) 邪馬台国の勢いが強かったころの日本は、何と呼ばれていましたか。漢字１字で書きましょう。（　　）

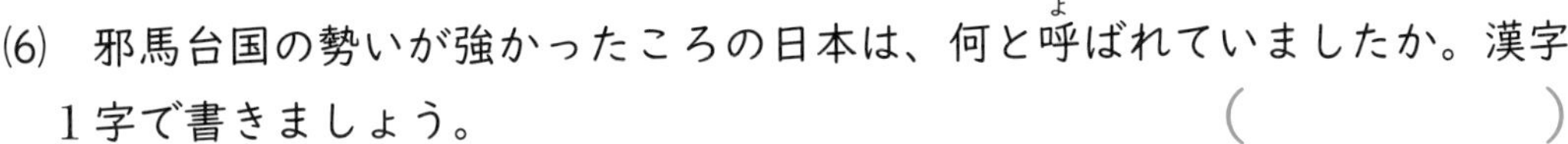

ポイント　**米作りが広がると争いがおこり、むらやくにができた。**

勉強した日　月　日

1　大昔のくらしとくにの統一③

学習の目標
くにはどのように統一されていったのでしょうか。

教科書 78～83ページ　答え 5ページ

1 古墳づくりと渡来人

さまざまな形の古墳

円墳　方墳　前方後円墳

石室　はにわ

武人のはにわ

- ①（　　　　）（仁徳天皇陵）古墳（大阪府）…日本で最も大きい②（　　　　）。
- 古墳…その地域を支配していた王や豪族の③（　　　　）。
  - まわりに④（　　　　）が並べられていた。
- ⑤（　　　　）時代…古墳が盛んにつくられた3世紀なかごろから7世紀初めごろまでの時代。
- ⑥（　　　　）…中国や朝鮮半島から日本に移り住んだ人々。
  - はた織り、⑦（　　　　）づくり、鍛冶、土木・建築などの技術、紙・筆などのつくり方、⑧（　　　　）や仏教などの文化を伝える。
  - **高松塚古墳**（奈良県）・**藤ノ木古墳**（奈良県）…⑨（　　　　）や朝鮮とのつながりを感じる出土品が見つかる。

渡来人が伝えた土器

2 大和朝廷とくにの統一／学習問題について話し合う

よみトク！ 地図

- 4世紀から5世紀ごろ、大和（奈良県）・河内（大阪府）地方の勢いの強いくにが、ほかのくにの王を従えて、力の強い国をつくる。
  ➡中心人物を⑩（　　　　）（のちの**天皇**）と呼ぶ。
- ⑪（　　　　）（**大和政権**）…各地の王を**大王**の政府の役人とする。➡渡来人を朝廷のだいじな役につけ、技術や文化を高める。
- ⑫（　　　　）古墳（埼玉県）や**江田船山古墳**（熊本県）から、「⑬（　　　　）大王」の名前がきざまれた刀剣が発見されている。

前方後円墳の分布

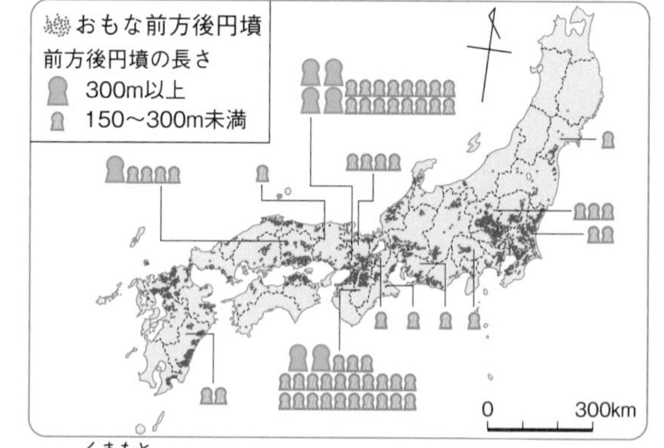

- 『⑭（　　　　）』・『**日本書紀**』…8世紀の初めに天皇の命令でつくられた書物。国の成り立ちを伝える神話が書かれている。
- 『⑮（　　　　）』…地方の王や豪族に従い、くらしていた人々のようすや、地方の自然などについて書かれている。

しゃかいか工場　はにわには、家や人物のほかに、動物をかたどったものもあるよ。馬はたくさん出土しているけれど、牛は少ないんだ！はにわからは、当時の人々の生活のようすがわかるよ。

練習のワーク

できた数　　／15問中

教科書 78～83ページ　答え 5ページ

1 右の写真は大仙（仁徳天皇陵）古墳です。これを見て、次の問いに答えましょう。

(1) このような形の古墳を何といいますか。（　　　）

(2) この古墳について正しいものを、次から２つ選びましょう。（　　）（　　）

㋐ 奈良県明日香村にある。

㋑ 日本で最も大きな古墳である。

㋒ この古墳づくりには15年以上かかったと考えられている。

㋓ ２世紀のなかごろにつくられた古墳である。

(3) この古墳をはじめとして、大きな古墳が多く分布している地方はどこですか。次から選びましょう。（　　）

㋐ 九州地方　㋑ 近畿地方　㋒ 関東地方　㋓ 東北地方

(4) 古墳のまわりに並べられていたものを、次から選びましょう。（　　）

㋐

㋑
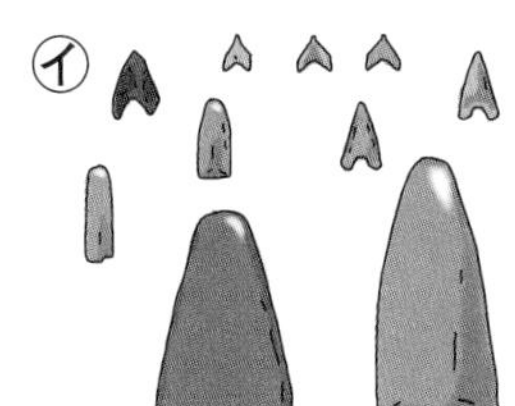

㋒
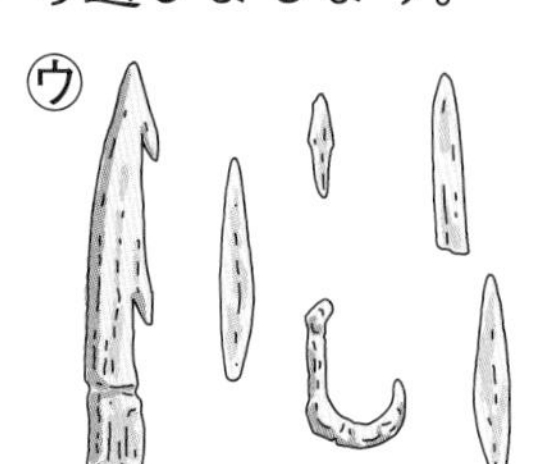

㋓
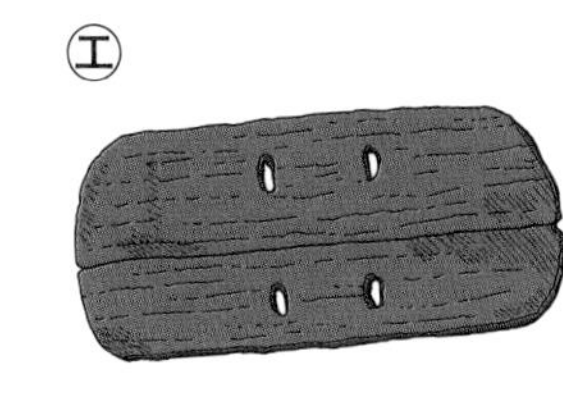

2 次の問いに答えましょう。

(1) 渡来人は、どこから移り住んだ人々ですか。次から２つ選びましょう。（　　）（　　）

㋐ 中国　㋑ 朝鮮半島

㋒ ヨーロッパ　㋓ 南太平洋の島々

(2) 右の**絵**は、渡来人が伝えた新しい武器です。この武器は何でできていますか。次から選びましょう。（　　）

㋐ 木　㋑ 銅　㋒ 鉄　㋓ 石

3 次の問いに答えましょう。

(1) 次の文中の下線部が正しいときは○を、誤っているときは正しい言葉を書きましょう。

① 大和朝廷では、各地の王を<u>政府の役人</u>とした。（　　　）

② 大和朝廷があった大和・河内地方は、今の<u>京都府</u>と大阪府にあたる。（　　　）

③ 大和朝廷の中心人物は<u>大王</u>と呼ばれた。（　　　）

(2) ８世紀の初めに天皇の命令でつくられた、国の成り立ちを伝える神話が書かれた書物を２つ書きましょう。（　　　）（　　　）

(3) 『風土記』に書かれている内容を、次から２つ選びましょう。（　　）（　　）

㋐ 人々のようす　㋑ 豪族がよんだ歌　㋒ 仏教の教え　㋓ 地方の自然

ポイント 強大な王が大王となり、大和朝廷をつくって国を統一した。

まとめのテスト

1　大昔のくらしとくにの統一

勉強した日　月　日

教科書　62〜83ページ　答え　5ページ

1 大昔のくらし　**次の２つの資料を見て、あとの問いに答えましょう。**　1つ5〔50点〕

資料1

資料2

⑴　**資料１・２**に共通して見られるⓍの住居を何といいますか。（　　　　　）

⑵　**資料１**にⓎがあることから、**資料１**の時代についてどのようなことがわかりますか。次から選びましょう。（　　）

㋐　家畜(かちく)を飼っていたこと。

㋑　むらどうしの争いがあったこと。

㋒　えものを追って移動しながらくらしていたこと。

㋓　水害に備えていたこと。

⑶　次の道具は、おもに**資料１・２**のどちらの時代で使われていたと考えられていますか。**資料１**なら１、**資料２**なら２と番号を書きましょう。

①（　　）　②（　　）　③（　　）　④（　　）

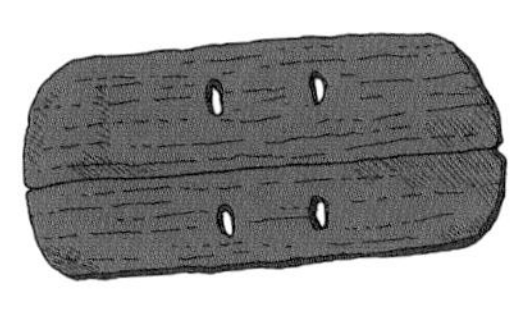

⑷　右の**絵**は、**資料２**の時代の土器です。この土器の使用によって、人々の食生活はどのように変わりましたか。次から２つ選びましょう。

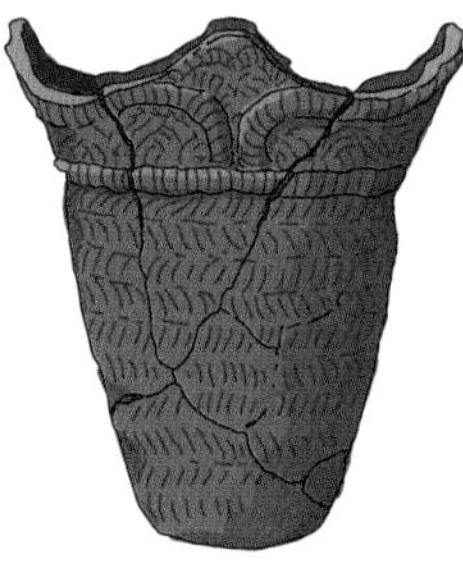

㋐　食料をにたりたいたりできるようになった。（　　）（　　）

㋑　米が主食となった。

㋒　新鮮(しんせん)な肉や魚が食べられるようになった。

㋓　食料をたくわえられるようになった。

記述　⑸　弥生時代(やよいじだい)のようすは、**資料１・２**のどちらか、番号を書きましょう。また、選んだ理由を簡単(かんたん)に書きましょう。

資料（　　）　理由（　　　　　　　　　　　　　　　）

2 古墳時代 右の地図を見て、次の問いに答えましょう。 1つ5〔20点〕

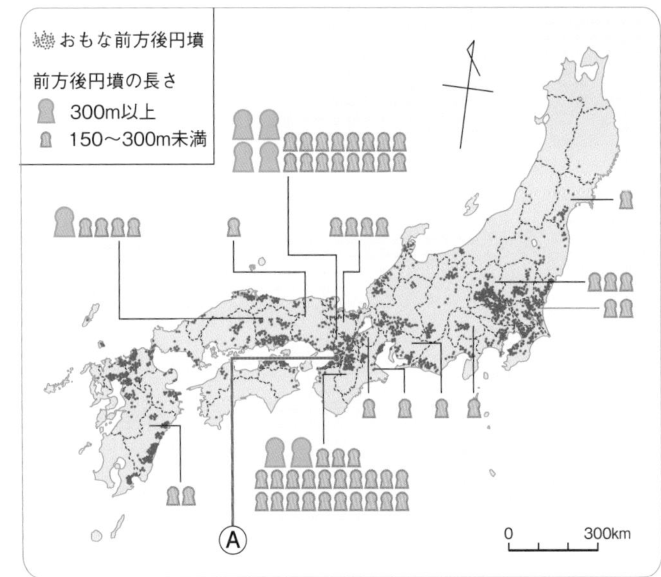

(1) 右の**地図**は、前方後円墳の分布を示しています。大きな前方後円墳の数が多い府県を、次から2つ選びましょう。 (　　)(　　)

㋐ 大阪府　㋑ 岡山県
㋒ 奈良県　㋓ 群馬県

よく出る

(2) **地図**中のⒶには、日本で最も大きな前方後円墳があります。この古墳を何といいますか。 (　　　)

(3) 右の**地図**から、どのようなことがわかりますか。次から選びましょう。 (　　)

㋐ 中国や朝鮮半島に近いほど前方後円墳の数が多い。
㋑ 前方後円墳は九州から北海道まで広がっていた。
㋒ 300メートル以上の大きな前方後円墳は近畿地方に多い。
㋓ 関東地方は前方後円墳が少ない。

3 大和朝廷と渡来人 右の地図と資料を見て、次の問いに答えましょう。 1つ5〔30点〕

思考

(1) **資料1**は、**地図**中のⒶから出土した鉄剣です。これと同じ大和朝廷の王の名前がきざまれた鉄刀が、Ⓓでも見つかりました。これによってわかることを、次から選びましょう。 (　　)

㋐ 大和朝廷の中心地が別の地域に移った。
㋑ 大和朝廷の力が広い範囲におよんでいた。
㋒ 大和朝廷の支配する地域がせまくなった。

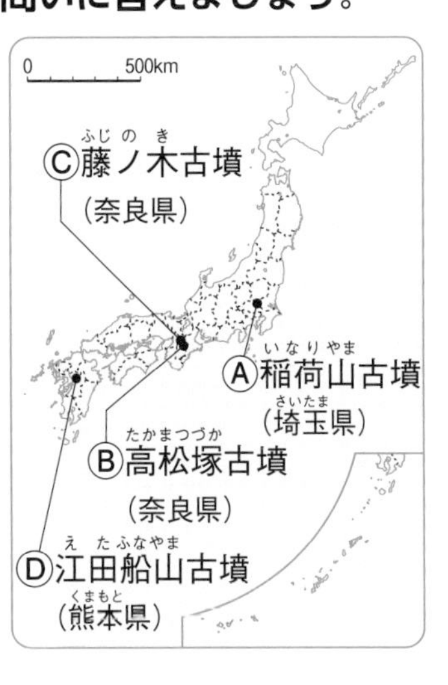

資料1

チャレンジ!

(2) **地図**中のⒷ・Ⓒからは、中国や朝鮮との深いつながりがうかがえるものが見つかっています。次からそれぞれ選びましょう。

Ⓑ(　　) Ⓒ(　　)

㋐ くつ　㋑ はにわ
㋒ 壁画　㋓ 仏像

資料2

(3) **資料2**は、渡来人が伝えた土器です。このほかに、渡来人が伝えたものを、次から2つ選びましょう。 (　　)(　　)

㋐ はた織りの技術　㋑ 戦いの技術
㋒ 弥生土器のつくり方　㋓ 紙のつくり方

記述

(4) 大和朝廷は、渡来人を朝廷のだいじな役につけました。その理由を、「技術」「文化」の2つの言葉を使って、簡単に書きましょう。

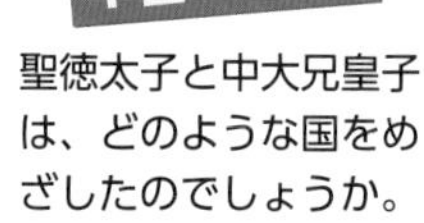

勉強した日 月 日

2 天皇を中心とした政治①

基本のワーク

学習の目標：聖徳太子と中大兄皇子は、どのような国をめざしたのでしょうか。

教科書 84～89ページ　答え 6ページ

1 法隆寺と聖徳太子／聖徳太子の政治

- ①（　　　）…奈良県斑鳩町にある、②（　　　）が建てたといわれる寺。
  - 1993年に世界遺産に登録された、現存する世界最古の木造建築。
- 6世紀ごろの日本は、蘇我氏のような③（　　　）が力をもち、争いがおこっていた。

よみトク！ 人物

聖徳太子（574 ～ 622）

- もとの名を厩戸皇子という。蘇我氏とともに④（　　　）を中心とする政治のしくみをととのえる。
- ⑤（　　　）…大和朝廷の役人の位を12段階に分け、家がらではなく、能力によって役人に取り立てる。
- ⑥（　　　）…役人の心得を示す。
- ⑦（　　　）…中国（隋）に⑧（　　　）らを使者として送る。
  ➡対等な国の交わりを結ぼうとした。
- 大陸から伝えられた⑨（　　　）を、国づくりに取り入れようとした。

冠位十二階

1	大徳
2	小徳
3	大仁
4	小仁
5	大礼
6	小礼
7	大信
8	小信
9	大義
10	小義
11	大智
12	小智

十七条の憲法

- 争いをやめてなかよくしなさい。
- 仏教を敬いなさい。
- 天皇の命令を守りなさい。
- 役人たちは礼儀正しくしなさい。
- おたがいに信じ合いなさい。

（一部）

2 新しい国づくり

- **大化の改新**…645年にはじまった政治の改革。
  - 聖徳太子がなくなったあと、強大な力をもった⑩（　　　）氏を、⑪（　　　）（のちの天智天皇）と⑫（　　　）（のちの藤原鎌足）がほろぼす。
  - 遣隋使や⑬（　　　）として中国で学んできた留学生とともに、天皇を中心とした強力な国づくりを進める。
- ⑭（　　　）…天智天皇がなくなったあと、7世紀の終わりに、飛鳥地方につくられた都。
  - 8世紀の初めには、天皇を中心とした政治のしくみがととのえられ、国を治めるための法律（**律令**）ができる。➡土地や人々は国のものとなり、税の制度が統一される。
  - 有力な豪族は⑮（　　　）となる。
- ⑯（　　　）**時代**…政治の中心が飛鳥地方にあった時代。

律令によって定められたおもな税と労働

- 稲のとれ高の約３％を納める。
- １年に１０日、都で働くか、布を納める。
- 地方の特産物を納める。
- １年に６０日以内、地方の役人のもとで働く。
- 都や北九州の守りにつく。

しゃかいか工場　遣唐使は630年にはじまり、894年に停止されるまで十数回おこなわれたよ。東シナ海を横断する航路は難破することも多い危険な航路で、みんな命がけで海を渡ったんだ。

できた数　／17問中

教科書 84〜89ページ　答え 6ページ

1 右の写真を見て、次の問いに答えましょう。

(1) 右の写真は現存する世界最古の木造建築です。この寺院を何といいますか。（　　）

(2) この寺院がある府県を、次から選びましょう。（　　）
㋐ 滋賀県　㋑ 奈良県
㋒ 京都府　㋓ 大阪府

(3) この寺院を建てたといわれている人物はだれですか。（　　）

2 右の資料を読んで、次の問いに答えましょう。

・争いをやめてなかよくしなさい。
・［①］を敬いなさい。
・［②］の命令を守りなさい。
・［③］たちは礼儀正しくしなさい。
・おたがいに信じ合いなさい。（一部）

(1) この資料のきまりを何といいますか。（　　）

(2) 資料中の［　］にあてはまる言葉を、次からそれぞれ選びましょう。
①（　）②（　）③（　）
㋐ 天皇　㋑ 法律　㋒ 豪族　㋓ 兵士
㋔ 役人　㋕ 農民　㋖ 仏教

(3) この資料のきまりが示していることを、次から選びましょう。（　　）
㋐ 天皇の役割　㋑ 農民の義務　㋒ 役人の心得

3 次の問いに答えましょう。

(1) 645年に蘇我氏がほろぼされたあとに進められた政治の改革を何といいますか。（　　）

(2) (1)の中心人物を、次から2人選びましょう。（　）（　）
㋐ 中大兄皇子　㋑ 小野妹子　㋒ 卑弥呼　㋓ 中臣鎌足

(3) (1)の改革のあと、律令によって定められた税や労働について説明した次の文中の［　］にあてはまる言葉や数字を、あとからそれぞれ選びましょう。
① 稲のとれ高の約［　］%を納める。（　）
② 1年に10日、都で働くか、［　］を納める。（　）
③ 地方の［　］を納める。（　）
④ 1年に［　］日以内、地方の役人のもとで働く。（　）
⑤ 都や［　］の守りにつく。（　）
㋐ 布　㋑ 60　㋒ 北関東　㋓ 3　㋔ 北九州　㋕ 5　㋖ 特産物

(4) 7世紀の終わりに飛鳥地方につくられた、日本で最初の本格的な都を何といいますか。（　　）

飛鳥時代には、天皇中心の国づくりが進められた。

勉強した日 月 日

2 天皇を中心とした政治②

基本のワーク

学習の目標
奈良時代の社会は、どんなようすだったのでしょうか。

教科書 90〜97ページ　答え 6ページ

1 平城京と聖武天皇の願い／行基と大仏づくりを支えた人々

●奈良時代…8世紀の初め、都が奈良の①(　　　　)におかれた時代。

よみトク！ 人物

聖武天皇
(701 ～ 756)

●8世紀のなかごろ、伝染病や貴族の反乱などで、世の中が乱れた。
➡②(　　　　)の力で不安をしずめ、国を治めようとした。
◆全国に③(　　　　)と国分尼寺を建てる。
◆都に国分寺と国分尼寺の中心となる④(　　　　)と⑤(　　　　)をつくる。

東大寺の大仏

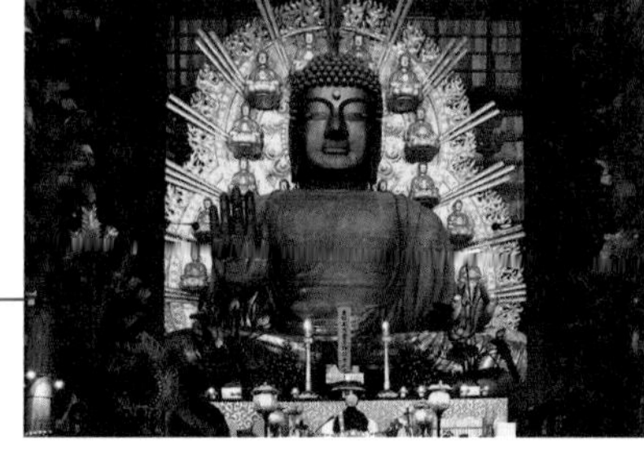

●大仏づくりには全国からのべ約260万人の人々が集められた。
◆聖武天皇は、多くの人にしたわれた⑥(　　　　)の協力を得て大仏づくりを進めた。
◆すぐれた技術をもつ大陸からの⑦(　　　　)の子孫もかつやくした。

2 よみがえる人々のくらし／大陸から持ち帰ったもの

●平城宮跡などから、多くの⑧(　　　　)が出土。➡貴族の生活を支えるために都へ集められた荷物につけられていた。

木簡

●農民が都の人々のくらしを支える。
◆税として⑨(　　　　)を地方の役所に納める。
◆税として絹や塩、鉄などの地方の⑩(　　　　)を都に運んで納める。
◆都の役所や寺などをつくる工事で働く。
◆⑪(　　　　)として都や北九州の守りにつく。
➡重い負担にたえられず、土地を捨ててにげ出す人たちもいた。

●⑫(　　　　)(絹の道)を通じて、中国と西アジアやヨーロッパとの交流が盛んになる。➡日本も中国を通じて、世界の文化とつながりをもつ。➡東大寺の⑬(　　　　)には、聖武天皇の持ち物や宝物などが残されている。

正倉院(正倉)

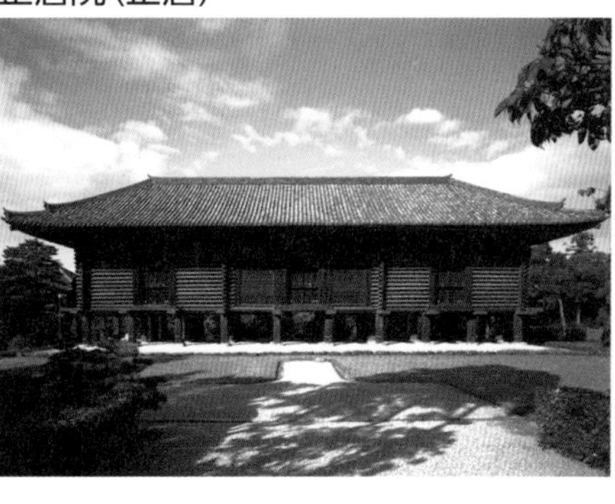

●⑭(　　　　)…中国の位の高い僧。12年をかけて日本に渡るが、長年の苦労のため目が見えなくなる。僧が修行するための⑮(　　　　)を建てた。

しゃかい工場
鑑真は日本への航海に5回も失敗し、そのために目が見えなくなってしまったんだ。それでも753年、6回目の航海でようやく来日することができたんだって！

練習のワーク

教科書 90〜97ページ　答え 6ページ

できた数　／13問中

1 右の写真を見て、次の問いに答えましょう。

(1) **写真**は、平城京につくられた大仏です。平城京がおかれた府県を、次から選びましょう。（　　）

㋐ 京都府　㋑ 奈良県　㋒ 滋賀県　㋓ 大阪府

(2) この大仏をつくるように命じた人物はだれですか。（　　）

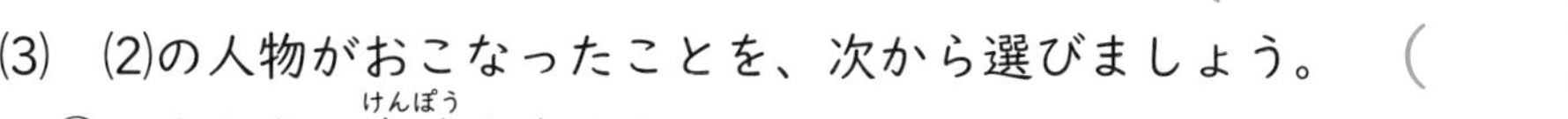

(3) (2)の人物がおこなったことを、次から選びましょう。（　　）

㋐ 十七条の憲法を定めた。

㋑ 全国に国分寺と国分尼寺を建てた。

㋒ 大化の改新をおこなった。

大仏づくりに集められた人や物資

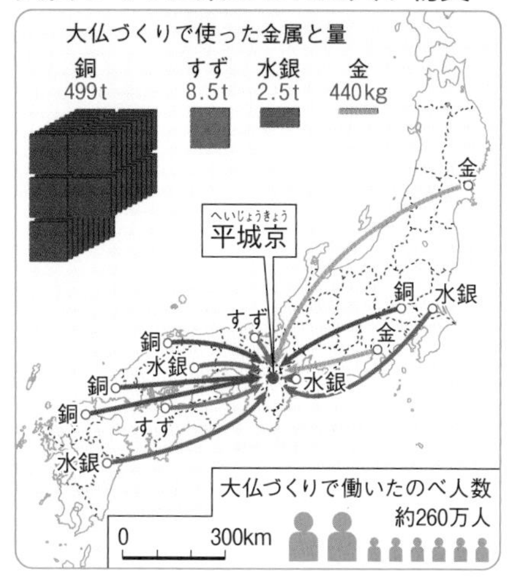

(4) 右の**地図**は、大仏づくりに集められた人や物資について示しています。**地図**からわかることを、次から２つ選びましょう。（　　）（　　）

㋐ 水銀や銅は平城京のまわりでとれた。

㋑ さまざまな物資が各地から都に運ばれた。

㋒ 大仏づくりには、すずが500ｔ使われた。

㋓ 大仏をつくるために、のべ約260万人が働いた。

(5) 大仏づくりに協力し、人々を集める大きな力となった僧はだれですか。（　　）

(6) 大仏づくりで、すぐれた技術をいかしてかつやくしたのは、どのような人々ですか。次から選びましょう。（　　）

㋐ 貴族　㋑ 渡来人の子孫　㋒ 農民の代表

2 次の問いに答えましょう。

(1) 奈良時代の農民にかけられた税のうち、地方の役所に納められていたものと、都に納められていたものを、次からすべて選びましょう。　地方の役所（　　）　都（　　）

㋐ 絹　㋑ 塩　㋒ 米　㋓ 鉄

(2) 中国と西アジアやヨーロッパを結び、文化交流を盛んにした道を何といいますか。（　　）

Ⓐ　Ⓑ

(3) 右の**写真**は、(2)を通ってもたらされた宝物です。それぞれどこでつくられたものと考えられていますか。次から選びましょう。　Ⓐ（　　）　Ⓑ（　　）

㋐ インド　㋑ 西アジア　㋒ ヨーロッパ

(4) 遣唐使が中国から持ち帰った右の**写真**の宝物などが納められていた、東大寺にある建物を何といいますか。（　　）

ポイント 奈良時代には、天皇中心の政治のしくみがととのった。

まとめのテスト

2 天皇を中心とした政治

勉強した日 月 日

得点 /100点

教科書 84～97ページ　答え 6ページ

1 聖徳太子の政治 右の年表を見て、次の問いに答えましょう。 1つ5〔25点〕

年	おもなできごと
574	聖徳太子が生まれる
603	Ⓐ冠位十二階を定める
604	Ⓑ十七条の憲法を定める
607	Ⓒ小野妹子たちを□に送る
622	聖徳太子がなくなる

(1) 下線部Ⓐについて、この制度で役人を取り立てる基準となったものを、次から選びましょう。（　　）

㋐ 家がら　㋑ 年齢　㋒ 能力　㋓ 出身地

よく出る (2) 下線部Ⓑについて、右下の**資料**はこの憲法の一部です。この憲法が定められた目的について、正しいものを次から選びましょう。（　　）

㋐ 仏教の力で社会の不安をしずめるため。
㋑ 天皇を中心とする政治のしくみをととのえるため。
㋒ 土地や人々を国家のものとするため。
㋓ 強大になった役人の力をおさえるため。

- 争いをやめてなかよくしなさい。
- 仏教を敬いなさい。
- 天皇の命令を守りなさい。
- 役人たちは礼儀正しくしなさい。

(3) □にあてはまる中国の王朝名を、漢字1字で書きましょう。（　　）

(4) 下線部Ⓒをおこなった目的を、次から2つ選びましょう。（　　）（　　）

㋐ 対等な国の交わりを結ぶため。
㋑ 中国の皇帝を従わせるため。
㋒ 日本の文化を大陸に伝えるため。
㋓ 留学生に中国の文化や国家のしくみを学ばせるため。

2 中大兄皇子の政治 右の資料を見て、次の問いに答えましょう。 1つ5〔20点〕

中大兄皇子らが進めようとした政治の方針

一 これまでの天皇や豪族が所有していた土地や民は、すべて ① のものとする。
一 都や地方の区画（国・郡）を定め、都から地方に役人を派遣して治めさせる。
一 ② をつくり、人々に田を割りあてて耕作させる。
一 布などを納める税の制度を統一する。

(1) **資料**中の□にあてはまる言葉を、次の□からそれぞれ選びましょう。

①（　　）②（　　）

国家　貴族　古事記　戸籍

(2) 下線部について、このころの税や労働について、正しいものを次から選びましょう。（　　）

㋐ さきもりは、1年間、都の守りにつく。
㋑ 地方の特産物などを納める。
㋒ 稲のとれ高の約1％を納める。
㋓ 1年に10日、北九州で働くか、布を納める。

記述 (3) 中大兄皇子らは、どのような国づくりをめざして改革を進めましたか。簡単に書きましょう。

（　　）

3 奈良時代 次の問いに答えましょう。

1つ5〔35点〕

よく出る

(1) 710年に奈良におかれた都を何といいますか。（　　　）

(2) **地図1**は、8世紀のなかごろに建てられた国分寺の分布です。これを見て、次の問いに答えましょう。

地図1　国分寺の分布

① 国分寺や国分尼寺の中心として建てられた**地図1**中のあの寺を何といいますか。（　　　）

② 国分寺について、**地図1**からわかることとして、正しいものを次から選びましょう。（　　）

㋐ 東北地方にはつくられなかった。　㋑ 全国につくられた。

㋒ 都のまわりだけにつくられた。　㋓ 都のまわりにはつくられなかった。

③ 国分寺がつくられたころのようすとして正しいものを次から2つ選びましょう。（　　）（　　）

㋐ 伝染病が広がった。　㋑ 外国からの攻撃を受けた。

㋒ 貴族の反乱がおきた。　㋓ 天皇の力が弱まった。

記述

④ **地図1**中のあの寺にある正倉院に、インドや西アジアなどのものと考えられている宝物が残されているのはなぜですか。右の**地図2**を参考にして、簡単に書きましょう。

地図2　シルクロードと遣唐使の行路

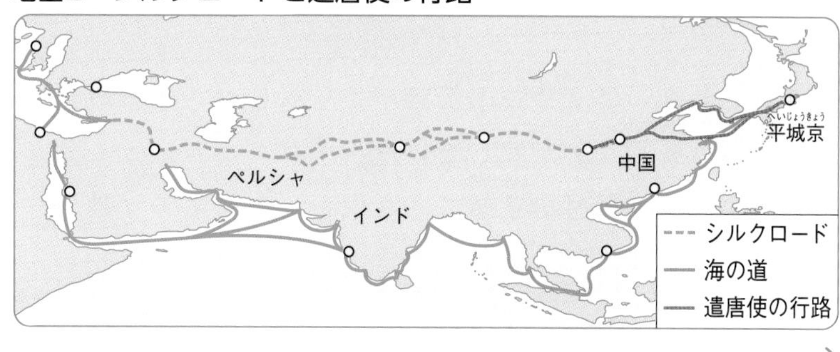

（　　　　　　　　　　　　　　　　）

(3) 奈良時代に建てられた寺と、その寺を建てた人物の組み合わせとして、正しいものを次から選びましょう。（　　）

㋐ 寺－法隆寺　人物－行基　㋑ 寺－唐招提寺　人物－行基

㋒ 寺－法隆寺　人物－鑑真　㋓ 寺－唐招提寺　人物－鑑真

4 人々のくらし 次の問いに答えましょう。

1つ5〔20点〕

(1) 右の**写真**は、8世紀の役所あとから出土したものです。これを何といいますか。（　　　）

(2) (1)は何として使われていましたか。次から選びましょう。（　　）

㋐ 都に納める荷物につける荷札　㋑ 食事をつくるときに燃やすたきぎ

㋒ 都で新しく建てられる建物の材木　㋓ 宮中の儀式で使われるかざり

(3) (1)が使われていたころの人々のくらしとして、正しいものを次から2つ選びましょう。（　　）（　　）

㋐ 農民は自分たちで食料をつくり、豊かなくらしをしていた。

㋑ 貴族はぜいたくなくらしをし、農民のくらしは質素だった。

㋒ 農民のなかには、重い負担にたえられず、にげ出す人もいた。

㋓ 豊かなくらしをしている貴族ほど、重い税がかけられていた。

勉強した日　月　日

3　貴族が生み出した新しい文化

基本のワーク

学習の目標
貴族が生み出した文化は、どのようなものだったのでしょうか。

教科書 98～103ページ　答え 7ページ

1 貴族のくらしを調べる

●**平安時代**…794年に都が京都の①(　　　　　)に移されてから約400年間続いた時代。

●朝廷の政治は、②(　　　　　)たちが進める。➡③(　　　　　)と呼ばれる住宅様式の大きなやしきに住んでいた。

よみトク！ 人物

道長がよんだ歌

この世をば
我が世とぞ思う
望月の欠けたることも
なしと思えば

●④(　　　　　)の子孫である藤原氏は、むすめを天皇の⑤(　　　　　)とし、生まれた子が天皇となることで大きな力をもち、天皇にかわって政治を進めた。

●**藤原道長**は11世紀ごろに力を強め、朝廷の高い位についた。

藤原道長
(966 ～ 1027)

●貴族の社会…儀式や**年中行事**がくり返しおこなわれ、和歌やけまりなどが楽しまれた。

●貴族の服装…男性の正装である束帯、宮廷での女性の正装として⑥(　　　　　)が着られた。

ひな人形と似ているね。

束帯

十二単

2 貴族のくらしから文化が生まれる／今に続く年中行事

●９世紀の終わりには、⑦(　　　　　)の意見により、⑧(　　　　　)が取りやめになる。➡中国の文化をもとにした⑨(　　　　　)**の文化**が生まれる。

●漢字をもとに、日本独自の⑩(　　　　　)がつくられる。
➡⑪(　　　　　)は『**源氏物語**』、⑫(　　　　　)は『**枕草子**』を書いた。

●貴族の生活のようすや風景をえがいた⑬(　　　　　)**絵**が生まれる。

●⑭(　　　　　)…正月や端午の節句など、平安時代から1000年以上続いている。

●都がおかれていた京都には、賀茂祭（葵祭）など、長いあいだ受けつがれてきているものが多くある。

かな文字の発達

かたかな	ひらがな
阿➡ア	安➡安あああ
伊➡イ	以➡以いいい
宇➡ウ	宇➡宇ううう

今に続く年中行事

1月	2月	3月	4月	5月	6月	7月	8月	9月	10月	11月	12月
初もうで・成人式・七草がゆ	節分	ひな祭り	花まつり	端午の節句		七夕	お盆	彼岸・お月見		七五三	大みそか

しゃかいか工場 紫式部は藤原道長の娘・彰子に仕え、清少納言は道長の兄の娘・定子に仕えていたんだ。彰子と定子はいとこどうしだけど、同じ一条天皇のきさきだったよ。

練習のワーク

教科書 98〜103ページ　答え 7ページ

できた数　／14問中

1 次の問いに答えましょう。

(1) 8世紀の終わりに都が京都(きょうと)に移されてからの約400年間を何時代といいますか。（　　）

(2) 9世紀から11世紀にかけて朝廷(ちょうてい)で大きな力をもった藤原(ふじわら)氏は、だれの子孫ですか。次から選びましょう。（　　）

㋐ 聖徳太子(しょうとくたいし)　㋑ 小野妹子(おののいもこ)　㋒ 中大兄皇子(なかのおおえのおうじ)　㋓ 中臣鎌足(なかとみのかまたり)

(3) (1)の時代の社会にあてはまるものを、次から選びましょう。（　　）

㋐ 家がらに関係なく、能力で役人に取り立てられた。

㋑ なくなると、大きな古墳(こふん)にほうむられた。

㋒ 朝廷の政治は、貴族(きぞく)たちによって進められた。

2 右の資料を読んで、次の問いに答えましょう。

この世をば
我(わ)が世とぞ思う
望月(もちづき)の欠けたることも
なしと思えば

(1) この歌をよんだ人物はだれですか。（　　）

(2) この歌の意味を、次から選びましょう。（　　）

㋐ 人の一生は、月の満ち欠けのようにはかないものだ。

㋑ 月が欠けるように、自分の栄光も一時のことだ。

㋒ この世の中で自分の思い通りにならないことは何もない。

(3) (1)の人物が力を強めた方法を、次から選びましょう。（　　）

㋐ 自分が天皇(てんのう)になった。　㋑ 自分のむすめを天皇のきさきにした。

㋒ すぐれた歌をたくさんよんだ。

(4) この時代に貴族が住んでいたやしきの住宅様式(じゅうたくようしき)を何といいますか。（　　）

3 次の問いに答えましょう。

(1) 9世紀の終わりに、菅原道真(すがわらのみちざね)の意見で取りやめることになったものは何ですか。（　　）

(2) 右のような絵画を何といいますか。（　　）

(3) 次の人物が書いた文学作品を、あとからそれぞれ選びましょう。①（　　）②（　　）

① 紫式部(むらさきしきぶ)　② 清少納言(せいしょうなごん)

㋐『枕草子(まくらのそうし)』　㋑『風土記(ふどき)』　㋒『源氏物語(げんじものがたり)』　㋓『日本書紀(にほんしょき)』

(4) 漢字をもとにしてつくられたかな文字のうち、おもに漢字の一部をとった文字は何ですか。（　　）

(5) 次の年中行事(ねんちゅうぎょうじ)のうち、9月におこなわれるものを、2つ選びましょう。（　　）（　　）

㋐ 彼岸(ひがん)　㋑ 七夕(たなばた)　㋒ ひな祭り　㋓ お月見

ポイント 平安時代には貴族が力をもち、日本風の文化が生まれた。

まとめのテスト

3　貴族が生み出した新しい文化

勉強した日　月　日

時間 20分

得点　/100点

教科書 98〜103ページ　答え 7ページ

1 貴族のくらしと文化①　**次の資料を見て、あとの問いに答えましょう。**　1つ5〔45点〕

資料1

想像図

資料2

Ⓐ　Ⓑ

資料3

この世をば
我が世とぞ思う
望月の欠けたることも
なしと思えば

よく出る (1) **資料1**は、平安時代の貴族のやしきのようすです。このような住宅様式を何といいますか。　(　　　)

(2) **資料1**のやしきについての説明を、次から2つ選びましょう。　(　　)(　　)

㋐ それぞれの建物が、渡殿と呼ばれる廊下でつながっていた。

㋑ 物見やぐらや深い堀、木のさくが設けられた。

㋒ 地面をほって平らにし、柱を立てた上に屋根をかけてつくられた。

㋓ やしきには広い庭がつくられた。

(3) 右の**絵**は、**資料1**のやしきに住む貴族が楽しんでいた遊びです。この遊びの名前を、次から選びましょう。　(　　)

㋐ けまり　㋑ 和歌　㋒ すごろく　㋓ 百人一首

想像図

よく出る (4) 8世紀の終わりに移され、**資料1**のようなやしきが多くつくられた京都の都を何といいますか。

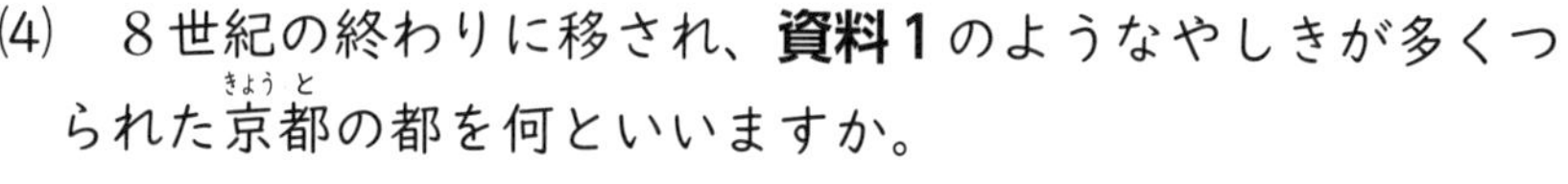

(　　　)

(5) **資料2**は、平安時代の服装です。Ⓐ・Ⓑの説明として、次からそれぞれ選びましょう。　Ⓐ(　　)　Ⓑ(　　)

㋐ 宮廷での女性の正装であった。

㋑ 朝廷に税を納める農民のふだん着であった。

㋒ 都や北九州の守りにつく兵士の装備であった。

㋓ 朝廷の行事などで着られる男性の正装であった。

よく出る (6) **資料3**は、11世紀ごろに朝廷で大きな力をもち、天皇にかわって政治を進めた人物がよんだ歌です。この人物はだれですか。次から選びましょう。　(　　)

㋐ 中臣鎌足　㋑ 小野妹子

㋒ 藤原道長　㋓ 中大兄皇子

記述 (7) (6)の人物はどのようにして大きな力をもちましたか。簡単に書きましょう。

(　　　　　　)

2 貴族のくらしと文化② 次の文を読んで、あとの問いに答えましょう。 1つ5〔55点〕

Ⓐ9世紀の終わりになると、中国の文化をもとにしたⒷ日本風の文化が生まれた。日本独自のⒸかな文字がつくられ、Ⓓ多くの文学作品が生まれた。

このころの貴族たちは、儀式やⒺ年中行事をくり返しおこない、はなやかな生活を送っていた。Ⓕ現在も京都でおこなわれている祭りのなかには、平安時代から1000年以上続いているものもいくつかある。

(1) 下線部Ⓐについて、次の文の｛ ｝にあてはまる記号をそれぞれ選びましょう。

①（ ） ②（ ）

● このころ、貴族で学者であった①｛ ㋐ 鑑真 ㋑ 菅原道真 ㋒ 行基 ｝の意見もあり、②｛ ㋐ 遣隋使 ㋑ 遣唐使 ｝が取りやめになった。

(2) 下線部Ⓑについて、このころにつくられたものを、次から選びましょう。（ ）

㋐ はにわ ㋑ 土偶

㋒ 大和絵 ㋓ 東大寺の大仏

(3) 下線部Ⓒについて、右の図を見て、次の問いに答えましょう。

① 右の図は、かな文字の発達を示しています。図中のⓐにあてはまる文字を書きましょう。

（ ）

ⓐ

安→安あああ

かたかな

阿→ア

② かな文字を使うことで、どのようなことができるようになりましたか。次から選びましょう。（ ）

㋐ 漢字のあて字を使うことによって、言葉を書きとめることができるようになった。

㋑ 日本の言葉や自分の気持ちをそのまま表現できるようになった。

㋒ 国や人物名、品物の名前などを木簡に記すことができるようになった。

㋓ 外国の言葉を書き写すことができるようになった。

よく出る

(4) 下線部Ⓓについて、次の文は、平安時代にかな文字で書かれた文学作品について説明しています。あてはまる作品名と作者名を、それぞれ書きましょう。

① 光源氏を主人公にした小説で、貴族のくらしや心の動きをこまやかにえがいた。

作品名（ ） 作者名（ ）

② 宮廷でのくらしや自然の移り変わりを生き生きと表現した。

作品名（ ） 作者名（ ）

(5) 下線部Ⓔについて、年中行事を1月から12月までにおこなわれる順に並べた組み合わせとして正しいものを、次から選びましょう。（ ）

㋐ 正月 → 七夕 → 端午の節句 → 節分 → お月見

㋑ 節分 → 正月 → 端午の節句 → 七夕 → お月見

㋒ 正月 → 節分 → 端午の節句 → 七夕 → お月見

㋓ 正月 → お月見 → 節分 → 端午の節句 → 七夕

(6) 下線部Ⓕについて、右の写真は、京都で毎年5月におこなわれている、平安時代から続く祭りのようすです。この祭りを何といいますか。

（ ）

勉強した日　　月　　日

4　武士による政治のはじまり①

基本のワーク

学習の目標
武士はどのように登場し、力をつけていったのでしょうか。

教科書 106～109ページ　答え 7ページ

1 武士のくらし

●①(　　　　　)…ふだんは一族とともに自分の領地に住み、家来や農民にさしずして、②(　　　　　)を営む。戦いに備えて、日ごろから武芸にはげむ。

貴族と武士のちがい(想像図)

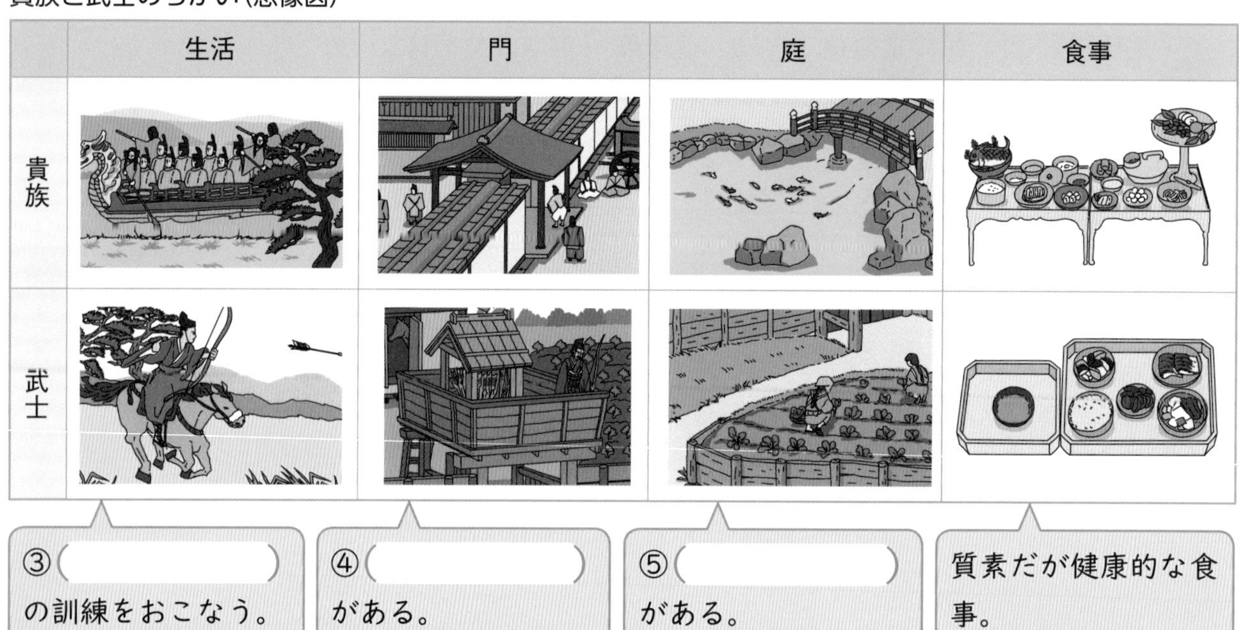

③(　　　　　)の訓練をおこなう。	④(　　　　　)がある。	⑤(　　　　　)がある。	質素だが健康的な食事。

2 源氏と平氏の戦い

●12世紀になると、**武士**のなかでも、**平氏**と⑥(　　　　　)が勢いを強める。

●⑦(　　　　　)…武士としてはじめて⑧(　　　　　)になる。

- 自分のむすめを**天皇のきさき**にして、朝廷の重要な地位を平氏の一族で独占する。
- 中国(宋)との貿易を進めるために、⑨(　　　　　)の港(神戸市)をととのえる。

➡思うままに政治をおこなうようになり、平氏に反感をもつ貴族や武士が増える。

よみトク! 人物

源頼朝
(1147 ～ 1199)

●**平治の乱**(1159年)で父の**義朝**が平清盛に敗れたため、京都から伊豆(静岡県)に流される。

●⑩(　　　　　)の政治に不満をもつ関東地方の武士と兵をあげる。

●弟の⑪(　　　　　)がひきいる源氏の軍が、1185年に⑫(　　　　　)(山口県)で平氏を攻めほろぼす。

源氏の進路

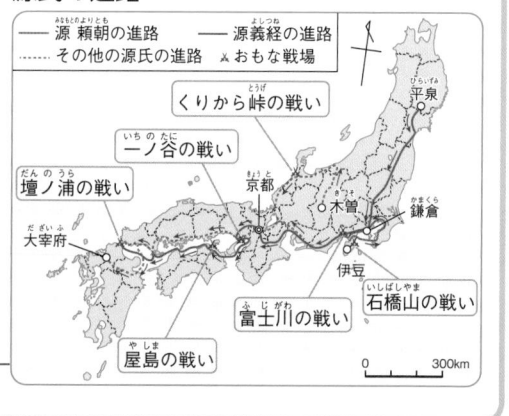

—— 源頼朝の進路　—— 源義経の進路
…… その他の源氏の進路　⚔ おもな戦場

くりから峠の戦い
平泉
一ノ谷の戦い
壇ノ浦の戦い
京都
木曽
鎌倉
大宰府
伊豆
石橋山の戦い
富士川の戦い
屋島の戦い
0　300km

しゃかいか工場
源平合戦では、源氏が白旗、平氏が赤旗をかかげて戦ったよ。現在、運動会で赤組と白組に分かれて競い合うことや、年末の紅白歌合戦はこのことが由来になっているんだ。

できた数　／14問中

教科書　106～109ページ　答え　7ページ

1 次の問いに答えましょう。

(1) 次の**絵**で、武士にあてはまるものには○、貴族にあてはまるものには△を書きましょう。

①（　　）②（　　）③（　　）

(2) 武士のなかで特に勢いを強めたのは、源氏と何という一族でしたか。（　　）

(3) 武士としてはじめて太政大臣になった人物はだれですか。（　　）

(4) (3)の人物が政治の実権をにぎるきっかけになった戦いを、次から選びましょう。（　　）

㋐ くりから峠の戦い　㋑ 平治の乱　㋒ 富士川の戦い　㋓ 石橋山の戦い

(5) (3)の人物が一族の守り神として敬った神がまつられている、広島県にある神社を何といいますか。（　　）

(6) (3)の人物はどのような政治をおこないましたか。次から選びましょう。（　　）

㋐ 聖徳太子と同じように、天皇を中心とする政治をおこなった。
㋑ 聖武天皇と同じように、仏教の力で国を安定させる政治をおこなった。
㋒ 藤原氏と同じように、むすめを天皇のきさきにして政治をおこなった。

2 右の地図を見て、次の問いに答えましょう。

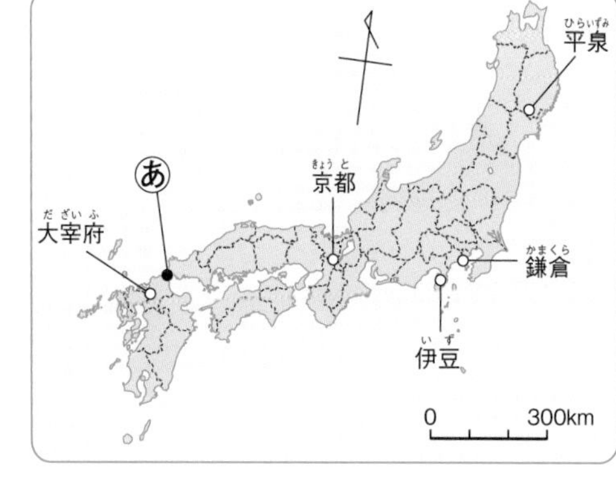

(1) 源頼朝が平氏をたおすために最初に兵をあげた場所を、**地図**中から選びましょう。（　　）

(2) 平氏は**地図**中のあでおこった戦いでほろびました。あの地名を、次から選びましょう。（　　）

㋐ 一ノ谷　㋑ 屋島
㋒ 壇ノ浦　㋓ 富士川

(3) あの戦いで平氏をほろぼした、源頼朝の弟はだれですか。（　　）

(4) 次の文の{　}にあてはまる記号を、それぞれ選びましょう。

① 平清盛は、{㋐隋　㋑宋}との貿易をおこなうために兵庫の港をととのえた。（　　）
② 源頼朝の父、義朝は平治の乱で{㋐藤原道長　㋑平清盛}に敗れた。（　　）
③ 源頼朝は、平氏をたおすために{㋐関東　㋑近畿}地方の武士と兵をあげた。（　　）

ポイント　**武士は源氏と平氏にわかれて争い、源氏が平氏を破った。**

4　武士による政治のはじまり②

基本のワーク

学習の目標
鎌倉幕府は、どのようなしくみで成り立っていたのでしょうか。

教科書 110～115ページ　答え 8ページ

1 源頼朝と鎌倉幕府

●源頼朝は、①(　　　　)(神奈川県)で武士による政治のしくみをととのえた。

◆②(　　　　)(家来の武士)を守護や地頭につけ、地方にも力がおよぶようにした。

■③(　　　　)…国ごとにおかれ、軍事・警察の仕事にあたった。

■④(　　　　)…私有地などで、税(ねんぐ)の取り立てや犯罪を取りしまった。

◆1192年、頼朝は朝廷から⑤(　　　　)(将軍)に任命された。

●⑥(　　　　)…頼朝が開いた幕府が続いた約140年間。

●鎌倉幕府は、将軍と御家人との強い結びつきによって成り立つ。

◆⑦(　　　　)…将軍は御家人がもつ領地の支配を認め、戦いで手がらを立てた者に新しく領地をあたえる。

◆⑧(　　　　)…戦いがおこれば、御家人は「いざ鎌倉」と一族をひきいて将軍のもとにかけつけ、命がけで戦う。

幕府と御家人の関係

将軍(幕府)
御恩(領地)↓　奉公(いざ鎌倉)↑
御家人

●頼朝の死後、源氏の将軍は３代でたえた。➡⑨(　　　　)(将軍を助ける最高の役職)についていた北条氏が、幕府の政治を進めた。

●承久の乱…1221年に朝廷が幕府をたおすために兵を集める。➡頼朝の妻⑩(　　　　)が御家人の結束をうったえて、幕府側が勝利。

2 元との戦い／元との戦いのあと

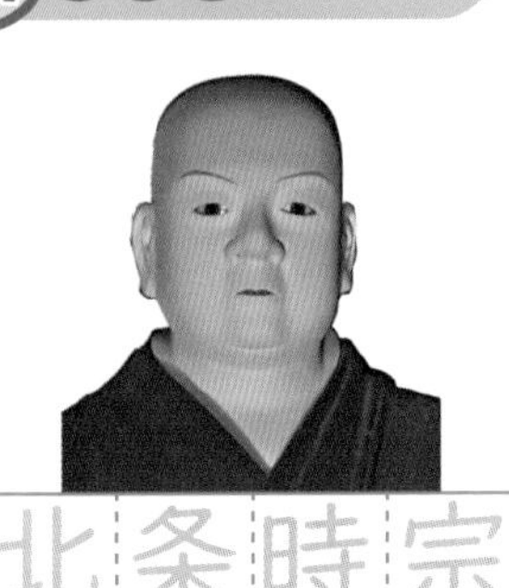

北条時宗
(1251 ～ 1284)

●13世紀後半、⑪(　　　　)が中国に攻めこんで、元という大きな国をつくった。➡朝鮮半島の高麗を支配。➡日本にも従うよう使者を送ってきた。

●執権の⑫(　　　　)は、元の要求をはねのけた。➡時宗の命令で、御家人たちは⑬(　　　　)北部の守りについた。

絵画でえがかれているのは、肥後（熊本県）の御家人・竹崎季長という人物だよ。

元との戦い

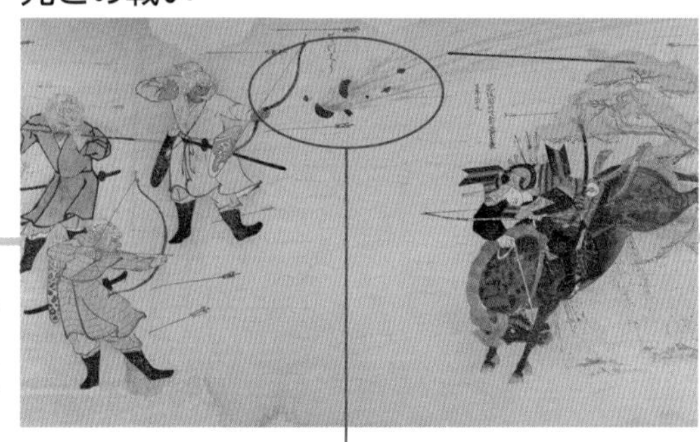

●元軍が、二度にわたっておしよせ、御家人たちは、元軍の⑭(　　　　)戦法や⑮(　　　　)兵器（てつはう）に苦しめられた。

●元軍は、御家人たちの抵抗やあらしなどによって、二度とも大損害を受けて大陸に引き上げた。

●御家人たちは命がけで元軍と戦ったが、幕府から御恩として領地をもらえた者はわずかだった。➡幕府に不満をもつ御家人が出た。➡北条氏は⑯(　　　　)氏らによってたおされた。

しゃかいか工場　モンゴルをおとずれたマルコ・ポーロというイタリア人が、日本を「黄金の国ジパング」としてヨーロッパに伝えたといわれているよ。

できた数　／15問中

教科書 110〜115ページ　答え 8ページ

1 鎌倉幕府について、次の問いに答えましょう。

(1) 次の文にあてはまる鎌倉幕府の役職を、右の□からそれぞれ選びましょう。

①(　　　) ②(　　　) ③(　　　)

① 国ごとにおかれ、軍事・警察の仕事にあたった。
② 私有地などで、税（ねんぐ）の取り立てや犯罪を取りしまった。
③ もともとは東北地方の人々を武力で従わせる役職だった。

征夷大将軍
地頭
守護

(2) 右の**図**中のⒶ・Ⓑにあてはまるものを、次からそれぞれ選びましょう。　Ⓐ(　)(　) Ⓑ(　)

㋐ 幕府のために戦う。
㋑ 先祖代々の領地の支配を認める。
㋒ 手がらを立てた者に領地をあたえる。

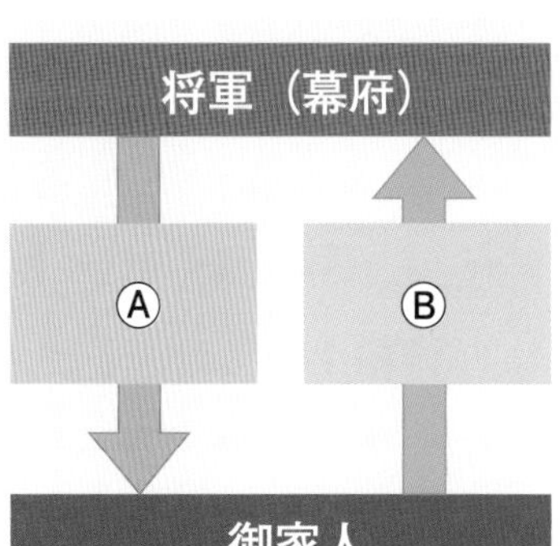

(3) 源氏の将軍が３代でたえたときに北条氏がついていた、将軍を助ける最高の役職は何ですか。
(　　　)

(4) 1221年に、朝廷は幕府をたおす兵を集めました。このできごとを何といいますか。
(　　　)

(5) (4)のときに御家人を説得した、源頼朝の妻はだれですか。(　　　)

2 次の問いに答えましょう。

(1) 13世紀後半に、モンゴルが中国に攻めこんでつくった国を何といいますか。(　　　)

(2) 右の**写真**は、(1)の二度目の来襲に備えてつくられた石るいの一部です。これがある場所を、次から選びましょう。(　)

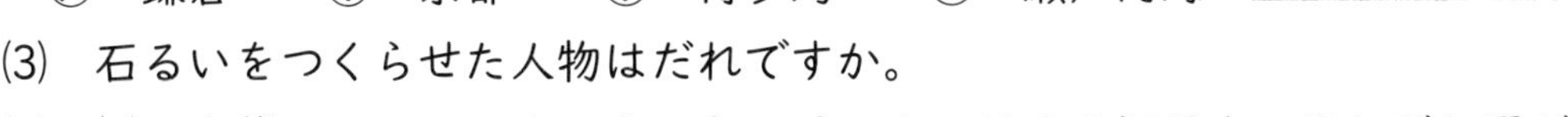
㋐ 鎌倉　㋑ 京都　㋒ 博多湾　㋓ 瀬戸内海

(3) 石るいをつくらせた人物はだれですか。(　　　)

(4) (1)の来襲について、次の文の{　}にあてはまる記号を、それぞれ選びましょう。
①(　) ②(　)

● 御家人たちは、相手国の軍の①{ ㋐馬上での攻撃　㋑集団戦法 }や「てつはう」と呼ばれる②{ ㋐火薬兵器　㋑長い弓 }に苦しめられた。

(5) (1)との戦いのあと、鎌倉幕府はどうなりましたか。あてはまるものを次から選びましょう。
(　)

㋐ 御家人たちはより団結し、幕府の力は強まった。
㋑ 一部の御家人しか領地がもらえず、幕府への不満が高まった。
㋒ 中国に使いを送り、対等な関係で貿易をはじめた。

幕府と御家人は、御恩と奉公の関係で結ばれていた。

まとめのテスト

勉強した日　　月　　日

4　武士による政治のはじまり

時間 20分

得点　　/100点

教科書 106〜115ページ　答え 8ページ

1 武士のくらし　**次の資料を見て、あとの問いに答えましょう。**　1つ5〔15点〕

資料1　武芸の訓練のようす

資料2　このころの人々の服装

(1)　**資料1**について、武士が武芸の訓練をしていた理由を、次から選びましょう。（　　）

㋐　年中行事や儀式に備えるため。　㋑　いつでも戦いに出られるようにするため。

㋒　狩りをしてえものをとらえるため。

(2)　**資料2**の服装について述べた文として正しいものを、次から2つ選びましょう。（　　）（　　）

㋐　ふだんは動きやすい直垂を着ていた。

㋑　男性はふだん束帯を着ていた。

㋒　戦いのときには大鎧を身につけた。

㋓　女性は十二単を着るようになった。

2 源氏と平氏の戦い　**右の資料を見て、次の問いに答えましょう。**　1つ5〔35点〕

(1)　**年表**中の□にあてはまる戦いを、次からそれぞれ選びましょう。

①（　　）②（　　）③（　　）

㋐　一ノ谷の戦い　㋑　石橋山の戦い

㋒　壇ノ浦の戦い

年	おもなできごと
1180	源頼朝が ① で平氏に敗れる
	源頼朝が富士川の戦いで平氏を破る
1181	平清盛がなくなる
1184	源義経が ② で平氏を破る
1185	源義経が ③ で平氏を破る
	平氏がほろびる

記述

(2)　**年表**中の下線部の人物は、藤原氏と同じような政治をおこないました。どのような政治でしたか。簡単に書きましょう。

(3)　次の場所を、右の**地図**から選びましょう。

①（　　）②（　　）③（　　）

①　平氏が敬った厳島神社がある場所。

②　平治の乱のあと、源頼朝が流された場所。

③　源頼朝が幕府を開いた場所。

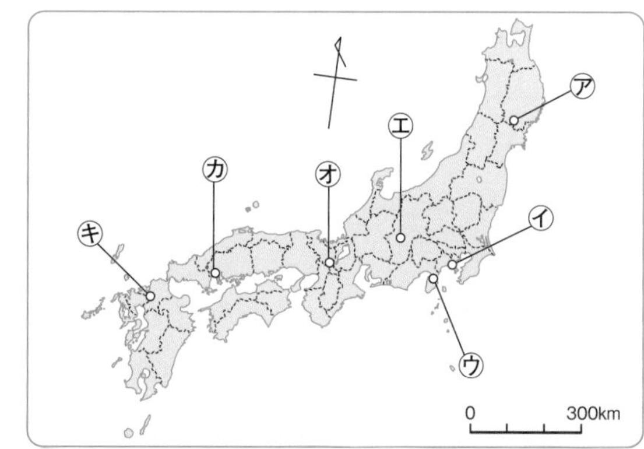

3 鎌倉幕府 次の問いに答えましょう。

1つ5〔30点〕

(1) 次の文は、右の**地図**を説明したものです。□にあてはまる言葉を、あとからそれぞれ選びましょう。

● 鎌倉は、三方を ① に囲まれ、一方が ② に面した土地である。内陸との交通のために幕府がつくった、せまくて険しい山道は ③ と呼ばれた。

①（　　）②（　　）③（　　）

㋐ シルクロード　㋑ 川　㋒ 山
㋓ 切通　㋔ 海

幕府の建物があった場所
鶴岡八幡宮

思考 (2) 源頼朝が鎌倉に幕府を開いた理由の一つは、鎌倉が幕府にとって有利な地形だったからです。それはどのような地形ですか。**地図**と(1)の文から考えて、簡単に書きましょう。

（　　　　　　　　　　　　　　　　）

(3) 源頼朝が1192年に朝廷から任命された役職を何といいますか。漢字5字で書きましょう。

（　　　　）

チャレンジ! (4) 将軍からあたえられた領地を命がけで守るという意味の言葉を何といいますか。次から選びましょう。

（　　）

㋐ いざ鎌倉　㋑ 御恩　㋒ 一所懸命　㋓ 奉公

4 元との戦い 次の問いに答えましょう。

1つ4〔20点〕

(1) 元軍が攻めてきた地域を、次から選びましょう。

（　　）

㋐ 鎌倉　㋑ 九州北部　㋒ 北海道南部　㋓ 京都

(2) **資料1・2**は、元軍と戦った御家人、竹崎季長をえがいています。これを見て、次の問いに答えましょう。

資料1

よく出る ① この戦いで御家人たちを苦しめたものを、**資料1**を参考にして、次の□から2つ選びましょう。

（　　　　）（　　　　）

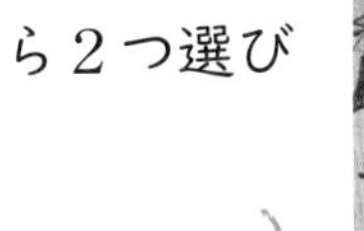

台風　火薬兵器　集団戦法　石るい

資料2

② **資料2**には、季長が何をしている場面がえがかれていますか。次から選びましょう。

（　　）

㋐ 元に攻めこむことをうったえている。
㋑ ほうびがもらえず、自分の手がらをうったえている。
㋒ すぐにほうびをもらえて感謝している。

記述 (3) 元軍との戦いのあと、御家人が幕府に不満をもつようになったのはなぜですか。「領地」という言葉を使って、簡単に書きましょう。

（　　　　　　　　　　　　　　　　）

勉強した日　月　日

5　今に伝わる室町の文化と人々のくらし①

学習の目標
室町時代の文化や政治には、どのような特色があるでしょうか。

基本のワーク

教科書 116～119ページ　答え 9ページ

1 京都に幕府がおかれたころのようす

450年ほど前の京都のまちのようす

●①(　　　　)…1000年以上の歴史がある、京都市の八坂神社の祭礼。

●14世紀なかば、②(　　　　)が征夷大将軍となり、京都に幕府を開く。その後、京都の③(　　　　)に幕府の役所がおかれたため、**室町幕府**という。

◆約240年間続いたこの時代を**室町時代**という。

2 金閣と銀閣を調べる

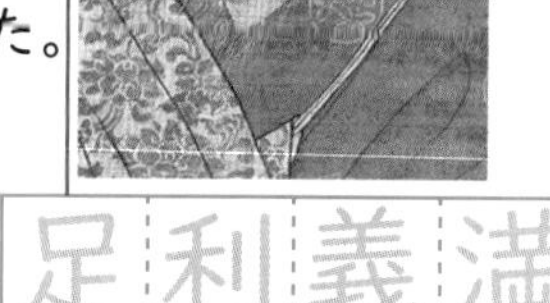

(1358 ～ 1408)

●**室町幕府**の３代将軍。

●力をつけてきた④(　　　　)をおさえて、将軍の権威を高めた。

●⑤(　　　　)(中国)との貿易によって、大きな利益を得た。

●京都の北山に⑥(　　　　)を建てた。

金閣

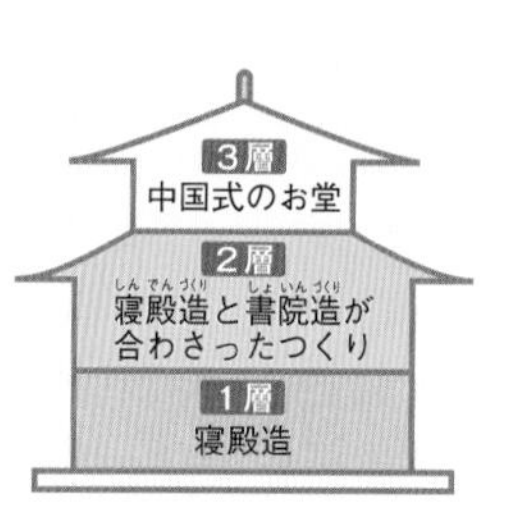

銀閣

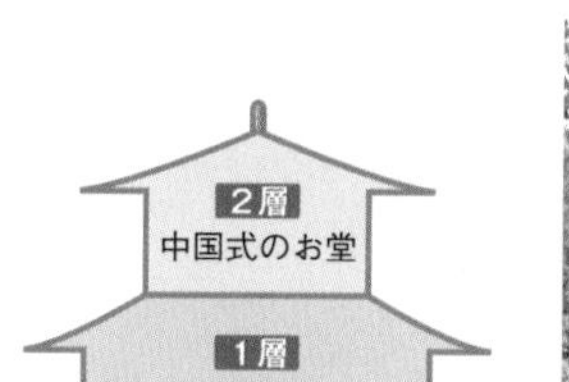

足利義政

(1436 ～ 1490)

●⑦(　　　　)の孫で８代将軍。

●京都の東山に⑧(　　　　)を建てた。

◆銀閣や東求堂には、⑨(　　　　)という建築様式が用いられた。

➡今の和室のもとになる。

書院造は畳をしきつめて、ふすまや障子で部屋をしきるつくりだよ。

●⑩(　　　　)…⑪(　　　　)が将軍のときに京都でおこった戦乱。争いは地方へと広がり、11年間におよんだ。➡力のある大名が⑫(　　　　)の命令をきかなくなり、**戦国時代**と呼ばれる世の中へ移っていく。

明との貿易には、倭寇と呼ばれる海賊と正式な貿易船を区別するために勘合という合い札が使われたので、この貿易のことを勘合貿易ともいうよ。

練習のワーク

教科書 116〜119ページ　答え 9ページ

できた数　／15問中

1 次の問いに答えましょう。

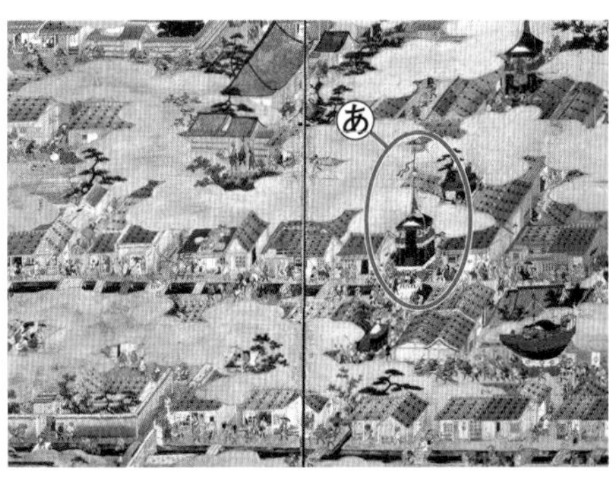

(1) 右の**資料**は、毎年7月の1か月間おこなわれる、1000年以上の歴史がある祭りのようすです。この祭りを何といいますか。（　　　）

(2) (1)がおこなわれる都市を、次から選びましょう。（　　）

㋐ 鎌倉(かまくら)　㋑ 京都(きょうと)　㋒ 奈良(なら)　㋓ 大阪(おおさか)

(3) **資料**中のあを何といいますか。次から選びましょう。

㋐ だんじり　㋑ 山鉾(やまほこ)　㋒ ねぶた　㋓ 屋台　（　　）

2 次の問いに答えましょう。

(1) 14世紀なかばに征夷大将軍(せいいたいしょうぐん)となり、新しい幕府(ばくふ)を開いた人物はだれですか。（　　　）

(2) 室町時代(むろまちじだい)になると、各国の守護(しゅご)は任命された国を自分の領地のように支配しました。このような守護は何と呼(よ)ばれましたか。漢字2字で書きましょう。（　　　）

(3) 3代将軍の足利義満(あしかがよしみつ)が、国交を開いて貿易をはじめた相手国を、次から選びましょう。

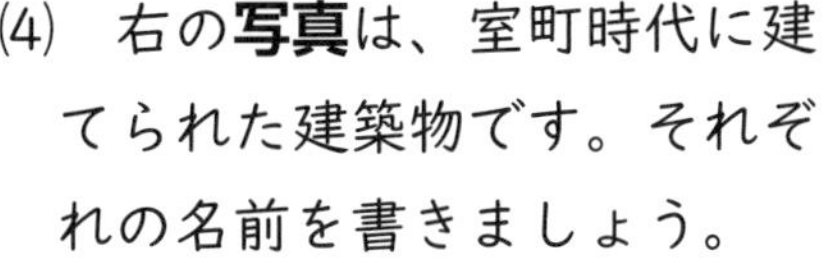

㋐ 隋(ずい)　㋑ 唐(とう)　㋒ 明(みん)　㋓ 元(げん)　（　　）

(4) 右の**写真**は、室町時代に建てられた建築物です。それぞれの名前を書きましょう。

Ⓐ（　　　）

Ⓑ（　　　）

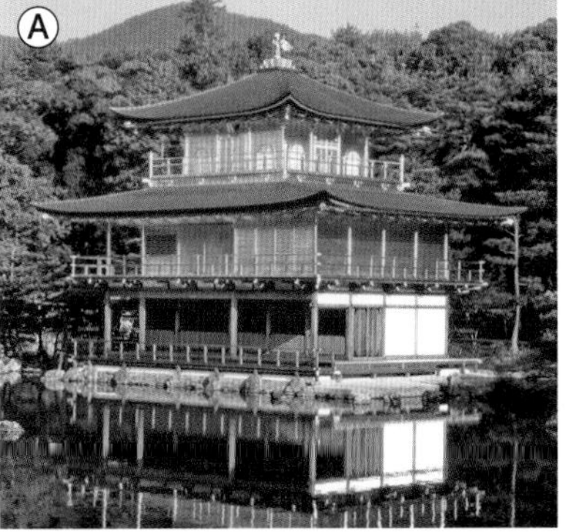

(5) 次の文は、Ⓐ・Ⓑの建築物について書かれたものです。Ⓐ・Ⓑのいずれかあてはまるほうを書きましょう。

① 3代将軍の足利義満が北山(きたやま)に建てた。（　　）

② 8代将軍の足利義政(よしまさ)が東山(ひがしやま)に建てた。（　　）

③ 1層(そう)は書院造(しょいんづくり)、2層は中国(ちゅうごく)式のお堂になっている。（　　）

④ 1層は寝殿造(しんでんづくり)、2層は寝殿造と書院造が合わさったつくり、3層は中国式のお堂である。（　　）

⑤ 2・3層に金ぱくをはりつめたごうかなつくりである。（　　）

⑥ 近くには、東求堂(とうぐどう)が建てられた。（　　）

(6) 足利義政が将軍のときに大名(だいみょう)が二手に分かれておきた、11年間におよぶ戦乱(せんらん)を何といいますか。（　　　）

足利義満が金閣(きんかく)を、足利義政が銀閣(ぎんかく)を建てた。

勉強した日　月　日

5　今に伝わる室町の文化と人々のくらし②

学習の目標
室町時代には、どのような文化が生まれたのでしょうか。

基本のワーク

教科書 120〜123ページ　答え 9ページ

1 今に伝わる室町文化

よみトク！人物

水墨画「天橋立図」

●中国に渡って①（　　　　）の修業を重ねた。
➡中国の形式にとらわれない、独自の形式を完成させた。

左の雪舟の絵は、墨だけで天橋立をえがいているよ。雪舟は自然を題材とした水墨画を数多くえがいたんだ。

雪舟
（1420 ～ 1506）

●書院造の庭に、石や砂を用いて山や水を表現する石庭がつくられる。
●②（　　　　）や**生け花**が盛んになる。
➡現在も多くの流派がある。
●まちや村では、祭りや③（　　　　）が盛んになる。
●田植えのときの④（　　　　）や猿楽が、⑤（　　　　）や**狂言**へ発展。
➡足利義満が観阿弥・⑥（　　　　）親子を応援。
●『浦島太郎』や『ものぐさ太郎』などの⑦（　　　　）の絵本がつくられる。

室町時代の田植えのようす

茶の湯

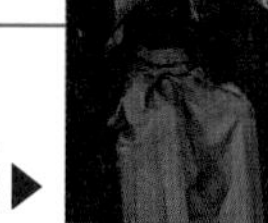

現在も演じられている能▶

2 鎌倉・室町時代を生きた人々のくふうや努力

●鎌倉時代の農業…⑧（　　　　）や馬にすきを引かせて、農地を深く耕し、草や灰を肥料にして、収穫を増やした。
◆稲の収穫後に麦などを作る⑨（　　　　）も広まる。
●室町時代の農業…共同で⑩（　　　　）をととのえたり、土地に適した稲の品種を選んだりして生産量を増やした。
●紙すきなどの⑪（　　　　）が発達し、職人が登場。
●産業が盛んになり、人が集まる場所で⑫（　　　　）が開かれるようになった。
●⑬（　　　　）（京都府）の南部では、武士と農民が協力して大名を追い出し、８年間、自分たちの手で政治をおこなった。

いろいろな農具や牛を使って農作業をする農民のようす

しゃかいか工場

室町時代には、１日３回食事をとる習慣や、うどん、とうふ、こんにゃくなど現在も食べられているものが広まり、調味料のしょうゆや砂糖も使われるようになったよ。

練習のワーク

教科書 120～123ページ　答え 9ページ

できた数 ／15問中

1 次の問いに答えましょう。

(1) 右の**絵**を見て、次の問いに答えましょう。

① この**絵**は墨(すみ)だけで風景をえがいています。このような絵を何といいますか。（　　）

② この**絵**をえがいた人物はだれですか。（　　）

(2) 次の文にあてはまる芸能を、右の□からそれぞれ選びましょう。

けまり　猿楽(さるがく)　すもう　田楽(でんがく)　盆(ぼん)おどり

① 田植えのときに働く人たちをはげまし、楽しませた。（　　）

② こっけいなおどりで民衆(みんしゅう)を楽しませた。（　　）

(3) (2)の①・②が発展(はってん)し、現在も演じられている芸能を２つ書きましょう。（　　）（　　）

(4) 室町(むろまち)時代につくられたおとぎ話を、次から２つ選びましょう。（　　）（　　）

㋐『枕草子(まくらのそうし)』　㋑『浦島太郎(うらしまたろう)』　㋒『源氏物語(げんじものがたり)』　㋓『ものぐさ太郎』

2 次の問いに答えましょう。

(1) 次の文の{　}にあてはまる記号を、それぞれ選びましょう。

①（　　）②（　　）③（　　）

① 鎌倉(かまくら)時代の農民は、草や{㋐灰(はい)　㋑虫}を肥料にし、収穫(しゅうかく)を増やした。

② 鎌倉時代には、稲(いね)を収穫したあとに麦などを作る{㋐二期作　㋑二毛作}が広がった。

③ 室町時代には、{㋐木製　㋑鉄製}のくわやすきが広く使われるようになった。

(2) 右の**絵**は、室町時代に発達した手工業の職人を示しています。何の職人か、次から選びましょう。（　　）

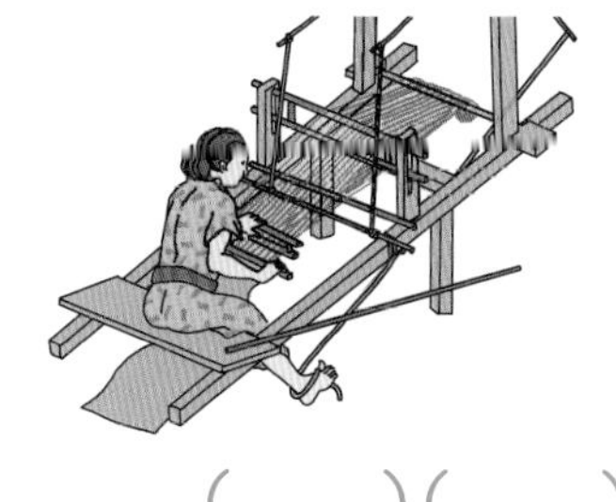

㋐ 紙すき　㋑ 鍛冶(かじ)

㋒ はた織り　㋓ かさ張り

(3) 市(いち)が開かれたのはどのような場所ですか。次から２つ選びましょう。（　　）（　　）

㋐ 人が少ないところ　㋑ 交通の便が悪いところ

㋒ 港や宿場　㋓ 人々のゆききが盛(さか)んなところ

(4) 応仁(おうにん)の乱(らん)のあとの山城国(やましろのくに)（京都(きょうと)府）の南部のようすを、次から選びましょう。（　　）

㋐ 村に住む武士と農民が、自分たちの手で政治をおこなった。

㋑ 厳(きび)しい税の取り立てに苦しむ農民が反乱(はんらん)をおこした。

㋒ 武士と農民が対立し、激(はげ)しい争いが続いた。

ポイント 室町時代には、今に伝わる文化がたくさん生まれた。

勉強した日　月　日

まとめのテスト

5　今に伝わる室町の文化と人々のくらし

時間20分

得点　/100点

教科書 116〜123ページ　答え 9ページ

1 室町幕府の政治と文化　**右の年表を見て、次の問いに答えましょう。**　1つ5〔50点〕

(1)　下線部Ⓐについて、この人物が幕府(ばくふ)を開いた場所を、**地図**中から選びましょう。
(　　)

(2)　下線部Ⓑの人物がおこなったことを、次から選びましょう。
(　　)

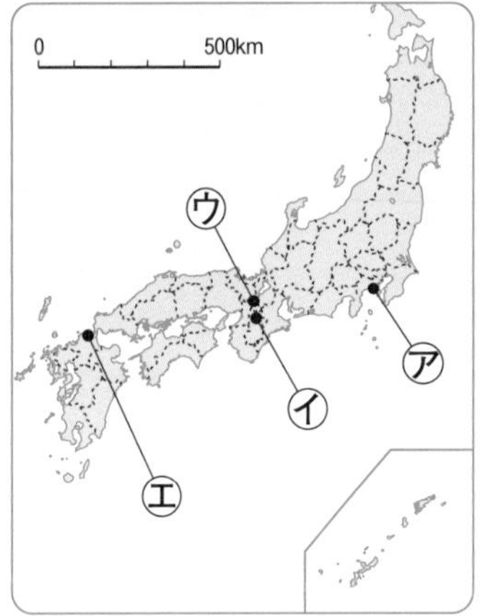

年	おもなできごと
1338	Ⓐ足利尊氏(あしかがたかうじ)が征夷大将軍(せいいたいしょうぐん)になる
1394	Ⓑ足利義満が太政大臣(だいじょうだいじん)になる
1397	義満がⒸ金閣を建てる
1402	義満が□との国交を開く このころ、Ⓓ能、狂言(きょうげん)が盛(さか)んになる
1467	Ⓔ応仁の乱(おうにんのらん)がおこる
1489	足利義政(よしまさ)がⒻ銀閣を建てる

㋐　朝廷(ちょうてい)にせまって、家来(けらい)となった武士を、地方の守護(しゅご)や地頭(じとう)につけた。
㋑　力をつけてきた大名(だいみょう)をおさえて、将軍(しょうぐん)の権威(けんい)を高めた。
㋒　自分のむすめを天皇(てんのう)のきさきにし、朝廷の重要な地位についた。
㋓　仏教の力で国を治めようと、全国に国分寺(こくぶんじ)と国分尼寺(こくぶんにじ)を建てた。

よく出る
(3)　下線部Ⓒについて、右の**図**は金閣(きんかく)の内部を示しています。これを見て、次の問いに答えましょう。

3層　中国式のお堂
2層　あといが合わさったつくり
1層　あ

①　**図**中のあは、藤原(ふじわら)氏が栄えたころの貴族(きぞく)のやしきの建築様式です。この様式を何といいますか。(　　　)

②　**図**中のいは、今の和室のもとになった建築様式です。この様式を何といいますか。(　　　)

(4)　□にあてはまる中国(ちゅうごく)の王朝名を、漢字1字で書きましょう。(　　)

(5)　下線部Ⓓについて、足利義満(あしかがよしみつ)の協力を得て、能(のう)を芸術としてつくりあげた親子を、右の□から選びましょう。
(　　　)(　　　)

行基(ぎょうき)　観阿弥(かんあみ)　鑑真(がんじん)　世阿弥(ぜあみ)　雪舟(せっしゅう)

記述
(6)　下線部Ⓔをきっかけに、幕府の力が弱まったのはなぜですか。簡単(かんたん)に書きましょう。
(　　　)

思考
(7)　下線部Ⓕについて、**資料1**は銀閣(ぎんかく)の近くにある東求堂(とうぐどう)の一室、**資料2**は現在の和室です。**資料1**と**資料2**は、どのようなところが似ていますか。2つ探(さが)して、簡単に書きましょう。

資料1

資料2

(　　　)(　　　)

2 室町時代の文化 次の問いに答えましょう。

(3)は完答、1つ5〔25点〕

(1) 右のⒶ・Ⓑは、室町(むろまち)時代から続く文化です。それぞれ何といいますか。

Ⓐ(　　　　　)

Ⓑ(　　　　　)

(2) 次の文に関係の深いものを、右の［　］からそれぞれ選びましょう。

①(　　　　　) ②(　　　　　)

① 能のあいまに演じられた。

② 石や砂(すな)を用いて山や水を表現した。

石庭	かさがけ
狂言	おとぎ話

思考 (3) 次の絵のうち、水墨画(すいぼくが)はどちらか選びましょう。また、選んだ理由を「色」「墨(すみ)」という言葉を使って、簡単に書きましょう。

記号(　　　)

理由(　　　　　　　　　　　　　　　　　　　　)

3 鎌倉・室町時代の人々のくらし 次の問いに答えましょう。

1つ5〔25点〕

(1) 右の**資料**中の㋐～㋒から、次の人を選びましょう。

① 牛を使って農地を耕している人。　(　　)

② 田植えをしている人。　(　　)

③ 田楽(でんがく)をおこなっている人。　(　　)

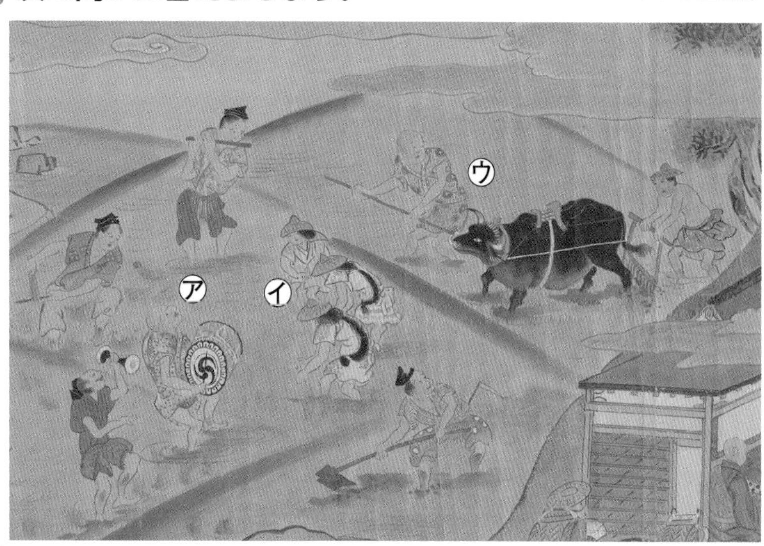

(2) 鎌倉(かまくら)・室町時代の農業の説明として、誤(あやま)っているものを、次から選びましょう。　(　　)

㋐ 収穫(しゅうかく)量を増やすため、草や灰(はい)を肥料にした。

㋑ 収穫したもみを保存(ほぞん)するため、高床倉庫(たかゆか)がたくさん建てられた。

㋒ 同じ農地で、稲(いね)と麦を作る二毛作が広がった。

㋓ 村全体で共同で用水路をととのえた。

記述 (3) 15世紀のなかごろになると、戦乱(せんらん)が続くようになりました。このころから、村の人々が団結を強めるようになったのはなぜですか。「生活」という言葉を使って、簡単に書きましょう。

(　　　　　　　　　　　　　　　　　　　　)

勉強した日　　月　　日

6　戦国の世の統一①

基本のワーク

学習の目標
鉄砲とキリスト教が伝えられたことで、日本にどのようなえいきょうがあったのでしょうか。

教科書 126〜131ページ　答え 10ページ

1 安土桃山時代の人々のくらし／長篠の戦いを調べる

●室町幕府がおとろえると、①（　　　　　　）と呼ばれる力をもった大名が各地にあらわれる。
➡**戦国大名**がたがいに勢力を争う時代が続く。

よみトク！資料

●②（　　　　　　）**の戦い**（1575年）…③（　　　　　　）と**徳川家康**の連合軍が甲斐（山梨県）の武田勝頼軍と戦う。
➡織田・徳川連合軍は多数の④（　　　　　　）隊を並べて⑤（　　　　　　）軍に勝利。

当時、信長の家来だった豊臣秀吉も参加していたよ。

2 鉄砲とキリスト教が日本に伝わる

●1543年、⑥（　　　　　　）（鹿児島県）に漂着したポルトガル人が⑦（　　　　　　）を伝える。
➡⑧（　　　　　　）（大阪府）や**国友**（滋賀県）などで盛んにつくられるようになる。

鉄砲

●1549年、スペインの宣教師**フランシスコ＝ザビエル**が鹿児島に上陸し、⑨（　　　　　　）を伝える。

●⑩（　　　　　　）**貿易**…スペインやポルトガルの貿易船が来航し、長崎、平戸、府内（大分県）、堺などで貿易。
➡ヨーロッパのいろいろな品物や文化を伝える。
◆外国から鉄砲や、鉄砲などに使う⑪（　　　　　　）、生糸、絹織物、陶器などが伝わる。
◆日本からは⑫（　　　　　　）や銀、漆器などが輸出される。

「南蛮屏風」

●貿易の利益を得るため、**キリスト教**の信者になる大名もあらわれる。➡⑬（　　　　　　）の戦国大名たちがローマへ向けて、⑭（　　　　　　）**遣欧少年使節**を派遣する。

しゃかいか工場　パンやカルタ、ボタンなどは、ポルトガル語をもとにした言葉だよ。カステラや金平糖などもこの時代にポルトガルから伝わったといわれているよ。

できた数　／15問中

教科書 126〜131ページ　答え 10ページ

1 右の絵は、1575年におきた長篠の戦いのようすをえがいた「長篠合戦図屏風」の一部です。次の問いに答えましょう。

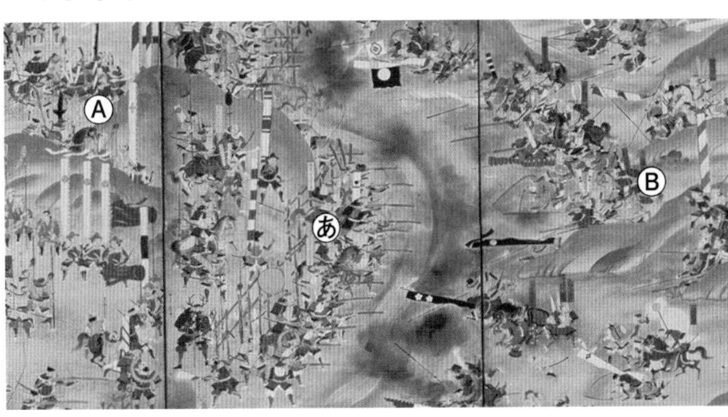

(1) この戦いで織田・徳川連合軍と戦った人物を、次から選びましょう。（　）

㋐ 今川義元　㋑ 豊臣秀吉
㋒ 足利義政　㋓ 武田勝頼

(2) 織田・徳川連合軍は、Ⓐ・Ⓑのどちらですか。（　）

(3) あの軍が使っている武器を何といいますか。（　）

2 右の地図を見て、次の問いに答えましょう。

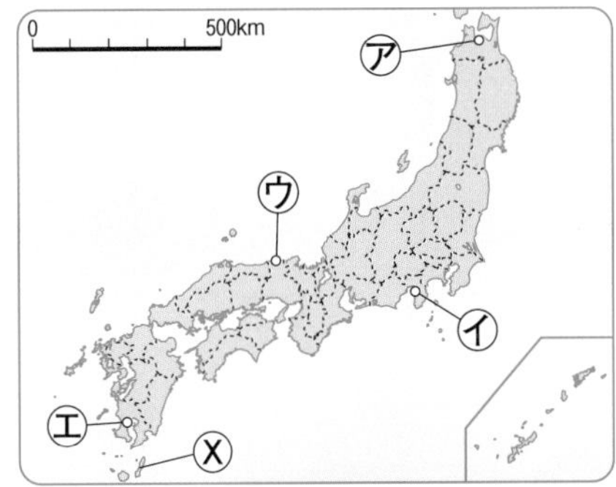

(1) 1543年にポルトガル人が漂着し、鉄砲を伝えた**地図**中のⓍの島を何といいますか。（　）

(2) 鉄砲が伝わるとすぐに、国内でもつくられるようになりました。盛んにつくられた都市を、次から２つ選びましょう。（　）（　）

㋐ 鹿児島　㋑ 堺　㋒ 国友　㋓ 博多

(3) 右の**写真**の、1549年に日本にキリスト教を伝えた宣教師はだれですか。また、この宣教師が上陸した場所を、**地図**中の㋐〜㋓から選びましょう。　宣教師（　）　場所（　）

3 右の絵を見て、次の問いに答えましょう。

(1) **絵**は、ヨーロッパの国とおこなわれた貿易のようすです。この貿易を何といいますか。（　）

(2) (1)の貿易の相手国はどこですか、２つ答えましょう。（　）（　）

(3) (1)の貿易が盛んにおこなわれた港を、次から２つ選びましょう。（　）（　）

㋐ 長崎　㋑ 神戸　㋒ 平戸　㋓ 根来

(4) 次の文の{　}にあてはまる言葉を、それぞれ選びましょう。
①（　）②（　）

● 外国からは、鉄砲や①{ ㋐漆器　㋑火薬 }などがもたらされ、日本からは②{ ㋐生糸や絹織物　㋑金や銀 }などが輸出された。

鉄砲やキリスト教が伝わり、ヨーロッパとの交流がはじまった。

勉強した日　月　日

6　戦国の世の統一②

基本のワーク

学習の目標
織田信長と豊臣秀吉は、どのように国を治めようとしたのでしょうか。

教科書 132〜137ページ　答え 10ページ

1 新しい時代を切りひらいた織田信長

よみトク！ 人物

織田信長
(1534 ~ 1582)

● 尾張（愛知県）の小さな大名で、武力によって国を治めようとした。
- 駿河（静岡県）の今川義元を①（　　　）**の戦い**で破る。
- 外国との②（　　　）をおこない、鉄砲生産の中心地でもある堺（大阪府）を支配下に置く。
- 将軍の足利氏を京都から追い出し、③（　　　）をほろぼす。
- ④（　　　）の中心地である石山本願寺（大阪府）を降伏させる。

● 琵琶湖のほとりの⑤（　　　）（滋賀県）を根拠地として、**安土城**を築く。
- 商人や職人はだれでも自由に商工業ができる⑥（　　　）をおこない、各地の関所をなくす。➡安土は城下町として栄える。

● 寺社の勢力をうばうため、⑦（　　　）を保護し、布教を認める。
● 京都の本能寺で家来の⑧（　　　）に攻められ、みずから命をたつ。

2 豊臣秀吉の天下統一／学習問題について話し合う

よみトク！ 人物

豊臣秀吉
(1537 ~ 1598)

信長の死後８年で天下を統一したよ。

● 尾張（愛知県）の身分の低い武士の子で、信長に仕えて力をもつ。
● **明智光秀**をたおし、その後、天下統一を成しとげる。
● ⑨（　　　）を築き、政治と物資の流れの拠点にする。
● ⑩（　　　）…収穫高を調べ、ねんぐを納める**百姓**の名前を、田畑ごとに検地帳に記録した。

検地のようす

想像図

● ⑪（　　　）…百姓から刀や鉄砲などを取り上げた。
● 武士と町人（商人・職人）は城下町に、百姓は村に住まわせた。
➡武士と⑫（　　　）が区別された。
● 中国の⑬（　　　）を従えようと、二度にわたって⑭（　　　）に大軍を送りこんだ。➡秀吉の死後、大名たちは兵を引き上げた。➡豊臣氏の力がおとろえるきっかけとなる。

● ⑮（　　　）**時代**…**織田信長**や**豊臣秀吉**がかつやくした1573年から1603年までの約30年間。

しゃかいか工場　キリスト教の信者となった戦国大名はキリシタン大名と呼ばれたよ。キリシタン大名の大友宗麟ら３人が、４人の少年をローマ教皇のもとへ派遣したよ。

練習のワーク

教科書 132〜137ページ　答え 10ページ

できた数　／14問中

1 右の地図を見て、次の問いに答えましょう。

(1) 織田信長が、**地図**中のⒶに築いた城を何といいますか。（　　　）

(2) 織田信長が**地図**中のⒶの城下町でおこなったことを、次から2つ選びましょう。（　　）（　　）

㋐ 自分の家来を集めた。
㋑ キリスト教を厳しく取りしまった。
㋒ 商人たちに重い税を課した。
㋓ だれでも自由に商工業ができるようにした。

Ⓒ　Ⓐ　Ⓑ

(3) **地図**中のⒷでおこった戦いについて、次の文の｛　｝にあてはまる言葉を、それぞれ選びましょう。①（　　）②（　　）

● 織田信長が①｛㋐武田氏　㋑今川氏｝を破る②｛㋐長篠の戦い　㋑桶狭間の戦い｝がおこった。

(4) **地図**中のⒸの、織田信長が家来の明智光秀に攻められ、みずから命をたった寺を次から選びましょう。（　　）

㋐ 東大寺　㋑ 唐招提寺　㋒ 石山本願寺　㋓ 本能寺

2 豊臣秀吉について、次の問いに答えましょう。

(1) 豊臣秀吉が天下統一の拠点とするために築いた城を何といいますか。（　　　）

(2) 豊臣秀吉が出した、**資料1**の法令を何といいますか。（　　　令）

(3) **資料1**中の□にあてはまる、村に住み、大部分が農業を営む農民を何といいますか。（　　　）

資料1

一、□が刀・弓・やり・鉄砲、そのほかの武器を持つことをかたく禁止する。…
一、取り上げた武器は、むだにはしない。新しく大仏をつくるためのくぎなどに役だてる。

(4) **資料2**は、豊臣秀吉がおこなった検地のようすです。検地についての説明として正しいものを、次から2つ選びましょう。（　　）（　　）

㋐ 農民から土地を取り上げた。
㋑ 土地や人々は、国のものであるとされた。
㋒ ねんぐを納める者の名前を検地帳に記録した。
㋓ 長さを統一した新しいものさしが使われた。

資料2

想像図

(5) 次の文中の□にあてはまる国を、あとからそれぞれ選びましょう。①（　　）②（　　）

● 豊臣秀吉は、①を従えようと、二度にわたって②に大軍を送った。

㋐ スペイン　㋑ 明　㋒ ポルトガル　㋓ 朝鮮

(6) 織田信長や豊臣秀吉がかつやくしたころの時代を何といいますか。（　　　）

ポイント 織田信長の死後、豊臣秀吉が天下統一を成しとげた。

まとめのテスト

勉強した日　月　日

6　戦国の世の統一

得点

/100点

教科書 126〜137ページ　答え 10ページ

1 織田信長の天下統一への道　**次の資料を見て、あとの問いに答えましょう。**　1つ4〔48点〕

資料1

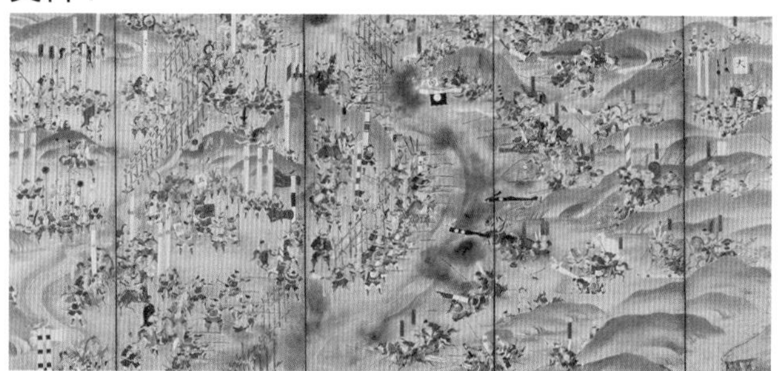

資料2

資料3

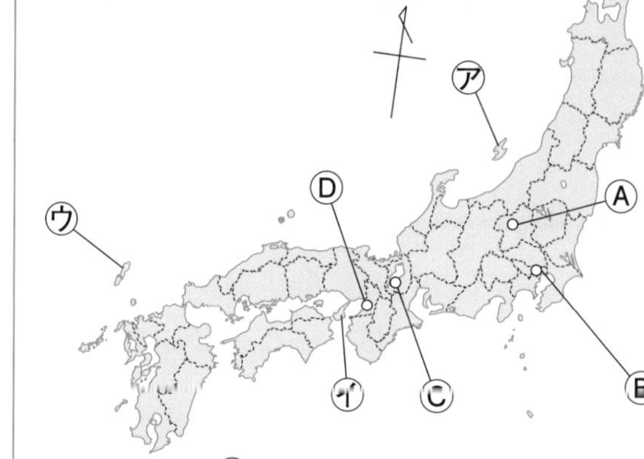

(1) **資料1**を見て、次の問いに答えましょう。

よく出る

① **資料1**は、織田信長（おだのぶなが）と徳川家康（とくがわいえやす）の連合軍が、甲斐（かい）（山梨県（やまなし））の戦国大名（せんごくだいみょう）と戦っているようすをえがいています。この戦いを何といいますか。（　　　）

② この戦いで織田・徳川連合軍が破った戦国大名を、次から選びましょう。（　　）

㋐ 今川（いまがわ）氏　㋑ 山名（やまな）氏　㋒ 武田（たけだ）氏

記述

③ **資料1**で、織田・徳川連合軍は右と左のどちら側にえがかれていますか。また、そのように判断（はんだん）した理由を簡単（かんたん）に書きなさい。（　　　側）

理由（　　　　　　　　　　　　　　　）

(2) **資料2・3**を見て、次の問いに答えましょう。

① 日本に鉄砲（てっぽう）を伝えたのはどこの国の人ですか。（　　　）

よく出る

② 鉄砲を伝えた人が乗っていた船がたどり着いた島の位置を、**資料3**中の㋐〜㋓から選びましょう。（　　）

③ 鉄砲の生産が盛（さか）んになったところを、次から2つ選びましょう。（　　）（　　）

㋐ 奈良（なら）　㋑ 京都（きょうと）　㋒ 国友（くにとも）　㋓ 堺（さかい）

(3) 織田信長が安土城（あづちじょう）を築いた場所を、**資料3**中のⒶ〜Ⓓから選びましょう。（　　）

(4) 次の文の｛　｝にあてはまる言葉を、それぞれ選びましょう。

①（　　）②（　　）

● 織田信長は、将軍の①｛㋐北条（ほうじょう）氏　㋑足利（あしかが）氏｝を京都から追い出して、②｛㋐鎌倉幕府（かまくらばくふ）　㋑室町（むろまち）幕府｝をほろぼした。

(5) 織田信長がキリスト教を保護した理由を、次から選びましょう。（　　）

㋐ キリスト教の力で社会の不安をしずめ、国を守るため。

㋑ 将軍や朝廷（ちょうてい）に自分の力を認（みと）めてもらうため。

㋒ 当時強い力をもっていた寺社の勢力をうばうため。

2 豊臣秀吉の天下統一 次の資料を見て、あとの問いに答えましょう。 1つ3〔24点〕

資料1

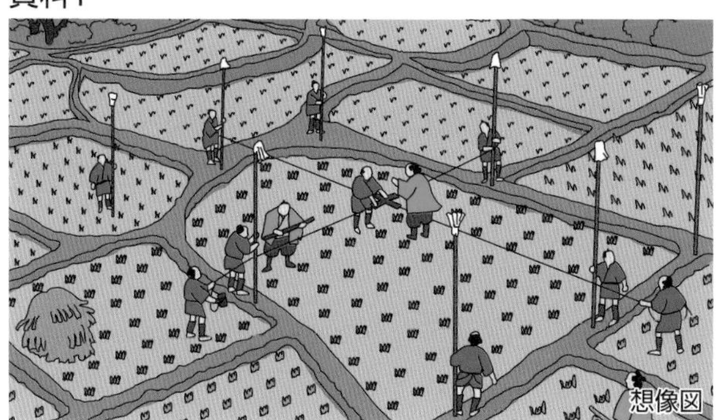

資料2

(1) 次の文は、資料1を説明したものです。□にあてはまる言葉を、あとの□からそれぞれ選びましょう。 ①(　　　　) ②(　　　　) ③(　　　　)

● **資料1**は、豊臣秀吉が全国でおこなった ① のようすをえがいている。役人たちは、 ② を念入りに調べ、耕作してねんぐを納める百姓の名前を ③ に記録した。

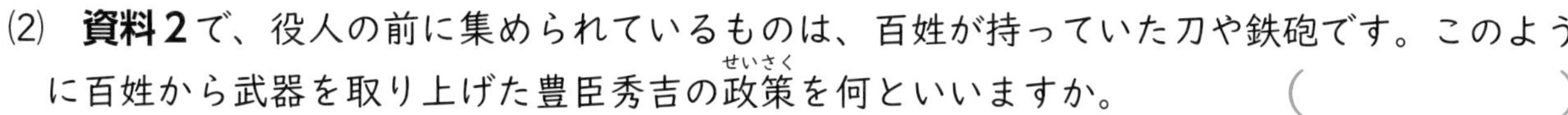
田楽　検地帳　検地　収穫高　木簡　特産物

よく出る

(2) **資料2**で、役人の前に集められているものは、百姓が持っていた刀や鉄砲です。このように百姓から武器を取り上げた豊臣秀吉の政策を何といいますか。 (　　　　)

思考

(3) **資料1・2**の政策により、どのような結果がもたらされましたか。「身分」という言葉を使って簡単に書きましょう。

(　　　　　　　　　　　　　　　　)

(4) 豊臣秀吉が朝鮮に兵を送ったことについて、次の下線部が正しいときは○を、誤っているときは正しい言葉を書きましょう。

① 元(中国)を従えようとして、朝鮮に大軍を送りこんだ。 (　　　　)

② 3度にわたって軍を送ったが、秀吉の死後、兵を引き上げた。 (　　　　)

③ 朝鮮から連れてきた陶工によって、伊万里焼・有田焼がはじめられた。 (　　　　)

3 安土桃山時代 次の問いに答えましょう。 1つ4〔28点〕

チャレンジ

(1) 右は、武力で天下を統一するという意味で用いられた大名の印です。この印と関係するのは、織田信長・豊臣秀吉のどちらですか。

(　　　　)

(2) 織田信長と豊臣秀吉についての説明を、次から2つずつ選びましょう。

織田信長(　　)(　　) 豊臣秀吉(　　)(　　)

㋐ 天下統一を成しとげた。　㋑ 大阪城を築いた。

㋒ 本能寺でみずから命をたった。　㋓ 楽市・楽座をおこなった。

(3) 次の文は、豊臣秀吉について述べたものです。下線部㋐～㋒のうち、誤っている言葉が1つあります。①その記号を選んで、②正しい言葉に直しましょう。

①記号(　　) ②正しい言葉(　　　　)

豊臣秀吉は、百姓が田畑を捨てて㋐武士や㋑町人になることを禁止し、武士と町人を㋒村に住まわせた。

勉強した日　月　日

7　武士による政治の安定①

基本のワーク

学習の目標　江戸幕府は、大名や百姓たちをどのように支配したのでしょうか。

教科書 138〜141ページ　答え 11ページ

1 江戸幕府を開いた徳川家康

●豊臣秀吉の命令で①（　　　　）（東京）に移り、関東を治める。
➡秀吉の死後、力を強める。

●1600年の②（　　　　）の戦い（岐阜県）で、東軍の中心として石田三成らの西軍に勝利。

●1603年、③（　　　　）に任命され、江戸に幕府を開く。

◆政治の中心として江戸のまちづくりを進めるいっぽう、全国の大名に④（　　　　）を広げる工事に必要な人手や資金を分担させる。

◆⑤（　　　　）氏を攻めほろぼし、全国の大名を従える幕府のきそを築く。

徳川家康
(1542 〜 1616)

関ヶ原の戦いは、「天下分け目の戦い」とも呼ばれるよ。

●⑥（　　　　）時代…江戸に幕府がおかれた1603年から1868年まで約260年間。

2 江戸幕府による大名の支配

●江戸幕府は、全国の⑦（　　　　）を三つに分けて藩を治めさせる。

◆親藩…徳川氏の親類の大名。

◆譜代…古くからの家来の大名。

◆⑧（　　　　）…関ヶ原の戦いのころ家来になった大名。

●⑨（　　　　）というきまりを定め、そむいた大名を厳しく罰する。

●江戸城の建設や大きな堤防工事などを大名に手伝わせ、富をたくわえさせないようにする。

●３代将軍⑩（　　　　）は武家諸法度に⑪（　　　　）の制度を加える。

◆全国の大名が⑫（　　　　）年おきに、自分の領地と江戸のあいだをゆききする。➡大名は妻子を人質にされ、江戸での生活に多くの費用を使い、大きな負担となった。

➡街道や⑬（　　　　）町が整備され、全国各地の交流が盛んになる。

おもな大名の配置

親藩（徳川氏の親類の大名）
譜代（古くからの家来の大名）
外様（関ヶ原の戦いのころ家来になった大名）
御三家（尾張・紀伊・水戸の徳川氏）
■ 幕府が直接治めたおもな場所

伊達（仙台）
佐渡
前田（金沢）
日光
徳川（水戸）
毛利（萩）
黒田（福岡）
京都
大阪
江戸
長崎
細川（熊本）
徳川（和歌山）
徳川（名古屋）
島津（鹿児島）
0　300km
100万石以上　50〜99万石　20〜49万石

大名の領地の大きさを、米のとれ高である「石」で示しているよ。

加賀藩の支出の割合

項目	割合（%）
江戸での費用	57.1
藩内での費用	37.4
京都・大阪での費用	5.5

1840年
（参勤交代道中記）

江戸幕府は、京都・大阪などの重要な都市、長崎の港、佐渡（新潟県）の金山、吉野（奈良県）の山林などを、幕府の領地として直接管理していたよ。

練習のワーク

教科書 138〜141ページ　答え 11ページ

できた数　／15問中

1 徳川家康について、次の問いに答えましょう。

(1) 1600年におきた関ヶ原の戦いについて、次の問いに答えましょう。

① 戦いがおきた場所を、右の**地図**中から選びましょう。（　）

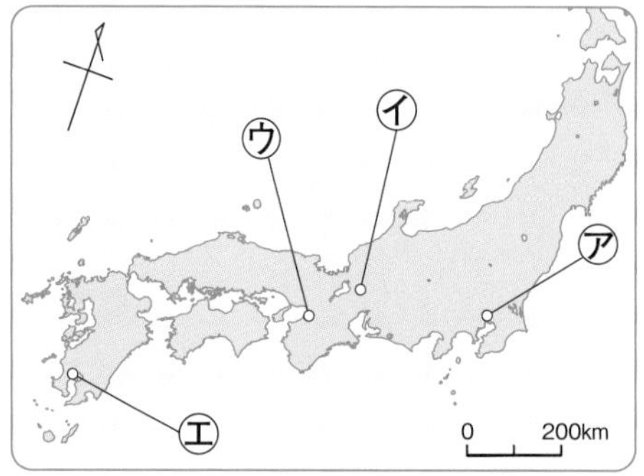

② 豊臣氏をもり立てようと西軍の中心となった人物はだれですか。次から選びましょう。（　）

㋐ 今川義元　㋑ 武田勝頼　㋒ 石田三成

③ 関ヶ原の戦いに勝った徳川家康は天下を取り、敗れた大名たちが仕えた豊臣氏はおとろえたことから、この戦いは何といわれていますか。（　の戦い）

(2) 徳川家康は、1603年に何という役職につきましたか。（　）

(3) 徳川家康が幕府を開いた場所はどこですか。地名を書きましょう。また、その位置を**地図**中から選びましょう。　地名（　）　位置（　）

2 右の地図を見て、次の問いに答えましょう。

(1) **地図**中の①〜③の地域についての説明を、次からそれぞれ選びましょう。

①（　）②（　）③（　）

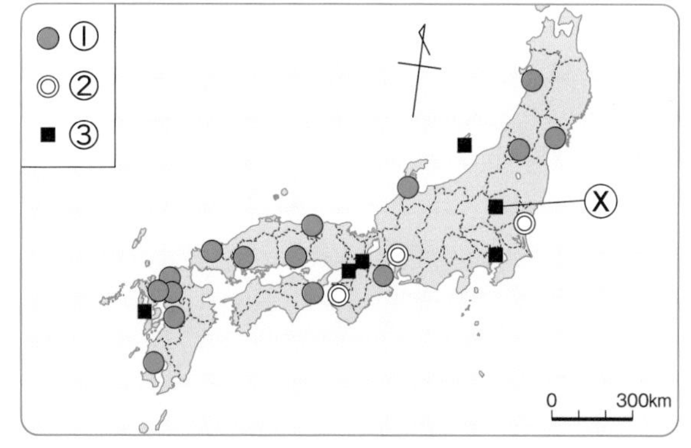

㋐ 幕府が直接治めていた。

㋑ 御三家と呼ばれる徳川氏が配置された。

㋒ 古くからの家来の大名が配置された。

㋓ 関ヶ原の戦いのころに家来になった大名が配置された。

(2) 江戸時代の大名が治める領地と支配のしくみを何といいますか。（　）

(3) **地図**中のⓍにある、徳川家康をまつった神社を何といいますか。（　）

3 右の資料を読んで、次の問いに答えましょう。

●大名は江戸に参勤すること。
○城を修理する場合はとどけ出ること。
○大名はかってに結婚してはならない。
●大きな船をつくってはならない。

(1) この**資料**は、江戸幕府が定めたきまりの一部です。これを何といいますか。（　）

(2) **資料**中の●は３代将軍が加えたものです。この将軍はだれですか。（　）

(3) **資料**中の下線部の制度についての説明として正しいものを、次から２つ選びましょう。（　）（　）

㋐ 大名は４年おきに江戸に住んだ。　㋑ 大名の妻子は人質として江戸に住んだ。

㋒ 大名の江戸での費用は幕府が負担した。　㋓ 大名が通る街道や宿場町が整備された。

ポイント 江戸幕府は、大名の配置を工夫し、全国を支配した。

勉強した日　月　日

7　武士による政治の安定②

基本のワーク

学習の目標
江戸幕府は、なぜキリスト教を禁止し、鎖国をしたのでしょうか。

教科書 142～147ページ　答え 11ページ

1 江戸時代の身分制と人々のくらし

●幕府や藩は、**身分制**をもとに支配をかためる。➡代々受けつがれる。
- ①(　　　　)…政治をおこない、②(　　　　)を名のり、刀をさすなどの特権をもつ。➡**武士**が人々を支配。
- ③(　　　　)…農村などに住み、農業をおこなう。
- ④(　　　　)…城下町に住み、商工業をおこなう。
- 差別された人々…厳しい制約を受けたが、すぐれた生活用品をつくったり芸能を伝えたりするなど、当時の社会や文化を支える。

身分ごとの人口の割合
百姓や町人からも差別された人々 1.6
僧など 1.4
町人 6
武士 7
百姓（農民など）84%
※江戸時代の終わりごろの数字（近世日本の人口構造）

●**百姓**は、⑤(　　　　)(名主) などの村役人を決めて村を運営。
➡幕府や藩は5、6けんずつで⑥(　　　　)をつくらせ、共同で責任をとらせた。

2 キリスト教の禁止と貿易の取りしまり

●徳川家康の政策…朝鮮との国交を回復。大名や商人に⑦(　　　　)という許可状をあたえ、貿易に力を入れる。➡東南アジア各地に⑧(　　　　)ができる。
●江戸幕府は、大名が幕府に従わなくなることをおそれ、キリスト教を禁止。
●徳川家光の政策…九州で益田時貞（**天草四郎**）を中心に⑨(　　　　)**一揆**がおこる。➡⑩(　　　　)をふませるなど、幕府はキリスト教の取りしまりを強める。
- キリスト教を広めない中国（清）と⑪(　　　　)だけに貿易を認める。➡日本人が外国に行くことを禁止し、貿易を制限する制度（⑫(　　　　)）が完成。

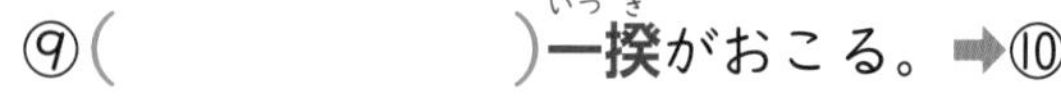

キリスト教の取りしまり

3 江戸時代の海外との交流

よみトク！地図

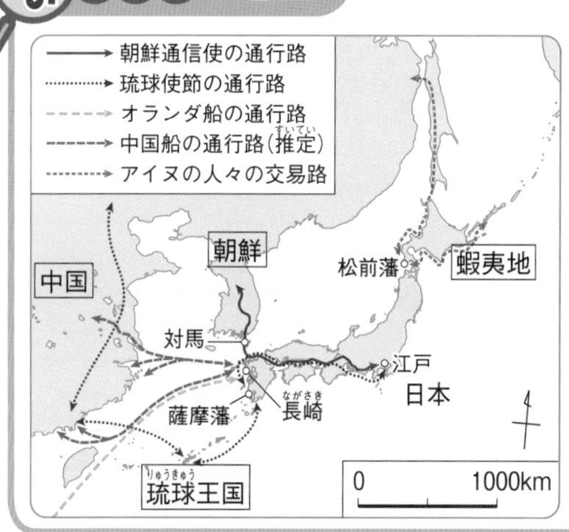

●**オランダ**との交流…**長崎**の⑬(　　　　)のオランダ商館長に、海外のできごとを記した報告書を提出させる。➡海外の情報を幕府が独占。
●**朝鮮**との交流…朝鮮から、将軍がかわるごとに⑭(　　　　)が来日。対馬藩と貿易をおこなう。
●⑮(　　　　)（沖縄県）…15世紀初めに成立。日本・中国・東南アジアとの貿易で栄える。
➡薩摩藩（鹿児島県）が攻め、政治をかんとくする。
●**蝦夷地**（北海道）…昔から⑯(　　　　)**民族**が住む。松前藩と交易をおこなう。

しゃかいか工場　約3万7千人がおこした島原・天草一揆をしずめるために、幕府は12万人あまりの大軍を送ったよ。おさえるのに4か月もかかったんだ。

練習のワーク

教科書 142〜147ページ　答え 11ページ

できた数 ／15問中

1 江戸時代の人々について、次の問いに答えましょう。

(1) 次の**絵**が示す身分を、右の[ ]からそれぞれ選びましょう。

①(　　　)　②(　　　)　③(　　　)

想像図

想像図

想像図

(2) 武士だけに認められていた特権を、次から２つ選びましょう。(　　)(　　)

㋐ 外国に行くこと。　㋑ 刀をさすこと。

㋒ キリスト教を信じること。　㋓ 名字を名のること。

2 右の資料を見て、次の問いに答えましょう。

(1) **資料１**は、大名や商人にあたえられた、海外に行くことを許可する許可状です。これを何といいますか。(　　　)

(2) **資料２**は、キリスト教信者でないことを確かめるために使われたものです。何といいますか。(　　　)

資料1

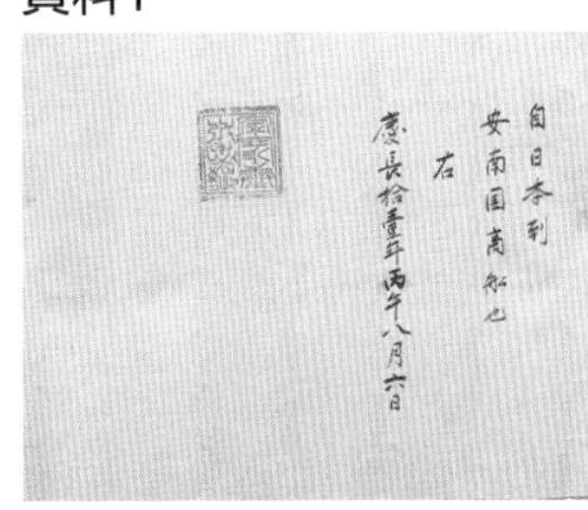

資料2

(3) **資料３**は、外国と貿易をするために、長崎湾内につくられた人工島です。何といいますか。(　　　)

(4) 江戸幕府が、日本人が外国に行くことを禁止したり、貿易を制限したりする制度は何と呼ばれましたか。(　　　)

(5) (4)の制度が定められたあとも、長崎で貿易をすることを認められた国を、次から２つ選びましょう。(　　)(　　)

㋐ オランダ　㋑ イギリス　㋒ スペイン　㋓ 中国（清）

資料3

想像図

3 右の地図を見て、次の問いに答えましょう。

(1) **地図**中のⒶ〜Ⓒと交流のあった藩を、**地図**中からそれぞれ選びましょう。
Ⓐ(　　　)
Ⓑ(　　　)　Ⓒ(　　　)

(2) 次の文にあてはまる場所を、**地図**中のⒶ〜Ⓒから選びましょう。(　　)

● 17世紀のなかごろ、取り引きへの不満が高まり、シャクシャインを中心に多くの人々が立ち上がった。

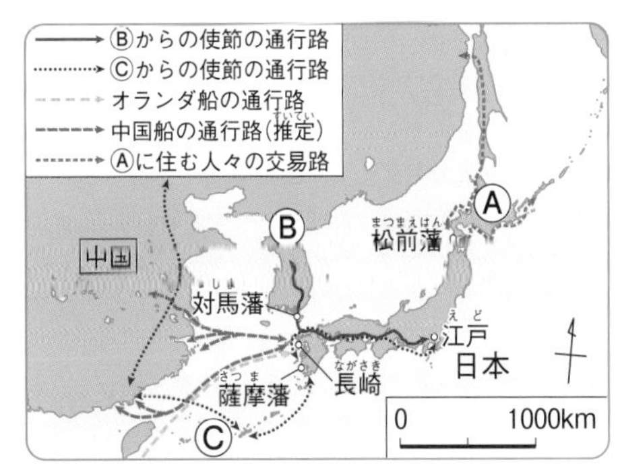

ポイント 江戸幕府は鎖国をおこない、海外との交流を独占した。

まとめのテスト

7 武士による政治の安定

時間20分

得点 /100点

教科書 138〜147ページ　答え 11ページ

1 江戸幕府による支配 次の問いに答えましょう。 1つ5〔30点〕

(1) 徳川家康に関する次のできごとを、古い順に並べましょう。
（　　→　　→　　→　　）

㋐ 征夷大将軍となる。　㋑ 豊臣氏を攻めほろぼす。
㋒ 江戸に移り関東を治める。　㋓ 関ヶ原の戦いで勝利する。

(2) 右の**地図**中の○のうち、徳川氏の古くからの家来の大名を何といいますか。（　　）

(3) 関ヶ原の戦いのころに徳川氏の家来になった大名は、どのような場所に配置されましたか。**地図**を参考して簡単に書きましょう。
（　　　　）

地図　おもな大名の配置

○ 徳川氏の親類の大名と古くからの家来の大名
● 関ヶ原の戦いのころ家来になった大名
日光　京都　大阪　江戸　長崎
0　300km
■ 幕府が直接治めたおもな場所

(4) 右の**資料1**は、武家諸法度の一部です。これを見て、次の問いに答えましょう。

思考

① Ⓐの制度は、大名にどのようなえいきょうをあたえましたか、右の**資料2**を参考にして、簡単に書きましょう。
（　　　　）

資料1

Ⓐ大名は江戸に参勤すること。
Ⓑ城を修理する場合はとどけ出ること。

資料2
加賀藩の支出の割合

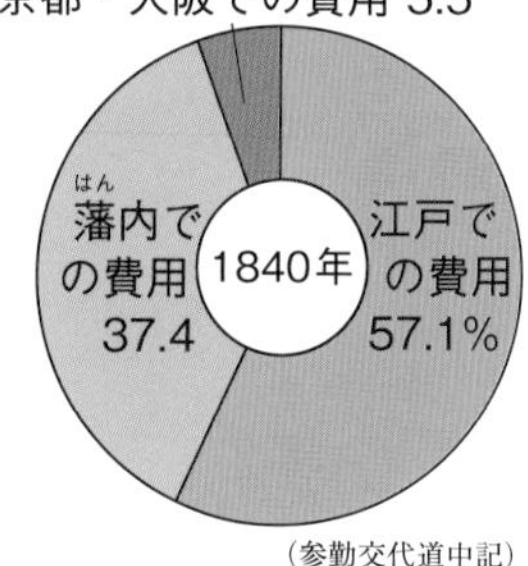

（参勤交代道中記）

② 武家諸法度には、Ⓐ・Ⓑのほかにどのようなきまりがありましたか。次から2つ選びましょう。（　　）（　　）

㋐ 酒や茶を買って飲んではならない。　㋑ 大名は、かってに結婚してはならない。
㋒ 大きな船をつくってはならない。　㋓ 着物には、絹織物を用いてはならない。

2 江戸時代の身分制 右のグラフを見て、次の問いに答えましょう。 1つ5〔20点〕

(1) 次の①・②の文にあてはまる身分を、**グラフ**中から選びましょう。　①（　　）②（　　）

① 城下町に住み、ものづくりや商売をしていた。
② 政治をおこない、名字を名のっていた。

(2) 次の文の下線部㋐〜㋒のうち、誤っている言葉が1つあります。①その記号を選んで、②正しい言葉に直しましょう。
①記号（　　）　②正しい言葉（　　）

百姓は㋐庄屋などを中心に自分たちで村を運営し、㋑五人組のしくみのもと、収穫の㋒3%ほどをねんぐとして納めた。

グラフ　身分ごとの人口の割合

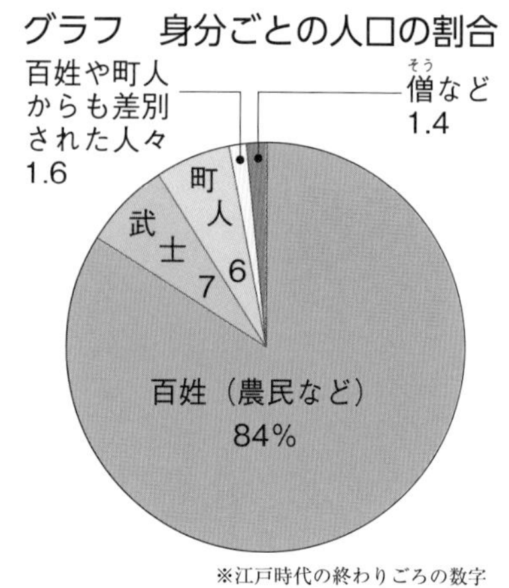

※江戸時代の終わりごろの数字
（近世日本の人口構造）

3 鎖国 次のカードを見て、あとの問いに答えましょう。　1つ5〔30点〕

Ⓐ 幕府は長崎だけで貿易をすることを認め、オランダ人を出島に移した。	Ⓑ 九州で益田時貞（天草四郎）を中心に百姓らによる一揆がおこった。
Ⓒ 宣教師によってキリスト教が広められると、幕府はこれを禁止した。	Ⓓ [　　] をあたえられた貿易船が東南アジアなどに向かい、貿易をおこなった。

(1) カードⒶについて、次の問いに答えましょう。

よく出る ① オランダとともに、長崎での貿易が認められた国はどこですか。（　　　　）

記述 ② オランダや①の国が貿易を許された理由を、簡単に書きましょう。

（　　　　　　　　　　　　　　　　）

(2) カードⒷの一揆を何といいますか。（　　　　）

(3) 右の**資料**は、カードⒸのころに使われるようになったものです。何のために使われましたか。次から選びましょう。（　　）

資料

㋐ 役人に知られないようにキリスト教を広めるため。

㋑ キリスト教信者でないことを確かめるため。

㋒ キリスト教のかわりに仏教をすすめるため。

(4) カードⒹ中の[　　]にあてはまる、海外に行くことを許可する許可状のことを何といいますか。（　　　　）

チャレンジ! (5) カードⒶ～Ⓓを、鎖国が完成するまでの順に並べましょう。

（　　→　　→　　→　　）

4 外国との交流 次の問いに答えましょう。　1つ4〔20点〕

記述 (1) 右の**資料1**は、朝鮮通信使の行列をえがいたものです。朝鮮通信使は、おもにどのようなときに来日しましたか。

（　　　　　　　　　　　　　　　　）

資料1

(2) 北海道に住んでいたアイヌ民族について正しく述べた文を、次から選びましょう。（　　）

㋐ 17世紀のなかごろ、シャクシャインを中心に立ち上がり、松前藩と戦った。

㋑ 米や武器をつくり、松前藩が運んでくるサケやこんぶ、毛皮などと取りかえた。

㋒ 薩摩藩に攻められ、政治をかんとくされるようになった。

資料2

(3) 右の**資料2**は、15世紀初めに成立した国の城の城門を復元したものです。この国を何といいますか。（　　　　）

(4) (3)の国が、日本のほかに貿易をおこなっていた国・地域を、次から2つ選びましょう。（　　）（　　）

㋐ スペイン　㋑ 中国　㋒ インド

㋓ 東南アジア　㋔ 北アメリカ　㋕ 西アジア

8 江戸の社会と文化・学問①

学習の目標
江戸時代には、どのような文化が生まれたのでしょうか。

基本のワーク

教科書 148〜155ページ　答え 12ページ

1 江戸のまちのようす／町人文化の広がり

●江戸時代の文化…大阪・京都・江戸では、町人の好みに合った①(　　　　)**文化**が生まれる。
➡しだいに百姓や武士のあいだにも広まる。

●昔の物語やしょ民のくらしから題材をとり、男性がはでな衣装を着て演じる②(　　　　)や、人形を使って演じる③(　　　　)が生まれる。

◆④(　　　　)が残した作品が「時代物」や「世話物」といわれ、今も演じられている。

◆ユネスコの⑤(　　　　)**遺産**に登録されている。

●⑥(　　　　)…歌舞伎役者や人の世（浮世）の日常の姿を題材とした色あざやかな版画。➡数多く印刷され、たくさんの人が買い求める。

◆⑦(　　　　)が江戸から京都までの風景をえがいた「⑧(　　　　)」を完成させる。➡ヨーロッパの画家にもえいきょうをあたえる。

江戸で演じられた歌舞伎のようす

「東海道五十三次」のうちの「鳴海」

2 蘭学のはじまり

●18世紀なかばにオランダ語の書物を通して、ヨーロッパの学問を研究する⑨(　　　　)が盛んになる。

当時、世界の情報は、オランダからもたらされていたよ。

杉田玄白
(1733 ~ 1817)

●**前野良沢**とともに⑩(　　　　)語のかいぼう書を、3年半ほどかけてほん訳し、『⑪(　　　　)』として出版する。
➡長崎や江戸で**蘭学**を学ぶ人が増加し、医学や天文学、地理学などの新しい知識や技術が広まる。

『解体新書』が完成したあと、オランダ語の入門書や辞書がつくられたよ。

●50才のときに江戸へ出て、西洋の天文学や測量術を学ぶ。
●幕府の命令を受けて全国を測量して歩き、正確な⑫(　　　　)をつくろうとした。

伊能忠敬
(1745 ~ 1818)

浮世絵は、はじめ筆でえがかれていたが、やがて版画になり、人々の手に入りやすくなったんだ。人気のある役者やすもう取り、各地の名所や花火などのイベントもえがかれたよ。

練習のワーク

できた数　／14問中

教科書 148〜155ページ　答え 12ページ

1 次の資料を見て、あとの問いに答えましょう。

(1) 江戸の人々にとって、あ・いの見物は、大きな楽しみの1つでした。あ・いにあてはまるものを、次からそれぞれ選びましょう。　あ（　）い（　）

ア 人形浄瑠璃　イ 能　ウ 狂言　エ 盆おどり　オ 歌舞伎

(2) あについて説明した文を、次から2つ選びましょう。（　）（　）

ア 人形を使って演じられる劇。

イ 男性がはでな衣装を着て演じる。

ウ 昔の物語やしょ民のくらしを題材としている。

エ 歌や音楽に合わせて面をつけて舞う。

(3) あ・いの作品を残し、大きく発展させた人物を、次から選びましょう。（　）

ア 足利義満　イ 雪舟　ウ 近松門左衛門　エ 世阿弥

(4) うのように、人の世の日常を題材とした絵画を何といいますか。（　）

(5) (4)の代表的な絵師で、うをえがいた人物はだれですか。（　）

(6) 江戸時代の文化の中心は、どのような身分の人たちでしたか。次から選びましょう。

ア 武士　イ 町人　ウ 百姓　エ 僧　（　）

2 次の問いに答えましょう。

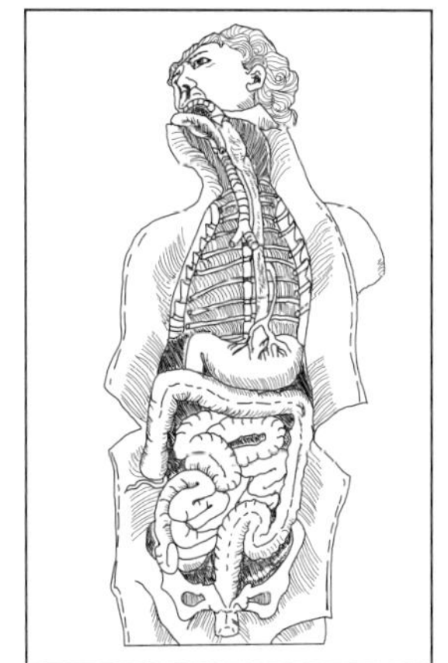

(1) 蘭学は、どこの国の言語の書物を通して、ヨーロッパの学問を研究しましたか。次から選びましょう。（　）

ア ポルトガル　イ オランダ　ウ スペイン　エ イギリス

(2) 右の**図**は、蘭学が発展するきっかけとなった書物にえがかれているかいぼう図です。この書物を何といいますか。（　）

(3) 外国語でかかれた人体かいぼう書をほん訳し、(2)を出版した人物はだれですか。次から2人選びましょう。（　）（　）

ア 前野良沢　イ 徳川家光　ウ 杉田玄白　エ 雨森芳洲

(4) 右の道具を使って、全国を測量し、正確な日本地図をつくろうとした人物はだれですか。（　）

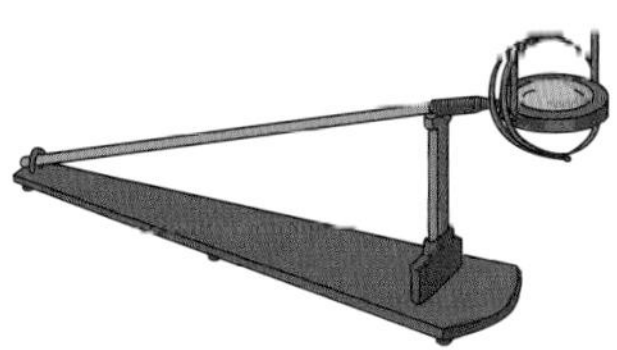

(5) (4)の人物に、日本地図をつくるよう命じたのは、どこですか。次から選びましょう。（　）

ア 朝廷　イ 藩　ウ 幕府

ポイント 江戸時代、町人を中心とする文化が生まれた。

勉強した日　月　日

8　江戸の社会と文化・学問②

基本のワーク

学習の目標
江戸時代の百姓や町人は、どのような生活をしていたのでしょうか。

教科書 156～161ページ　答え 12ページ

1 国学の広がりと子どもの教育

●幕府や藩は、上下の秩序をたいせつにする①(　　　　)を重んじていた。➡人々を支配するのに役にたつと考えられたため。

よみトク! 人物

本居宣長
(1730 ~ 1801)

●18世紀になると、日本の古典をもとに、仏教や儒学が伝わる前の日本人の考えを明らかにしようとする②(　　　　)が生まれた。
➡のちに、将軍や大名による政治を批判し、③(　　　　)中心の政治にもどそうとする動きが出てくる。

●**本居宣長**は、『古事記』の研究を進め、44巻にのぼる『④(　　　　)』を書き上げた。

宣長は松阪(三重県)の商人の家に生まれ、医者をしていたよ。

●⑤(　　　　)…百姓や町人の子どもたちのための学校。
◆僧や庄屋(名主)、武士などが開き「読み・書き・⑥(　　　　)」などを学ぶ。
◆全国各地に広がる。➡日本は世界のなかでも読み書きのできる人の割合が高い国になる。

寺子屋には７才から13才くらいの子どもが通っていたよ。

寺子屋のようす

2 発達した都市と産業／学習問題について話し合う

●**大阪**…「**天下の**⑦(　　　　)」と呼ばれ、⑧(　　　　)の中心地となる。
●**江戸**…「**将軍の**⑨(　　　　)」と呼ばれ、人口が100万人をこえる大都市となる。
●江戸と主要な都市を結ぶ⑩(　　　　)や船の航路が整備される。
●農業の発達…くわやとうみなどの⑪(　　　　)の改良が進み、農作業が楽になる。
◆油かすや干したイワシ(ほしか)などの⑫(　　　　)を使用。
➡生産力が高まる。
●⑬(　　　　)をつくる産業の発展…陶磁器や絹織物、綿織物、和紙、酒、しょうゆなど。

江戸時代のおもな特産物と交通

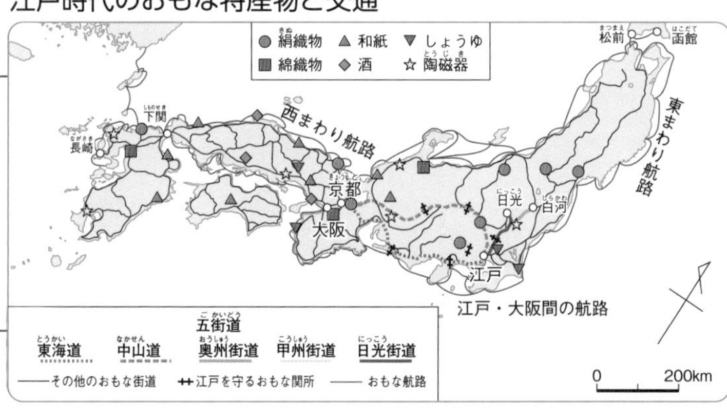

●⑭(　　　　)は、町役人を選び、町を運営。かけられる税は百姓と比べると軽かった。
◆大名をしのぐ大商人もあらわれ、大名にお金を貸す者もいた。➡町人が力をつけていった。

しゃかいか工場　干したイワシが肥料に使われるようになったのは、九十九里浜(千葉県)で大規模なイワシ漁がおこなわれたことで、イワシが大量にとれるようになったためだよ。

できた数　／15問中

教科書 156〜161ページ　答え 12ページ

1 次の問いに答えましょう。

(1) 中国で生まれた、主君と家来など上下の秩序をたいせつにした学問を何といいますか。
（　　　）

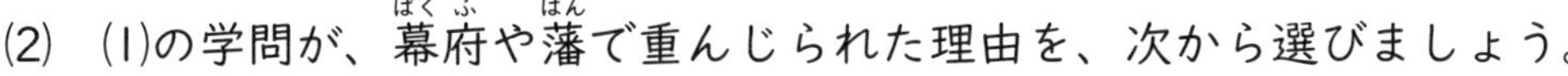

(2) (1)の学問が、幕府や藩で重んじられた理由を、次から選びましょう。（　　）

㋐ 日常生活に役だつから。　㋑ 人々を支配するのに役だつから。

㋒ 外国のことを理解するのに役だつから。

(3) 18世紀に生まれた、日本の古典をもとに、仏教や(1)が伝わる前の日本人の考え方を明らかにしようとする学問を何といいますか。（　　　）

(4) 右の人物について、次の問いに答えましょう。

① この人物は、奈良時代にまとめられた『古事記』を研究しました。この人物はだれですか。（　　　）

② この人物が、『古事記』を研究してあらわした書物を何といいますか。（　　　）

(5) 右の図は、寺子屋で学ぶ子どもたちのようすをえがいたものです。これを見て、次の問いに答えましょう。

① 寺子屋には、どのような身分の人の子どもたちが通っていましたか。次から2つ選びましょう。（　　）（　　）

㋐ 百姓　㋑ 武士　㋒ 町人　㋓ 僧

② 寺子屋で教えていた、日常の生活や商品の取り引きに必要な技能を3つ書きましょう。（　　）（　　）（　　）

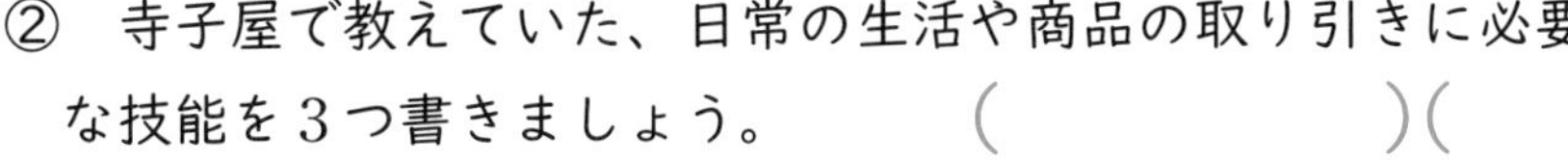

③ 寺子屋の説明として正しいものを、次から選びましょう。（　　）

㋐ 江戸・大阪・京都の大都市にだけつくられた。

㋑ 子どもたちに何を教えるかを幕府が決めた。

㋒ 僧や庄屋（名主）・武士などによって開かれた。

2 右の地図を見て、次の問いに答えましょう。

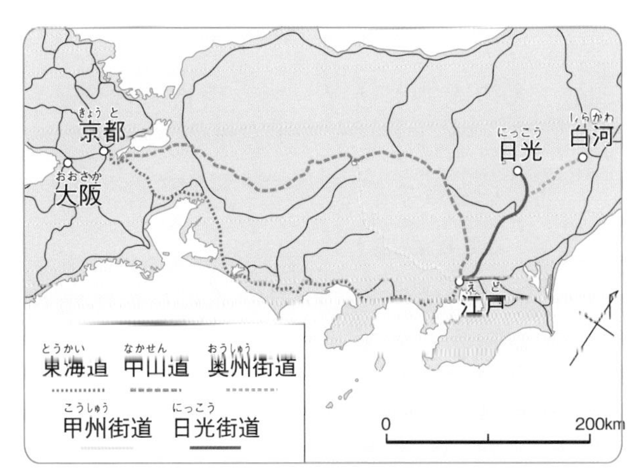

(1) **地図**中には、五街道とその他の街道が示されています。江戸と京都を結ぶ街道を、**地図**中から2つ選びましょう。

（　　　）（　　　）

(2) 次の文にあてはまる都市を、**地図**中からそれぞれ選びましょう。

①（　　　）②（　　　）

①「天下の台所」と呼ばれた商業の中心地。

②「将軍のおひざもと」と呼ばれた大都市。

ポイント 江戸時代には、産業や都市が発達し、くらしが豊かになった。

勉強した日　月　日

8　江戸の社会と文化・学問

得点　/100点

教科書　148〜161ページ　　答え　12ページ

1 江戸時代の文化と学問　次の資料を見て、あとの問いに答えましょう。　1つ5〔40点〕

㋐

㋑

㋒

㋓

(1)　㋐の人物が発展させた人形浄瑠璃と歌舞伎を、次からそれぞれ選びましょう。

人形浄瑠璃（　　　）　歌舞伎（　　　）

(2)　㋑の人物について、次の問いに答えましょう。

①　この人物がえがいた、江戸から京都までの風景画を何といいますか。（　　　　　　　）

記述

②　浮世絵が、多くの人々に買い求められたのはなぜですか。「印刷」という言葉を使って簡単に書きましょう。

（　　　　　　　　　　　　　　　　　　　）

③　右の**絵**は、この人物の絵をまねて、海外の画家がえがいたものです。この画家はだれですか。次から選びましょう。（　　　）

㋐　ピカソ　　㋑　ルノアール　　㋒　ゴッホ　　㋓　モネ

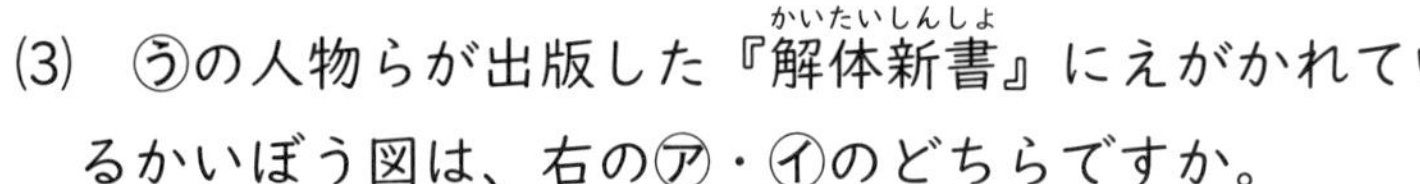

(3)　㋒の人物らが出版した『解体新書』にえがかれているかいぼう図は、右の㋐・㋑のどちらですか。（　　　）

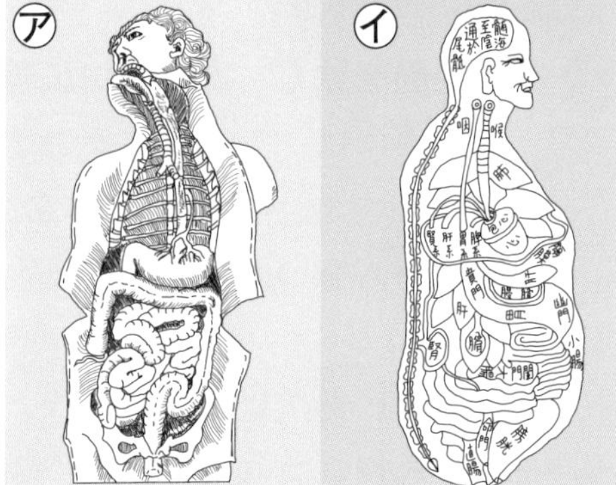

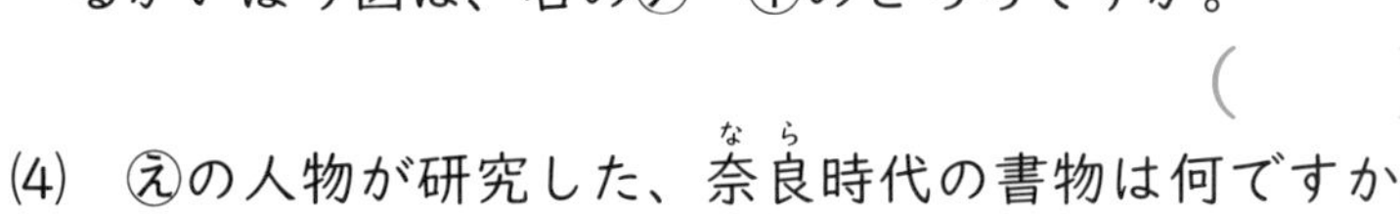

(4)　㋓の人物が研究した、奈良時代の書物は何ですか。次から選びましょう。（　　　）

㋐『枕草子』　㋑『古事記』

㋒『源氏物語』

(5)　江戸時代の文化について正しく説明した文を、次から選びましょう。（　　　）

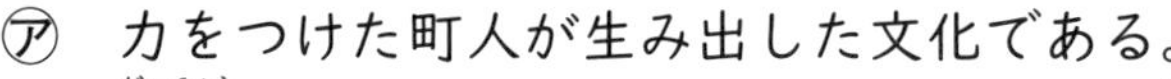

㋐　力をつけた町人が生み出した文化である。

㋑　大名や大商人の勢力を反映したごうかで雄大な文化である。

㋒　貴族と武士の文化がゆう合した簡素で気品のある文化である。

2 子どもの教育　右の資料を見て、次の問いに答えましょう。　1つ5〔25点〕

(1) 右の**資料1**は、幕府の学問所での講義のようすです。幕府が奨励した儒学について、次の文の{　}にあてはまる言葉を、それぞれ選びましょう。

①(　　　) ②(　　　)

● 儒学は、①{ ㋐朝鮮　㋑中国 }で生まれた学問で、主君と家来など、②{ ㋐左右　㋑上下 }の秩序をたいせつにした。

資料1

記述 (2) 幕府が儒学を重んじた理由を、「支配」という言葉を使って簡単に書きましょう。

(　　　　　　　　　　　　　　　　　　　　)

よく出る (3) 右の**資料2**は、江戸時代に全国各地に開かれた、百姓や町人の子どもたちが学んだ学校のようすです。この学校を何といいますか。(　　　　　)

記述 (4) (3)で、「読み・書き・そろばん」が教えられたのはなぜですか。簡単に書きましょう。

(　　　　　　　　　　　　　　　　　　　　)

3 江戸時代の産業と交通　次の問いに答えましょう。　1つ5〔35点〕

(1) 江戸時代の農業について正しく説明した文を、次から2つ選びましょう。(　　)(　　)

㋐ くわやとうみなどの農具の改良が進んだ。

㋑ 米を保存するために高床倉庫が使われた。

㋒ 稲と麦を作る二毛作が広まった。

㋓ 油かすや干したイワシ（ほしか）が肥料として使われた。

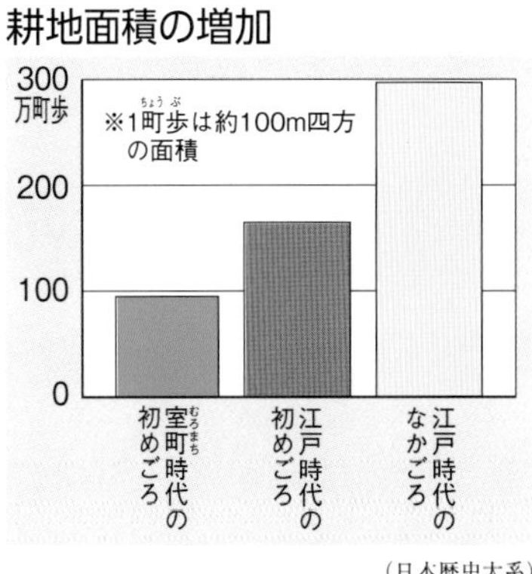

（日本歴史大系）

思考 (2) 右のグラフで、江戸時代に耕地面積が大きく増えているのはなぜですか。「新田」という言葉を使って簡単に書きましょう。

(　　　　　　　　　　　　　　　　　　　　)

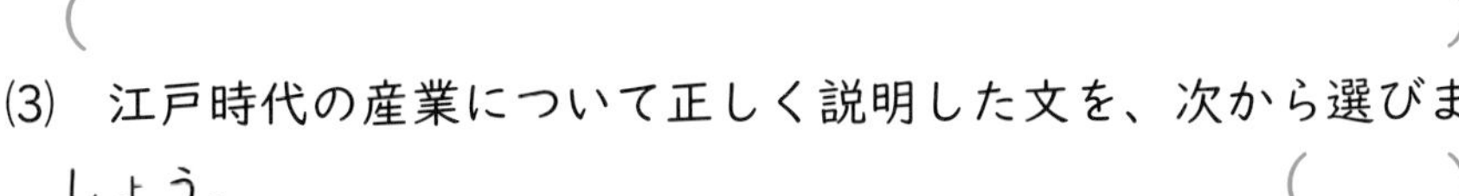

(3) 江戸時代の産業について正しく説明した文を、次から選びましょう。(　　)

㋐ 幕府や藩は、特産物をつくることを禁止した。

㋑ 綿織物や酒、しょうゆなどをつくる者があらわれた。

㋒ 小さな工場を建てて、製品をつくる武士があらわれた。

(4) 右の**地図**中のⓐ、ⓘにあてはまる街道・航路を、次の［　］からそれぞれ選びましょう。

ⓐ(　　　　　) ⓘ(　　　　　)

東海道　甲州街道
中山道　西まわり航路

(5) 右の**地図**中の大阪は、商業の中心地だったことから、何と呼ばれていましたか。

(　　　　　)

江戸時代のおもな交通

松前　函館　下関　長崎　京都　大阪　日光　白河　江戸　ⓐ　ⓘ
++ 江戸を守るおもな関所
— おもな航路
0　200km

勉強した日　月　日

9　明治の新しい国づくり①

基本のワーク

学習の目標
黒船来航後、日本はどのように変化していったでしょうか。

教科書 166〜171ページ　答え 13ページ

1 江戸時代から新しい時代へ／黒船の来航と開国

●①（　　　　）時代…江戸幕府がたおれたあとの時代。1868年から1912年まで続いた。

●江戸が②（　　　　）と改められ、学校の制度も整備。まちや人々のようすも大きく変化。

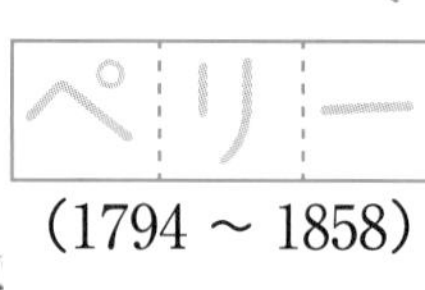

ペリー
（1794 〜 1858）

●1853年、ペリー率いるアメリカ合衆国（アメリカ）の軍艦4せきが③（　　　　）（神奈川県）にあらわれる。

●アメリカの要求
- 難破したアメリカ船の乗員を保護すること。
- アメリカ船に食料や水・石炭をあたえること。
- ④（　　　　）をおこなうこと。

●ペリーの来航をきっかけに、幕府はアメリカと条約を結んだ。
- ⑤（　　　　）条約（1854年）…⑥（　　　　）（静岡県）と⑦（　　　　）（北海道）の二つの港を開く。
  ➡アメリカは、貿易をおこなうことを強く求める。
- ⑧（　　　　）条約（1858年）…5港が開かれ、貿易がはじまる。同じ内容の条約を、オランダ、ロシア、イギリス、フランスとも結ぶ。➡200年以上も続いた⑨（　　　　）と呼ばれた状態が終わる。

二つの条約の開港地

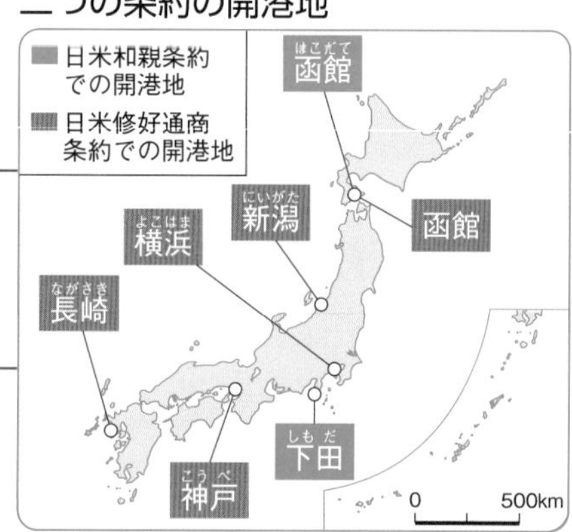

2 高まる人々の不満

●18世紀後半から、不作による米の値上がりや大ききんにより、生活の不安が大きくなる。
- 19世紀のなかごろ、もと幕府の役人の⑩（　　　　）が、生活に苦しむ人々を救うために兵をあげる。➡幕府をおどろかせた。
- 貿易がはじまると生糸などが品不足になり、ものの値段が上がった。
  ➡世直しを求める一揆や⑪（　　　　）が増加。
- 岡山藩で、厳しい倹約の命令に反対して渋染一揆がおこる。

幕府への不満が高まったんだね。

●幕府をたおす運動がおこる。
- 薩摩藩の⑫（　　　　）・大久保利通、長州藩の⑬（　　　　）らが朝廷とも手を結び、幕府をたおす計画を進める。
  ■勝海舟の弟子の坂本龍馬が、対立していた2つの藩を結びつける。

●1867年、15代将軍⑭（　　　　）が、政権を天皇に返す（大政奉還）。➡鎌倉幕府以来700年ほど続いた武士の世の中が終わる。

しゃかいか工場
西日本の薩摩藩・長州藩・土佐藩・肥前藩はとくに勢力が強く、雄藩と呼ばれた。幕府をたおす中心となった「薩長土肥」の藩士たちは、明治政府でも重要な役職についたんだよ。

できた数 ／15問中

教科書 166〜171ページ　答え 13ページ

1 右の資料を見て、次の問いに答えましょう。

(1) Ⓐ・Ⓑのうち、明治時代の学校はどちらですか。（　　）

(2) Ⓐ・Ⓑからわかることを、次からそれぞれ選びましょう。
Ⓐ（　　）（　　）
Ⓑ（　　）（　　）

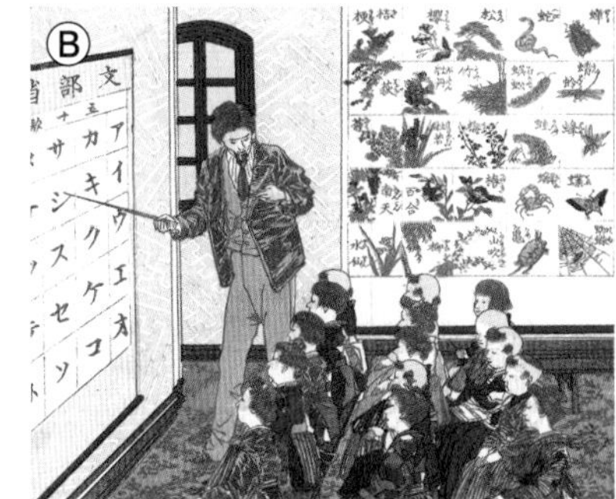

㋐ 男子だけが勉強している。　㋑ 男子と女子がいっしょに勉強している。
㋒ みんなが同じ勉強をしている。　㋓ みんながそれぞれ自分の勉強をしている。

2 次の問いに答えましょう。

(1) 1853年に、アメリカの軍艦4せきをひきいて、江戸湾の入口の浦賀にあらわれた人物はだれですか。（　　）

(2) 江戸幕府はアメリカの要求に対して、どのような対応をとりましたか。次から選びましょう。（　　）
㋐ 武力を使って要求をはねつけた。
㋑ 大名たちに意見を求めた。
㋒ 幕府だけの判断で要求を受け入れた。

(3) 江戸幕府が1854年にアメリカと結んだ条約を何といいますか。（　　）

(4) (3)の条約で開かれた港を、右の**地図**中から2つ選びましょう。（　　）（　　）

0　500km
㋐ ㋑ ㋒ ㋓ ㋔ ㋕

3 次の問いに答えましょう。

(1) 右の**グラフ**からわかることを、次から選びましょう。（　　）
㋐ 一揆は将軍の代がわりのときに多い。
㋑ 一揆はききんがおきたときに多い。
㋒ 一揆が増えると、打ちこわしは減る。

(2) 幕府をたおす運動の中心となった次の人物の出身藩を、あとの［　］からそれぞれ選びましょう。
① 西郷隆盛・大久保利通（　　）
② 木戸孝允（　　）
③ 坂本龍馬（　　）

長州藩　土佐藩　薩摩藩　肥前藩

百姓の一揆と打ちこわしの件数

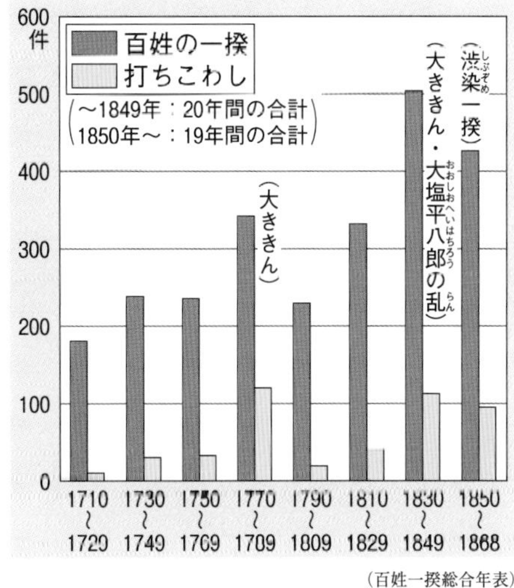

（百姓一揆総合年表）

(3) 1867年に江戸幕府の将軍が政権を天皇に返したできごとを何といいますか。（　　）

ポイント　**開国をきっかけに、人々の幕府への不満が高まった。**

勉強した日　月　日

9　明治の新しい国づくり②

基本のワーク

学習の目標・
新しい政府は、どのような政策をおこなったのでしょうか。

教科書 172〜177ページ　答え 13ページ

1 新しい政府による政治

●**明治維新**…新しい政府による政治や社会の改革。天皇中心の国をめざす。
- 政治の方針を、**明治天皇**の①（　　　　　）として示す。
- **版籍奉還**…大名の領地と領民を天皇に返させた。
- ②（　　　　　）…藩を廃止して県を置き、知事を派遣した。

元号を明治と改め、江戸を東京とし、首都としたよ。

よみトク！グラフ

●③（　　　　　）制の廃止
- 天皇の一族➡**皇族**　◆貴族や大名など➡**華族**
- 武士➡④（　　　　　）…刀をさすことを禁止される。
- 百姓や町人➡⑤（　　　　　）…名字が許され、職業や住むところを自由に選べる。
- 百姓や町人からも差別された人々…「⑥（　　　　　）」によって平民となるが、結婚や就職での差別はなくならなかった。

明治時代初めの新しい身分の割合

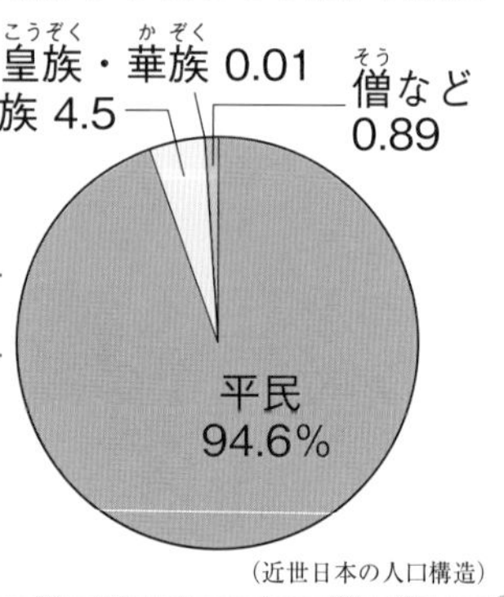

（近世日本の人口構造）

2 明治政府の改革／文明開化とくらしの変化

●政府は、欧米の国々に対抗しようと、経済を発展させることと、強い軍隊をもつことを目的とする⑦（　　　　　）の政策を進める。
- ⑧（　　　　　）令を出し、20才以上の男子に3年間軍隊に入ることを義務づける。
- ⑨（　　　　　）…土地の値段を基準に地租を定め、不作や豊作に関係なく決まった額の税金を納めさせた。
- **殖産興業**…欧米の技術を取り入れて国営の工場をつくる。
  ➡群馬県の⑩（　　　　　）など。

●**岩倉具視**らを中心とする⑪（　　　　　）が、欧米諸国に向けて出発。➡欧米の政治や経済のしくみを学ぶ。

●明治初期の貿易…おもな輸出品は⑫（　　　　　）。

●1872年に学校の制度を定め、全国に小学校を設ける。
➡全ての子どもに教育を受けさせることをめざした。

●欧米の制度や生活様式が取り入れられて、近代化が進む。
➡こうした動きは⑬（　　　　　）と呼ばれる。
- 郵便や電信の制度がととのう。新橋・横浜間に**鉄道**が開通。新聞や雑誌の発行が盛んになる。
- 教育者の⑭（　　　　　）が『学問のすゝめ』を著す。

富岡製糸場のようす

日本のおもな貿易品

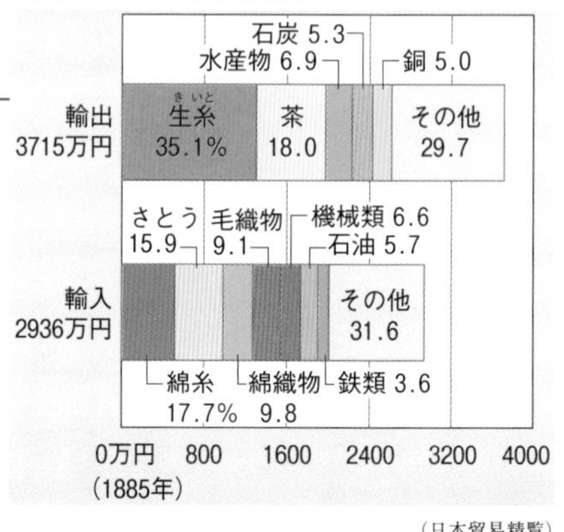

（日本貿易精覧）

このころ政府は、蝦夷地を北海道と改称し、開たくを進めたよ。札幌市は開たくの中心地として、道路がごばんの目状にととのえられたんだ。

練習のワーク

できた数 ／15問中

教科書 172〜177ページ　答え 13ページ

1 右の資料を見て、次の問いに答えましょう。

(1) 1868年に示された、この新しい政治の方針を何といいますか。（　　　）

(2) 資料中の□にあてはまる言葉を、次から選びましょう。（　　）

㋐ 幕府　㋑ 天皇
㋒ 公家　㋓ 大名

(3) この資料のように、新政府が進めた政治や社会の改革を何といいますか。（　　　）

(4) (3)でおこなわれた次の改革を何といいますか。

①（　　　）②（　　　）

① 藩を廃止して新たに県を置き、政府の役人である知事を派遣した。

② 大名が治めていた領地と領民を天皇に返させた。

一 政治は、広く会議を開き、多くの人々が意見を述べ合ったうえで決定しよう。
一 国民が心を一つにして、新政策を盛んにおこなおう。
一 役人も人々も、自分の願いを実現するようにしよう。
一 昔からの悪いならわしをやめて、道理に合うやり方をしよう。
一 新しい知識を世界から学び、□中心の国を盛んにしよう。

2 次の問いに答えましょう。

(1) 次の江戸時代の身分は、明治時代には何という身分になりましたか。右のグラフからそれぞれ選びましょう。

①（　　　）②（　　　）③（　　　）

① 天皇の一族　② 武士　③ 百姓や町人

(2) 明治時代の身分について正しく説明した文を、次から選びましょう。（　　）

㋐ 平民は名字をもつことが許されていなかった。

㋑ 士族は刀をさすことを許された。

㋒ 女性の地位を低くみる考え方やならわしはなくならなかった。

新しい身分の割合

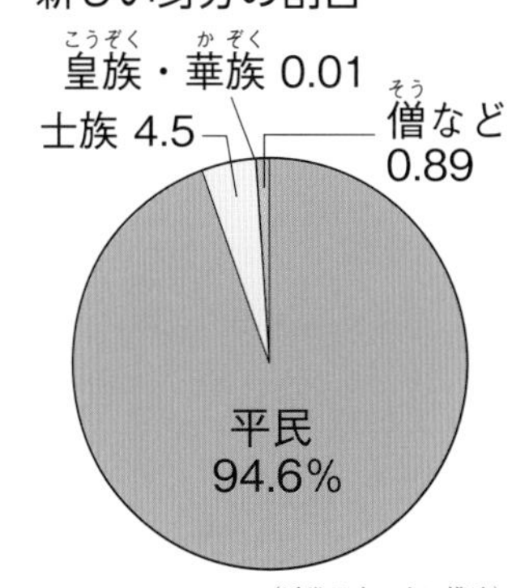

（近世日本の人口構造）

3 次の問いに答えましょう。

(1) 欧米諸国に対抗するため、㋐経済の発展と㋑軍隊の強化を進めた政策を何といいますか。（　　　）

(2) (1)㋐のために、欧米から技術者を招き、紡績や造船などの国営工場をつくった政策を何といいますか。（　　　）

(3) (1)㋑のために、20才以上の男子に3年間軍隊に入ることを義務づけた法律を何といいますか。（　　　）

(4) 右の写真は、欧米諸国を訪れた使節団です。Ⓐの人物はだれですか。（　　　）

(5) 文明開化のころの社会の変化を、次から2つ選びましょう。（　　）（　　）

㋐ 新橋・横浜間に鉄道が開通した。　㋑ 人々は食事を1日3回とるようになった。

㋒ 郵便や電信の制度がととのった。　㋓ 歌舞伎や浮世絵が人気となった。

ポイント 明治政府は、欧米諸国に対抗するため富国強兵を進めた。

まとめのテスト

9　明治の新しい国づくり

勉強した日　　月　　日

教科書　166～177ページ　　答え　13ページ

1 開国と江戸幕府の終わり　**右の年表を見て、次の問いに答えましょう。**　1つ5〔35点〕

年	おもなできごと
1837	大塩平八郎が大阪で兵をあげる……Ⓐ
1853	ペリーが軍艦を率いて[Ⓑ]に来る
1854	日米和親条約を結ぶ……Ⓒ
1858	日米修好通商条約を結ぶ………Ⓓ
1866	薩摩藩と長州藩が手を結ぶ……Ⓔ
1867	徳川慶喜が政権を[Ⓕ]に返す

(1)　Ⓐについて、大塩平八郎が兵をあげた理由を、次から選びましょう。（　　）

㋐　キリスト教の禁止に抵抗するため。
㋑　生活に苦しむ人々を救うため。
㋒　身分による差別に反対するため。
㋓　江戸幕府をたおすため。

よく出る
(2)　Ⓑにあてはまる場所を、次から選びましょう。（　　）

㋐　下田　　㋑　長崎　　㋒　浦賀　　㋓　函館

記述
(3)　Ⓒの前とあとでは、アメリカの要求に対する各藩の意見はどのように変わりましたか。右の**グラフ**を見て、簡単に書きましょう。

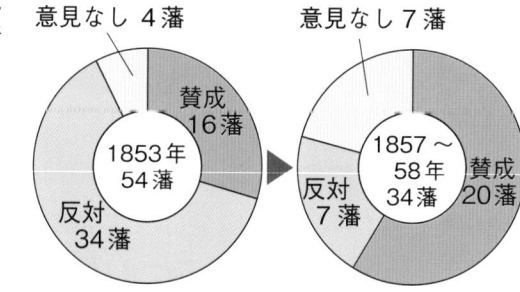

（　　　　　　　　　　　　　　　　　　　）

アメリカの要求に対する各藩の意見

(4)　Ⓓによって貿易がはじまってからの社会のようすを、次から2つ選びましょう。（　　）（　　）

㋐　輸出が増え、国内の産業が急速に発展した。
㋑　生糸などが盛んに輸出されて、品不足になった。
㋒　外国からさまざまなものが輸入されるようになり、人々の生活が豊かになった。
㋓　ものの値段が上がって人々の生活が苦しくなり、打ちこわしが増えた。

(5)　Ⓔについて、これをすすめた土佐藩出身の人物を、次から選びましょう。（　　）

㋐　勝海舟　　㋑　木戸孝允　　㋒　坂本龍馬　　㋓　大久保利通

(6)　Ⓕにあてはまる言葉を、漢字2字で書きましょう。（　　）

2 新政府による政治　**次の問いに答えましょう。**　1つ4〔16点〕

(1)　次の文の[　]にあてはまる言葉を、それぞれ書きましょう。

①（　　　　）　②（　　　　）

● 新政府は、これまで[①]が治めていた領地と領民を天皇に返させ、さらに[②]を廃止して新しく県を置いた。

(2)　次の文の{　　}にあてはまる言葉を、それぞれ選びましょう。

①（　　）　②（　　）

● 新政府は、蝦夷地を①{㋐北海道　㋑沖縄県}と改称し、昔から住んでいたアイヌの人々を平民とした。琉球王国には琉球藩が置かれ、のちに②{㋐北海道　㋑沖縄県}となった。

3 富国強兵 次の資料を見て、あとの問いに答えましょう。

1つ5〔25点〕

Ⓒ 江戸時代まで、ねんぐは収穫高に応じて米で納められていたが、地租改正によって、土地の値段の3％を税としてお金で納めることになった。

(1) Ⓐは徴兵令にもとづいて国民が検査を受けているようすをえがいた絵です。徴兵令の内容として正しいものを、次から選びましょう。（　　）

㋐ 20才以上の男女に1年間軍隊に入ることを義務づけた。

㋑ 20才以上の男子に3年間軍隊に入ることを義務づけた。

㋒ 25才以上の男子に5年間軍隊に入ることを義務づけた。

(2) Ⓑは1872年に完成した工場です。次の問いに答えましょう。

① この工場を何といいますか。（　　　　）

② この工場の場所を、右の**地図**から選びましょう。（　　）

③ この工場について述べた文として誤っているものを、次から選びましょう。（　　）

0　500km　㋐　㋑　㋒　㋓

㋐ 全国から女性労働者が集められた。　㋑ 日本初の民営の工場である。

㋒ 世界遺産に登録されている。　㋓ 外国の技術者から技術を取り入れた。

(3) Ⓒについて、明治政府がこのように税の納め方を変えた目的を、「収入」という言葉を使って簡単に書きましょう。

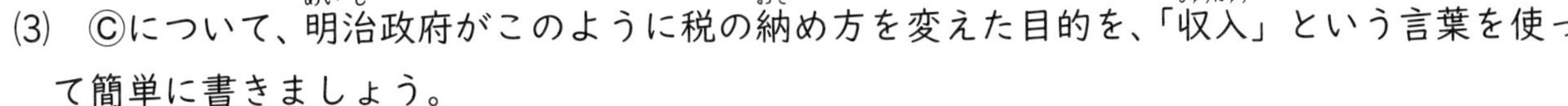

（　　　　　　　　　　　　　　　　）

4 文明開化 次の問いに答えましょう。

1つ4〔24点〕

(1) 1872年に学校の制度が定められ、一定の年令になった全ての子どもたちに教育を受けさせる施設が、全国の町や村につくられました。この施設を何といいますか。（　　　　）

就学率の変化

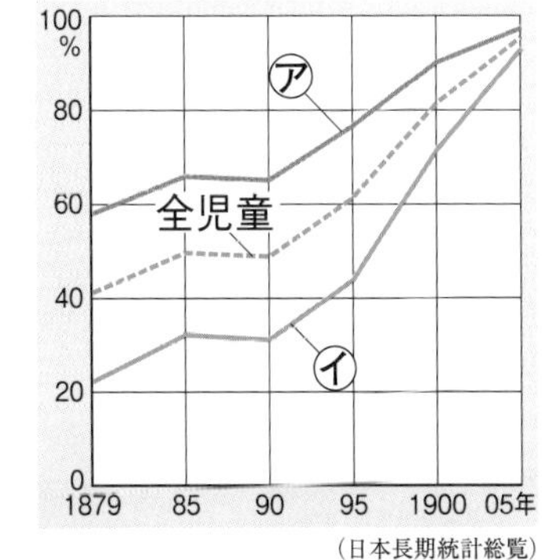

（日本長期統計総覧）

(2) 右の**グラフ**で、女子児童の就学率を示しているのは、㋐・㋑のどちらですか。（　　）

よく出る

(3) 教育者としてかつやくした福沢諭吉の著作を、次から選びましょう。（　　）

㋐『古事記伝』　㋑『解体新書』　㋒『学問のすゝめ』

(4) 1872年に日本ではじめて鉄道が開通した区間はどこですか。次から選びましょう。（　　）

㋐ 神戸・大阪間　㋑ 京都・名古屋間

㋒ 新橋・横浜間

(5) 右の**絵**の時期に日本で新しく広まったものを、次から2つ選びましょう。（　　）（　　）

㋐ てんぷら　㋑ 雑誌　㋒ 歌舞伎　㋓ 牛なべ

勉強した日　　月　　日

10 国力の充実をめざす日本と国際社会①

基本のワーク

学習の目標
明治政府は、不平等条約改正のためにどのようなことをしたのでしょう。

教科書 178～183ページ　答え 14ページ

1 ノルマントン号事件と条約改正

●明治政府は①（　　　　）が外国と結んだ不平等な条約を改正しようと、改革を進める。
➡欧米諸国は日本の近代化のおくれなどを理由に、話し合いには応じなかった。

●②（　　　　）**事件**（1886年）をきっかけに、**条約改正**を求める声が高まる。

	③（　　　　）を認める	④（　　　　）がない
不平等な内容	外国人が日本で罪をおかしても、日本は処罰できない。	輸入品にかける税金を自由に決める権利を日本に認めない。
条約の結果	外国人に有利な判決がくだされる。	安い外国製品が輸入されて、日本製のものが売れなくなり、産業がおとろえる。
改正について	外務大臣の⑤（　　　　）がイギリスと交渉をおこない1894年に廃止。	外務大臣の⑥（　　　　）がアメリカと交渉をおこない1911年に回復。

2 自由民権運動の広がり

●政府による改革に不満をもつ士族が各地で反乱をおこす。
◆⑦（　　　　）（1877年）…鹿児島の士族らが⑧（　　　　）をかついで戦争をおこすが、政府の軍隊にしずめられる。➡人々は、武力ではなく言論でうったえるようになる。

●⑨（　　　　）**運動**…憲法を制定し、議会を開くことを求める運動。
◆政府の役人であった⑩（　　　　）が指導。➡演説会や新聞・雑誌でうったえる。
◆政府は厳しく取りしまるが、運動は全国に広がる。➡10年後に国会を開くことを国民に約束。

●国会の開設に備えて、**板垣退助**は⑪（　　　　）、⑫（　　　　）は**立憲改進党**という**政党**をつくる。

3 大日本帝国憲法の発布と国会の開設

●ヨーロッパで、皇帝の権力が強い⑬（　　　　）などの憲法を調べる。
●内閣の制度をつくり、初代⑭（　　　　）になる。
●1889年に明治天皇の名で⑮（　　　　）が発布される。
◆伊藤が中心となって憲法の案をつくった。
◆⑯（　　　　）が国を治める主権をもつ。
◆法律や予算は国会が決めるが、内閣が強い力をもつ。

伊藤博文
（1841 ～ 1909）

●1890年、最初の選挙がおこなわれ、第１回の⑰（　　　　）（国会）が開かれる。
◆皇族・華族などからなる貴族院と、選挙で選ばれた議員からなる⑱（　　　　）で構成。
◆有権者は、**国税15円以上を納めている満**⑲（　　　　）**才以上の男子**に限られた。

しゃかい工場　選挙に投票することが認められた有権者は、当時の人口の約1.1％しかいなかったけれど、投票率は約94％にものぼったよ。

教科書 178～183ページ　答え 14ページ

できた数　／13問中

1 右の絵は、ノルマントン号事件のふうし画です。これを見て、次の問いに答えましょう。

(1) 絵の中のあの船長や船員たちは、どこの国の人でしたか。（　　）

(2) あの船長は、(1)の国の外交官による裁判で軽い罪にされただけでした。それは、日本が(1)の国に何という権利を認めていたからですか。（　　）

(3) 1894年に、(2)の権利を廃止した外務大臣はだれですか。次から選びましょう。（　　）

㋐ 大久保利通　㋑ 陸奥宗光　㋒ 岩倉具視　㋓ 小村寿太郎

2 次の問いに答えましょう。

(1) 右の絵は、自由民権運動の演説会のようすをえがいたものです。これは警察官が何をしようとしている場面ですか。次から選びましょう。（　　）

㋐ 演説に不満を言う人々をしずめようとしている。

㋑ 演説を中止させようとしている。

㋒ 人々に熱心に演説を聞くよう指導している。

(2) 自由民権運動を指導した、土佐藩出身の人物はだれですか。また、この人物がつくった政党名を何といいますか。　人物（　　）　政党名（　　）

3 次の問いに答えましょう。

(1) 1889年に、明治天皇の名で発布された憲法を何といいますか。（　　）

(2) 初代内閣総理大臣になり、中心となって(1)の案をつくった人物はだれですか。（　　）

(3) 右の資料は、(1)のもとでの国のしくみです。Ⓐ～Ⓓにあてはまる言葉を、次の□からそれぞれ選びましょう。

Ⓐ（　　）　Ⓑ（　　）

Ⓒ（　　）　Ⓓ（　　）

帝国議会　内閣　国民　天皇

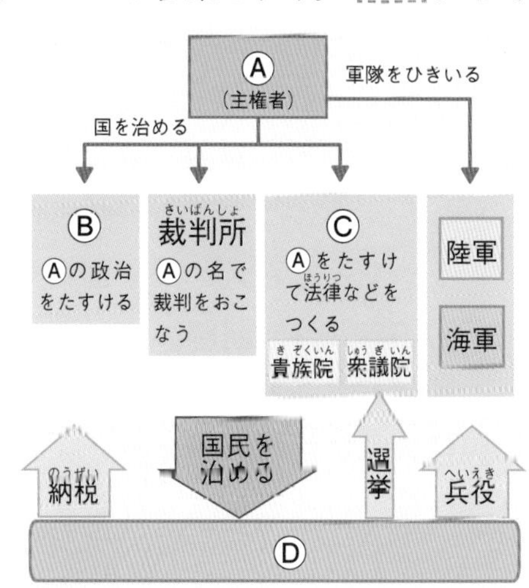

(4) 1890年におこなわれた最初の選挙で、投票ができたのはどのような人たちですか。次から選びましょう。（　　）

㋐ 満18才以上の全ての男女

㋑ 満20才以上の全ての男子

㋒ 国税15円以上を納めている満25才以上の男子

ポイント　**大日本帝国憲法が制定され、議会政治がはじまった。**

勉強した日　月　日

10　国力の充実をめざす日本と国際社会②

学習の目標
日清・日露戦争は、なぜおきて、その後どうなったのでしょうか。

基本のワーク

教科書 184〜187ページ　答え 14ページ

1 日清・日露の戦い

よみトク！資料

●1894年、①(　　　　)での農民の反乱をきっかけに②(　　　　)がはじまる。
➡勝利した日本が③(　　　　)と**リアオトン(遼東)半島**をゆずり受けることや、多額の賠償金を受け取ることなどが**下関条約**で決められる。

●④(　　　　)が、ドイツ・フランスとともにリアオトン半島を清に返すよう要求。➡日本は受け入れる。

●**日清戦争**後、日本とロシアは朝鮮(韓国)をめぐって対立するようになる。
- 日清戦争の賠償金で軍備を増強し、ロシアの勢力をおさえたい⑤(　　　　)と同盟を結ぶ。

●1904年、⑥(　　　　)がはじまる。
- ⑦(　　　　)の指揮する艦隊が日本海海戦でロシアの艦隊を破る。
- ⑧(　　　　)のなかだちで講和条約を結ぶ。➡ロシアが韓国からしりぞく。

日清戦争前の東アジアの関係をえがいたふうし画

日本は中国(清)やロシアと、朝鮮をめぐって対立した。

与謝野晶子は日露戦争に批判的な歌をよんだよ。

2 日露戦争後の日本のようす

●⑨(　　　　)**条約**…ロシアと結ばれた講和条約。
- 日本は⑩(　　　　)(サハリン)の南半分と、南満州の鉄道と鉱山の権利を得る。
- 賠償金が得られなかったため、国民の不満が高まる。

●1910年、日本は韓国を併合して朝鮮とし、⑪(　　　　)とした。
- 土地を失った人々は、日本や⑫(　　　　)に移り住む。
- 1919年3月、朝鮮の⑬(　　　　)をめざす大きな抵抗運動がおこる。

●1912年、清にかわって⑭(　　　　)(中国)が成立する。

●1914年、ヨーロッパをおもな戦場として、⑮(　　　　)がおこる。
- 日本も戦争に加わり、中国に勢力をのばそうとしたため、中国で抵抗運動がおこる。➡欧米諸国は日本の動きに警戒を強める。

韓国併合後の日本の領土

ポーツマス条約で賠償金を得られないことに不満をもった人々が、東京の日比谷公園に集まり、新聞社などをおそうさわぎがあったよ。

練習のワーク

できた数　／14問中

教科書　184～187ページ　答え　14ページ

1 右の地図を見て、次の問いに答えましょう。

(1)　1894年に農民の反乱（はんらん）がおこり、中国（ちゅうごく）（清（しん））と日本が軍隊を送った国を、**地図**中の㋐～㋓から選びましょう。（　　）

(2)　1894年に中国（清）と日本のあいだでおこった戦争を何といいますか。（　　　　）

(3)　(2)の講和会議で結ばれた条約を何といいますか。（　　　　）

(4)　(2)の講和会議で、日本が中国（清）からゆずり受けた台湾（たいわん）とリアオトン（遼東）半島の位置を、**地図**中の㋐～㋓からそれぞれ選びましょう。
台湾（　　）　リアオトン（遼東）半島（　　）

2 右の絵は、日清戦争後の東アジアの関係をえがいたものです。これを見て、次の問いに答えましょう。

(1)　日本と、**絵**の中のⒶで表された国とのあいだで、1904年におきた戦争を何といいますか。（　　　　）

(2)　次の①・②の文にあてはまる国を、**絵**の中のⒶ～Ⓒからそれぞれ選びましょう。

①（　　）　②（　　）

①　ロシアの勢力拡大（かくだい）をおさえるため、日本と同盟（どうめい）を結んだ。
②　ドイツ・フランスとともに、リアオトン半島を清に返すように日本に強くせまった。

(3)　(1)の戦争において、日本の艦隊（かんたい）を指揮（しき）し、日本海海戦でロシアの艦隊を破った人物を、次から選びましょう。（　　）
㋐　伊藤博文（いとうひろぶみ）　㋑　東郷平八郎（とうごうへいはちろう）　㋒　大隈重信（おおくましげのぶ）

(4)　(1)の戦争の際に、右の歌をよんだ人物はだれですか。（　　　　）

> ああおとうとよ　君を泣く
> 君死にたまうことなかれ　（一部）

3 次の問いに答えましょう。

(1)　日本がロシアと結んだ講和条約（ポーツマス条約）の内容を、次から2つ選びましょう。（　　）（　　）
㋐　日本は多額の賠償金（ばいしょうきん）を受け取る。
㋑　日本は樺太（からふと）（サハリン）の南半分を得る。
㋒　日本は南満州（みなみまんしゅう）の鉄道と鉱山の権利（けんり）を得る。

(2)　次の文の｛　｝にあてはまる記号を、それぞれ選びましょう。①（　　）②（　　）
- 1910年に日本は、①｛㋐韓国（かんこく）　㋑中国｝を併合（へいごう）し、植民地にした。
- 1914年、ヨーロッパを中心として②｛㋐西南戦争（せいなん）　㋑第一次世界大戦（だいいちじせかいたいせん）｝がおこった。

ポイント　日清（にっしん）・日露（にちろ）戦争に勝った日本は、アジアで勢力を広げた。

勉強した日 月 日

10 国力の充実をめざす日本と国際社会③

学習の目標
産業の発展は社会にどのようなえいきょうをあたえたでしょうか。

基本のワーク

教科書 188～191ページ　答え 14ページ

1 産業の発展と人々のくらし

●軽工業の発展…日清戦争の少し前から、生糸・綿糸・綿織物などをつくる工業が盛んになる。
- 外国産より値段が安く、質がよい製品がつくられる。➡①（　　　　）の輸出量が世界一に。

●重工業の発展…日露戦争のころから、造船や機械などの工業も発達する。
- 日清戦争の賠償金を使って、北九州に②（　　　　）がつくられた。

田中正造
(1841 ～ 1913)

●産業が発展する一方で、工場や鉱山から出るけむりや廃水により、③（　　　　）が発生。
●栃木県の④（　　　　）から渡良瀬川に流れ出た鉱毒により、農作物や家畜に被害が出た。
（足尾銅山鉱毒事件）
●栃木県選出の衆議院議員だった**田中正造**は、鉱山の操業停止と被害者の救済を政府にうったえた。

●明治政府は、多くの留学生を海外へ派遣し、欧米の学問や技術を学ばせた。

⑤（　　　　）(1853～1931)	**破傷風**の治療法、ペスト菌などを発見。
⑥（　　　　）(1876～1928)	へび毒や**黄熱病**を研究。
⑦（　　　　）(1864～1929)	日本で最初の女子留学生。女性の英語教師を育成。

●産業の発達にともない、人々のくらしが変化。
- 大都市では人口が増え、ガスや水道、⑧（　　　　）が使われるようになる。
- デパートの店員、タイピスト、電話の交換手など新しい仕事につく⑨（　　　　）が増える。

2 よりよく生きる権利を求めて

●⑩（　　　　）**時代**…1912年から15年間続いた時代。
●米などの値段が急に高くなり、各地で米の安売りを求める⑪（　　　　）がおこる。
●各地で労働者や農民による社会運動が高まる。
- ⑫（　　　　）(らいちょう)たちは、女性の自由と権利の拡大をめざす運動を続けた。
- 差別に苦しむ人々が、⑬（　　　　）をつくる。
  - ■**山田孝野次郎**の呼びかけで、差別をなくす運動が広がる。

このとき、女性の選挙権はまだ認められなかったよ。

●政党を中心とした政府ができ、1925年には、**25才以上の全ての男子**が選挙権をもつ⑭（　　　　）が実現した。➡政府は、政治や社会のしくみを変えようとする運動や思想を取りしまる⑮（　　　　）**法**をつくり、社会運動をおさえようとした。

1925年に25才以上の全ての男子に選挙権が認められたので、1928年におこなわれた選挙では、有権者の割合は全人口の約20%になったよ。

できた数　／14問中

教科書　188〜191ページ　答え　14ページ

1 次の問いに答えましょう。

(1) 右の**写真**を見て、次の問いに答えましょう。

① 北九州につくられたこの製鉄所を何といいますか。（　　　）

② ①の製鉄所はある戦争の賠償金の一部を使ってつくられました。この戦争を、次から選びましょう。（　　）

㋐ 第一次世界大戦　㋑ 日清戦争
㋒ 日露戦争　㋓ 西南戦争

(2) 右の**グラフ**は、おもな輸出入品の割合を示しています。㋐・㋑にあてはまるものを、次からそれぞれ選びましょう。

あ（　　）　い（　　）

㋐ 兵器　㋑ 生糸　㋒ 銀　㋓ 綿花

(1910年)

	品目（%）	総額
輸出	あ 28.4%、綿糸 9.9、絹織物 7.2、石炭 3.9、綿織物 4.5、その他 46.1	4億5843万円
輸入	い 34.0%、鉄類 7.0、機械類 5.1、綿織物 2.9、石油 3.1、毛織物 2.7、さとう 2.8、その他 42.4	4億6423万円

（日本貿易精覧）

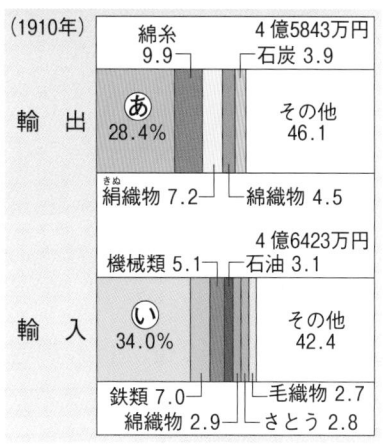

(3) 産業が盛んになると公害も発生するようになりました。栃木県の鉱山で発生した公害について国会でうったえた衆議院議員はだれですか。また、その鉱山を何といいますか。

衆議院議員（　　　）　鉱山（　　　）

(4) 次の説明にあてはまる人物を、右の□からそれぞれ選びましょう。

① ガーナなどで黄熱病の研究に取り組んだ。（　　　）

② コッホの研究所で学び、破傷風の治療法を発見した。（　　　）

③ 岩倉使節団とともにアメリカに留学した。（　　　）

津田梅子
野口英世
北里柴三郎

2 次の問いに答えましょう。

(1) 大正時代のなかごろ、各地でおこった米の安売りを求める運動を何といいますか。（　　　）

(2) 女性の自由と権利の拡大をめざし、右のようにうったえた人物はだれですか。（　　　）

元始、女性は実に太陽であった。…今、女性は月である。他によって生き、他の光によってかがやく、病人のようなあお白い顔の月である。…　（一部）

(3) 日常生活で差別されていた人々が、団結してつくった団体を何といいますか。（　　　）

(4) 1925年から選挙権をもつことになったのは、どのような人々ですか。次から選びましょう。（　　）

㋐ 20才以上の全ての男女　㋑ 20才以上の全ての男子
㋒ 25才以上の全ての男女　㋓ 25才以上の全ての男子

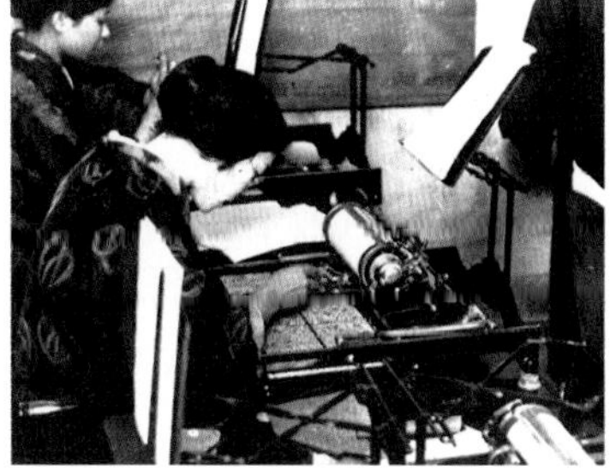

(5) 右の**写真**の女性は何の仕事をしていますか。あてはまるものを、次から選びましょう。（　　）

㋐ バスの車掌　㋑ タイピスト　㋒ デパートの店員

近代化とともに、自由と権利を求める動きも広がった。

まとめのテスト

10　国力の充実をめざす日本と国際社会

勉強した日　月　日

得点　/100点

教科書 178～191ページ　答え 15ページ

1 自由民権運動　次の資料を見て、あとの問いに答えましょう。

1つ4〔20点〕

資料1

資料2

Ⓐ　Ⓑ　Ⓒ

(1) **資料1**は、西南戦争のようすをえがいています。政府の軍隊はあ・いのどちらですか。（　　）

記述　(2) **資料1**の後、自分の考えのうったえ方はどのように変わりましたか。簡単に書きましょう。
（　　　　　　　　　　　　　　　　　　　　）

(3) **資料2**は、自由民権運動の演説会のようすをえがいたものです。Ⓐ～Ⓒにあてはまるせりふを、次からそれぞれ選びましょう。　Ⓐ（　　）Ⓑ（　　）Ⓒ（　　）

㋐ 演説を中止しなさい。

㋑ 中止することはない。そうだ、国会を開くべきだ。

㋒ 国会を開いて、広く国民の意見を生かすべきだ。

2 大日本帝国憲法と帝国議会　次の問いに答えましょう。

1つ4〔20点〕

(1) 右の**表**は、大日本帝国憲法と日本国憲法を比較したものです。**表**中の□にあてはまる言葉を、それぞれ書きましょう。

①（　　　　）②（　　　　）

	大日本帝国憲法	日本国憲法
主権者	①	国民
国民の権利	②の範囲内で権利や自由をもつ	おかすことのできない永久の権利として保障
国民の義務	兵役、納税、(教育)	勤労、納税、教育
戦争	軍隊をもち、天皇に指揮権がある	戦争を放棄する

(2) 帝国議会について正しいものを、次から選びましょう。（　　）

㋐ 衆議院と参議院の二院制をとっていた。

㋑ 全ての議員が選挙によって選ばれた。

㋒ 女性の衆議院議員はいなかった。

㋓ 内閣よりも強い力をもっていた。

(3) 次の文は、1890年におこなわれた最初の選挙で投票することが認められた有権者の条件を述べています。□にあてはまる数字を書きましょう。　①（　　　　）②（　　　　）

● 国税 ① 円以上を納めている満 ② 才以上の男子。

3 条約改正と２つの戦争　右の年表を見て、次の問いに答えましょう。　１つ４〔32点〕

年	おもなできごと
1858	不平等な条約を結ぶ……………Ⓐ
1886	ノルマントン号事件がおこる…Ⓑ
1894	条約の一部を改正する…………Ⓒ
	日清（にっしん）戦争がおこる……………Ⓓ
1904	日露（にちろ）戦争がおこる……………Ⓔ
1911	条約改正が達成される…………Ⓕ

記述 (1)　Ⓐの条約（じょうやく）で不平等だったのは、どのようなことですか。２つの内容を簡単に書きましょう。
（　　　　　　　　　　　　　　　　）
（　　　　　　　　　　　　　　　　）

(2)　Ⓑのできごとのえいきょうについて述べた文を、次から選びましょう。　（　　　）
㋐　不平等条約の改正をあきらめた。
㋑　不平等条約の改正を求める声が高まった。
㋒　日本の国際的地位が向上した。

よく出る (3)　Ⓒ・Ⓕのときの外務大臣を、それぞれ書きましょう。
Ⓒ（　　　　　　）　Ⓕ（　　　　　　）

(4)　右の**絵**は、Ⓓの直前の東アジアの関係をえがいたふうし画です。朝鮮（ちょうせん）を示しているものを、㋐～㋓から選びましょう。　（　　　）

(5)　Ⓔの直前、日本はイギリスと同盟（どうめい）を結びました。イギリスの目的について述べた次の文中の□にあてはまる国名を書きましょう。　（　　　　　）
●　□の勢力拡大（かくだい）をおさえるため。

(6)　第１回帝国議会が開かれた年は、**年表**中のどこのあいだに入りますか。次から選びましょう。
㋐　ⒷとⒸ　　㋑　ⒸとⒹ　　㋒　ⒹとⒺ　　㋓　ⒺとⒻ　　（　　　）

4 人々のかつやくと社会の動き　次の問いに答えましょう。　１つ４〔28点〕

(1)　次の文は、右の人物の自己（じこ）紹介（しょうかい）です。それぞれにあてはまるものを選びましょう。
Ⓐ（　　　）　Ⓑ（　　　）
Ⓒ（　　　）　Ⓓ（　　　）

Ⓐ 
Ⓑ 
Ⓒ 
Ⓓ 

㋐　わたしはへび毒などの研究で成果をあげました。アフリカでは黄熱病（おうねつびょう）を研究しました。
㋑　わたしは、日露戦争の戦場にいる弟を心配する気持ちを歌にして発表しました。
㋒　わたしは、衆議院議員です。足尾（あしお）銅山の鉱毒問題を国会でうったえました。
㋓　わたしは仲間とともに運動を続け、女性の地位向上をめざしました。

(2)　大正（たいしょう）時代ごろから新しく見られるようになった仕事を、次から選びましょう。　（　　　）
㋐　はた織り職人　　㋑　小学校の先生　　㋒　バスの車掌（しゃしょう）

(3)　右の**資料**は、大正（たいしょう）時代に各地でおこった米の安売りを求める運動のようすをえがいたものです。この運動を何といいますか。　（　　　　　）

記述 (4)　1925年に普通（ふつう）選挙が実現するとともに、治安維持（いじ）法が制定されたのはなぜですか。簡単に書きましょう。
（　　　　　　　　　　　　　　　　）

勉強した日　月　日

11　アジア・太平洋に広がる戦争①

基本のワーク

学習の目標
不景気になった日本は、どのように変化していったのでしょうか。

教科書 196〜199ページ　答え 15ページ

1 好景気から不景気へ

●第一次世界大戦で、日本はヨーロッパやアジアの輸出を大きくのばし、①(　　　　)になる。

●第一次世界大戦後、ヨーロッパの産業が立ち直ると、日本の輸出はのびなくなり、②(　　　　)になる。

◆1923年の③(　　　　)で日本経済は大打撃を受ける。

◆昭和時代に入って間もない1929年、④(　　　　)ではじまった不景気のえいきょうを受ける。

➡銀行や会社が数多く倒産し、日本の不景気がさらに深刻に。

◆地方の農村では、農産物の値段が下がり、⑤(　　　　)も重なり、生活が苦しくなった。

日本の輸出額の移り変わり

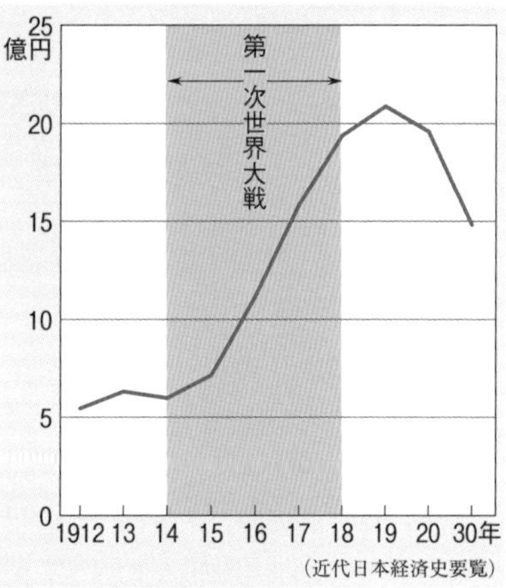

(近代日本経済史要覧)

●当時、日本が勢力をのばしていた⑥(　　　　)(中国東北部)への期待が高まる。

2 満州事変と孤立する日本

よみトク！地図

●一部の軍人や政治家から、不景気からぬけ出すために満州を日本の領土にしようという主張がおきる。

◆広い土地と豊かな⑦(　　　　)が手に入る。

◆農民や失業者の⑧(　　　　)先になる。

●⑨(　　　　)…1931年、日本軍は南満州鉄道の線路を爆破し、それを中国軍のしわざとして攻撃を開始。➡日本軍が満州全体を占領。

●1932年に「⑩(　　　　)」をつくる。

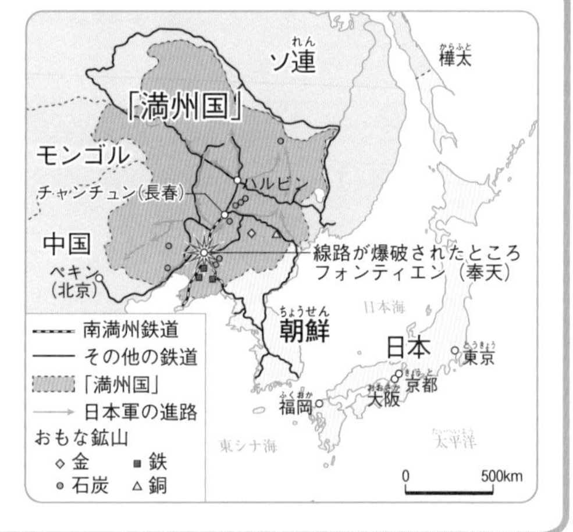

●中国のうったえにより、⑪(　　　　)は「満州国」を認めないことを決議。

➡日本は決議に反対して国際連盟を脱退。国際社会で孤立した。

国際連盟で演説する日本の代表

●国内では⑫(　　　　)中心の政治のしくみをつくろうとする軍人が政治家を暗殺する事件がおきる。

◆1932年には五・一五事件、1936年には⑬(　　　　)事件がおこり、軍人の力が強まる。

どちらの事件も総理大臣や大臣らが軍人に殺害されたんだ。

◆衆議院議員の斎藤隆夫は、国会の演説で軍部の横暴をいましめるが、軍人の力が強まったことで衆議院議員をやめさせられる。

しゃかい工場
国際連盟は、第一次世界大戦後の1920年につくられたよ。本部はスイスのジュネーブ。アメリカの提案によってつくられたけれど、アメリカは加盟しなかったんだ。

できた数 ／13問中

1 次の問いに答えましょう。

(1) 右の**グラフ**中のⒶの時期におこった戦争を何といいますか。（ ）

(2) (1)が終わったあとの日本の経済（けいざい）のようすについて、次の話の｛ ｝にあてはまる言葉を選びましょう。
①（ ） ②（ ）

輸出が①｛ ㋐増え ㋑減っ ｝て、景気が②｛ ㋐よく ㋑悪く ｝なったよ。

日本の輸出額の移り変わり

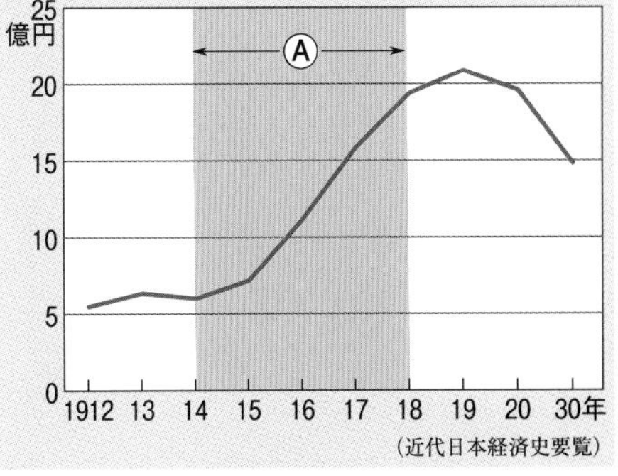

(3) 昭和（しょうわ）時代のはじめごろの日本のようすにあてはまるものを、次から２つ選びましょう。（ ）（ ）
㋐ 八幡（やはた）製鉄所がつくられ、重工業が発達した。
㋑ 地方の農村は冷害におそわれ、生活が苦しくなった。
㋒ 牛なべやカレーライス、アイスクリームなどが食べられるようになった。
㋓ 銀行や会社が数多く倒産（とうさん）した。

2 次の問いに答えましょう。

(1) **地図**中のあの鉄道を何といいますか。
（ 鉄道）

(2) (1)の線路を日本軍が爆破（ばくは）してはじまったできごとを何といいますか。（ ）

(3) 次の文の□にあてはまる言葉を、それぞれ書きましょう。
①（ ） ②（ ）

● 1932年、日本は**地図**中の▒が示す範囲（はんい）に「①」をつくった。②は、日本の動きを侵略（しんりゃく）だとして、国際連盟（こくさいれんめい）にうったえた。

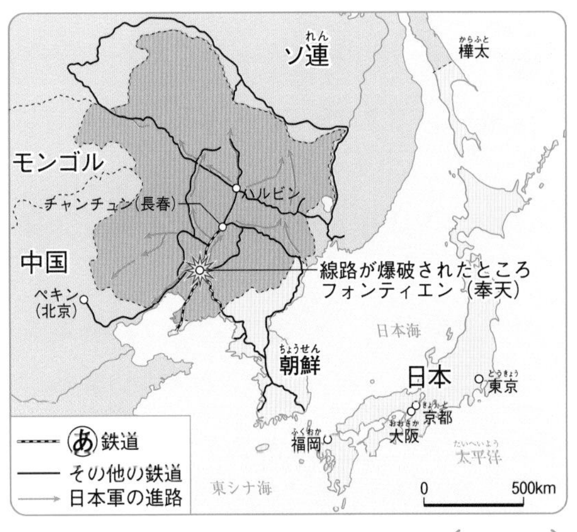

(4) 国際連盟の決議に対する日本の対応にあてはまるものを、次から選びましょう。（ ）
㋐ 決議を認（みと）めて、中国に謝罪（しゃざい）した。 ㋑ 決議に反対し、国際連盟を脱退（だったい）した。
㋒ 決議に反対し、国際連盟に再決議を求めた。

(5) (2)の後に日本国内でおきた事件を、次から２つ選びましょう。（ ）（ ）
㋐ 二（に）・二六（にろく）事件 ㋑ ノルマントン号事件
㋒ 五（ご）・一五（いちご）事件 ㋓ 足尾（あしお）銅山鉱毒事件

(6) 政府に不満をもつ軍人たちは、何を中心とする政治のしくみをつくることをめざしましたか。次から選びましょう。（ ）
㋐ 議会 ㋑ 政党（せいとう） ㋒ 天皇（てんのう） ㋓ 国民

満州事変をきっかけに、日本は国際社会で孤立（こりつ）していった。

勉強した日　月　日

11　アジア・太平洋に広がる戦争②

基本のワーク

学習の目標
戦争が長引き、国民の生活はどのように変わったでしょうか。

教科書 200〜205ページ　答え 15ページ

1 長引く中国との戦争／アジアや太平洋に広がる戦場

●1937年、ペキン（北京）の近くで日本軍と中国軍がしょうとつ。
➡①（　　　　　）がはじまり、1945年まで続く。
◆日本軍はシャンハイ（上海）やナンキン（南京）などを占領。
●日本国内では、軍事を優先する②（　　　　　）の教育がおこなわれる。
◆戦争に反対する新聞や放送、出版物は取りしまりが厳しくなる。
◆朝鮮の人々の③（　　　　　）を日本式に改めさせ、神社を参拝させる。
◆朝鮮や台湾で④（　　　　　）をおこない、日本の軍人として戦場へ送る。
●ヨーロッパでは、1939年に⑤（　　　　　）がまわりの国々と戦争をはじめる。
（＝⑥（　　　　　））

中国の激しい抵抗を受け、戦いは中国全土に広がったよ。

よみトク！地図

●日本は新たな資源を求めて、欧米各国の植民地となっていた⑦（　　　　　）へ軍隊を進める。
●日本はドイツ、⑧（　　　　　）と軍事同盟を結び、アメリカ、イギリスなどと激しく対立。
●1941年12月8日、日本はイギリス領の⑨（　　　　　）半島、⑩（　　　　　）の真珠湾にあったアメリカ軍基地を攻撃。
➡⑪（　　　　　）がはじまる。

広がる戦場

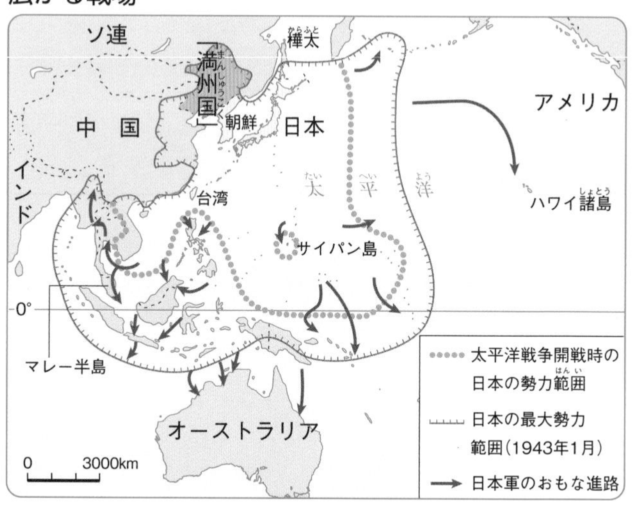

●日本は、中国・東南アジア・太平洋へと占領地域を広げる。➡物資の補給に苦労する。
◆占領した地域で食料や資源などを取り立て、住民を戦争に協力させる。
➡各地で日本の支配に対する抵抗運動がおきる。

2 戦争で大きく変わった人々のくらし

●資源の少ない日本では、兵器の原材料となる⑫（　　　　　）などの使用を制限。➡生活用品が不足し、代用品が出回る。
◆米などの生活必需品は、⑬（　　　　　）・**配給制**となる。
◆「⑭（　　　　　）**は敵だ**」というスローガンも生まれる。
●中学生や女学生は兵器工場へ、大学生は兵士として動員。
●都市の小学生は空襲をさけるため、親元をはなれて地方へ**集団**⑮（　　　　　）させられる。

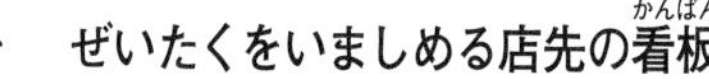

武器に使う鉄が不足したため、お寺のかねや銅像、マンホールのふたのほか、なべややかんまで国に回収されたんだ。家庭では、陶器のなべややかんが使われるようになったよ。

教科書 200〜205ページ　答え 15ページ

1 次の問いに答えましょう。

(1) 右の**地図**を見て、次の問いに答えましょう。

① ㋐の近くで日本軍と中国軍がしょうとつしたことがきっかけではじまった戦争を何といいますか。
（　　　　　）

② ①の戦争中、日本軍が占領した都市を、**地図**中から２つ選びましょう。
（　　　　　）（　　　　　）

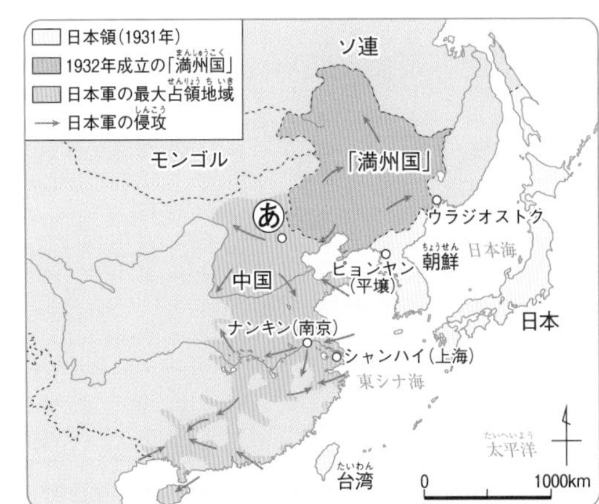

(2) 1939年にヨーロッパではじまった戦争を何といいますか。（　　　　　）

(3) (2)の戦争がはじまったあと、日本と軍事同盟を結んだ国を、２つ書きましょう。
（　　　　　）（　　　　　）

(4) 日本は、(1)①の戦争が終わらないまま、太平洋戦争をはじめました。1941年12月８日に日本が攻撃した場所を、次から２つ選びましょう。（　　）（　　）

㋐ マレー半島　㋑ グアム島　㋒ サイパン島　㋓ ハワイ

2 次の問いに答えましょう。

(1) 1938年にできた法律の内容として正しいものを、次から選びましょう。（　　）

㋐ 政治や社会のしくみを根本から変えようとする運動を厳しく取りしまる。
㋑ 国民や物資の全てを統制できる権限を政府にあたえる。
㋒ 20才以上の男子に軍隊に入ることを義務づける。

(2) 戦争中に、切符制・配給制になったものを、次から２つ選びましょう。（　　）（　　）

㋐ ガソリン　㋑ 米　㋒ 鉄製品　㋓ 衣料品

(3) 次の戦争中の人々の**写真**に関係する文を、あとからそれぞれ選びましょう。

①（　　）　②（　　）　③（　　）

㋐ 大学生が兵士として戦地に送られた。
㋑ 都市の小学生は、地方へ集団疎開した。
㋒ 中学生や女学生が兵器工場で働かされた。

戦争が長引くにつれて、国民生活は苦しくなった。

勉強した日　月　日

11 アジア・太平洋に広がる戦争③

基本のワーク

学習の目標
第二次世界大戦は、どのようにして終わったのでしょうか。

教科書 206〜213ページ　答え 16ページ

1 空襲で焼きつくされる国土／戦場となった沖縄

●アメリカ軍は、太平洋の島々を占領し、1944年に日本本土への①(　　　　)を本格化。
◆東京や大阪などのおもな都市の②(　　　　)施設や工場が攻撃される。
●1945年３月末、③(　　　　)への攻撃を本格化。
◆1945年４月、アメリカ軍が沖縄島へ上陸。
➡３か月におよぶ激しい④(　　　　)。
◆住民たちが戦闘に巻きこまれる。➡県内の中等学校などの生徒が⑤(　　　　)隊として動員される。
●爆弾を積んだまま、敵に体当たり攻撃をする特攻隊として、多くの若者が命を落とした。

戦場となった沖縄

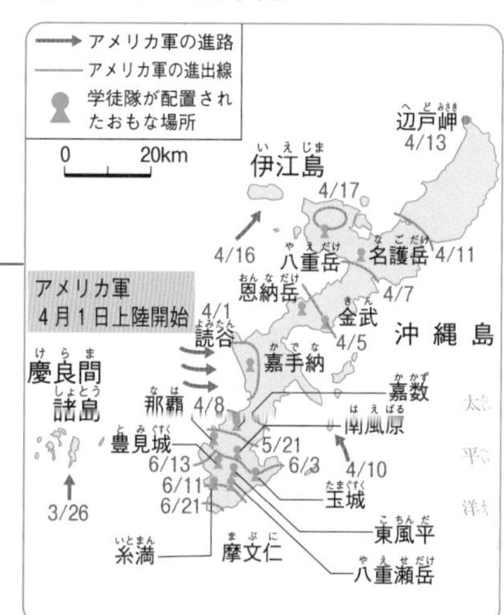

2 広島・長崎への原爆投下と日本の敗戦／学習問題について話し合う

よみトク！資料

●1943年９月、⑥(　　　　)が降伏。
●1945年５月、⑦(　　　　)が降伏。
●1945年７月、アメリカ・イギリス・中国が、日本に⑧(　　　　)降伏をうながす⑨(　　　　)宣言を発表。
➡日本はすぐに受け入れず。
●1945年８月６日に⑩(　　　　)に、９日に⑪(　　　　)に原子爆弾が投下された。

敗戦直後の原爆ドーム

敗戦直後の浦上天主堂

●1945年８月８日、⑫(　　　　)が戦わないという条約をやぶり、満州や樺太南部、千島列島に侵攻。
●日本は連合国側に降伏することを決め、1945年８月15日に⑬(　　　　)がラジオで日本の降伏を国民に伝える。
➡アジア・太平洋戦争をふくめた第二次世界大戦が終わる。
●戦争が終わったあとも、ソ連軍によってシベリアに抑留された人や、⑭(　　　　)で家族と別れて中国人に育てられた人（中国残留孤児）がいた。
◆海外にいた約660万人の日本人の引きあげがはじまる。

日本の降伏をラジオで聞く人たち

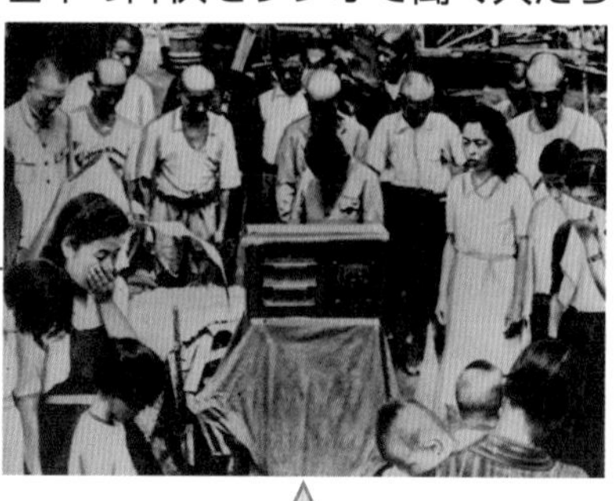

玉音放送を聞いている。

原爆ドームは、もともとは広島県物産陳列館という、県の特産物の展示や販売などをおこなう施設だったよ。原爆のすさまじさを伝えるため、世界遺産に登録されたよ。

できた数
／13問中

教科書 206〜213ページ　答え 16ページ

1 次の問いに答えましょう。

(1) 右の**地図**は、アメリカ軍の空襲を受けたおもな都市とその被害を示しています。次のうち、10000人以上の死者が出た都市を、２つ選びましょう。（　　）（　　）

㋐ 東京　㋑ 静岡　㋒ 名古屋
㋓ 大阪　㋔ 福岡

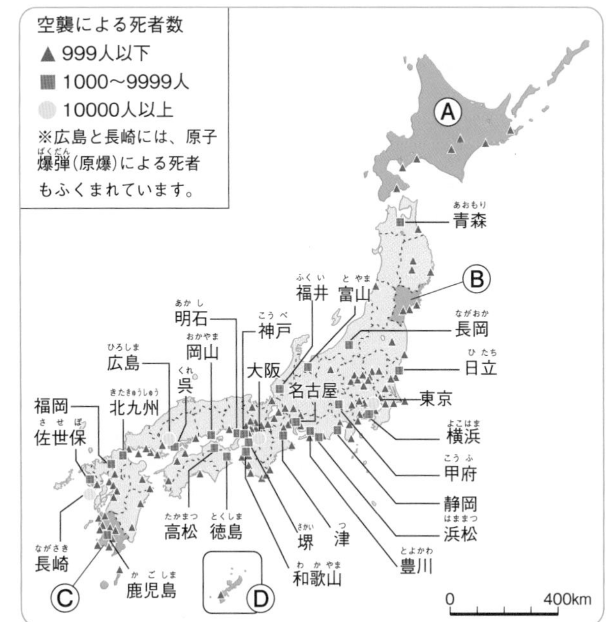

(2) 福岡県にあり、空襲を受けた施設を、次から選びましょう。（　　）

㋐ 富岡製糸場　㋑ 八幡製鉄所
㋒ 鹿鳴館　㋓ 国会議事堂

(3) 1945年に、３か月におよぶ激しい地上戦がおこなわれた都道府県を、**地図**中のⒶ〜Ⓓから選びましょう。（　　）

2 次の問いに答えましょう。

(1) ポツダム宣言を発表した国を、右の□から３つ選びましょう。

（　　）（　　）（　　）

イギリス　イタリア　中国
アメリカ　ドイツ

(2) ポツダム宣言が発表された後の日本の対応を、次から選びましょう。（　　）

㋐ すぐに受け入れる決断をした。
㋑ 条件つきで受け入れる決断をした。
㋒ すぐに受け入れる決断ができなかった。

(3) 広島と長崎に原爆が投下された日を、次からそれぞれ選びましょう。　広島（　　）長崎（　　）

㋐ ８月４日　㋑ ８月６日
㋒ ８月８日　㋓ ８月９日

(4) 右の**写真**は、原爆の被害を受けた広島の建物のようすです。戦争の悲惨さを示す遺産として保存されたこの建物を何といいますか。（　　）

(5) 日本の降伏がラジオで国民に伝えられたのは、何月何日ですか。

（　　月　　日）

(6) 戦争が終わったあともソ連軍によって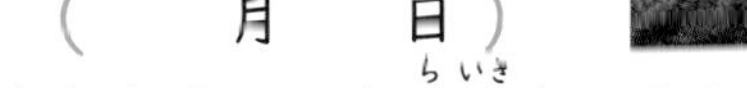抑留された人がいた地域を、次から選びましょう。（　　）

㋐ マレー半島　㋑ ハワイ　㋒ シベリア　㋓ サイパン島

ポイント **原爆投下後、日本は降伏し、第二次世界大戦が終わった。**

まとめのテスト

勉強した日　月　日

11　アジア・太平洋に広がる戦争

教科書　196〜213ページ　答え　16ページ

1 広がる戦争　**右の年表を見て、次の問いに答えましょう。**　1つ5〔50点〕

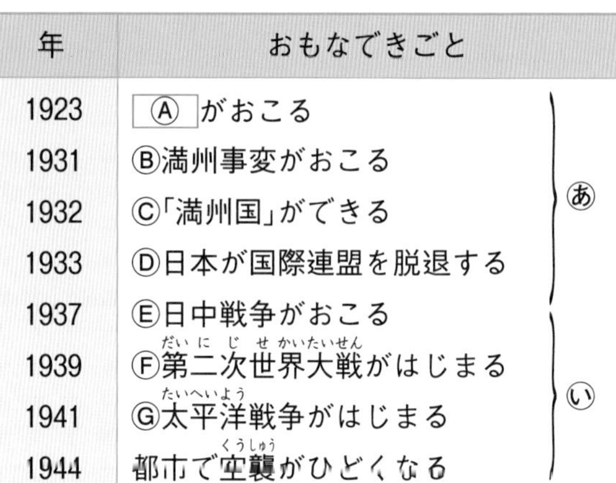

年	おもなできごと	
1923	Ⓐ がおこる	あ
1931	Ⓑ満州事変がおこる	
1932	Ⓒ「満州国」ができる	
1933	Ⓓ日本が国際連盟を脱退する	
1937	Ⓔ日中戦争がおこる	い
1939	Ⓕ第二次世界大戦がはじまる	
1941	Ⓖ太平洋戦争がはじまる	
1944	都市で空襲がひどくなる	

(1)　Ⓐにあてはまる、1923年9月1日におこった災害を何といいますか。

(　　　　　　)

(2)　Ⓑの背景として、次の文の□にあてはまる言葉を書きましょう。

(　　　　　　)

● 満州の土地や資源を手に入れ、日本で生活に苦しむ人々を移住させれば、日本は□をぬけ出すことができると考えられた。

(3)　Ⓒについて、「満州国」の位置を、右の**地図1**中から選びましょう。　(　　)

地図1

記述

(4)　Ⓓについて、日本が国際連盟を脱退した理由を、簡単に書きましょう。

(　　　　　　　　　　　　　　)

(5)　Ⓔについて述べた文を、次から2つ選びましょう。　(　　)(　　)

㋐　朝鮮でおきた農民の反乱がきっかけとなってはじまった。

㋑　ペキン（北京）の近くで日本軍と中国軍がしょうとつしてはじまった。

㋒　日本が戦争に勝ち、中国から多額の賠償金を受け取った。

㋓　日本軍は占領したナンキン（南京）で、多くの人々の生命をうばった。

(6)　Ⓕについて、この戦争で日本と対立した連合国を、次から全て選びましょう。　(　　　　)

㋐　ドイツ　㋑　アメリカ　㋒　ソ連　㋓　イタリア

㋔　イギリス

思考

(7)　Ⓖについて、次の文は、この戦争中の日本の動きを説明しています。□にあてはまる言葉を、右の**地図2**を参考にしてそれぞれ書きましょう。

①(　　　　　)　②(　　　　　)

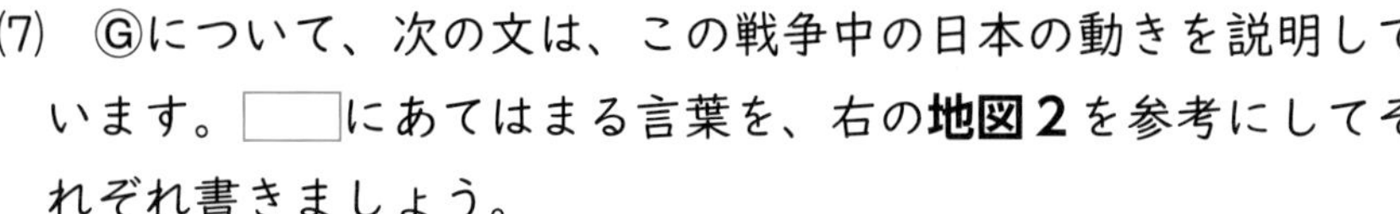

①にも軍を進め、石油やゴムなどの②を確保しようとした。

地図2　東南アジアのおもな資源

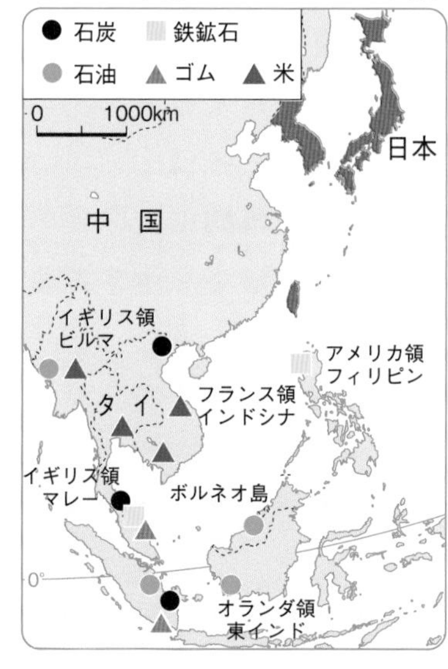

(8)　国民や物資の全てを統制できる権限を政府にあたえる法律ができた時期を、**年表**中のあ・いから選びましょう。　(　　)

2 戦争中の人々のくらし 次の資料を見て、あとの問いに答えましょう。 1つ5〔15点〕

資料1

資料2

資料3

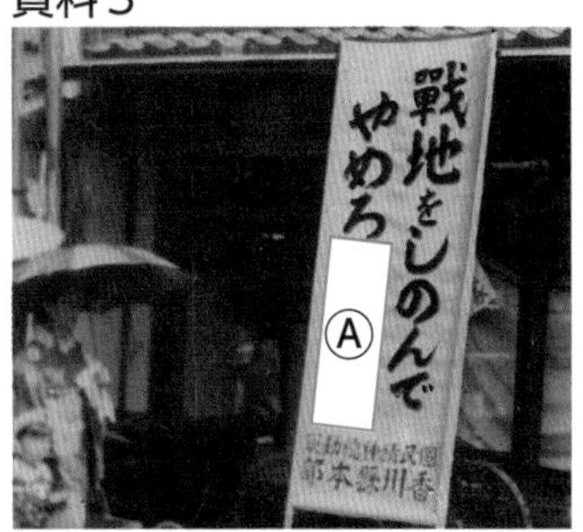

(1) **資料1**は、親元をはなれて集団疎開した子どもたちです。子どもたちが集団疎開させられたのは何のためですか。次から選びましょう。 (　　)

㋐ 徴兵をのがれるため。　㋑ 兵器工場で働くため。　㋒ 空襲をさけるため。

記述 (2) **資料2**は、出陣する大学生たちです。大学生が兵士として動員された理由を、「兵力」の言葉を使って、簡単に書きましょう。

(　　　　　　　　　　　　)

チャレンジ! (3) **資料3**中のⒶにあてはまる言葉を書きましょう。 (　　)

3 原爆投下と日本の敗戦 次のカードを見て、あとの問いに答えましょう。 1つ5〔35点〕

Ⓐ 昭和天皇が日本の降伏を国民に伝えた。	Ⓑ アメリカ軍が1回目の原爆を投下した。	Ⓒ 日本にむけてポツダム宣言が発表された。	Ⓓ 1945年8月8日、あ が満洲などに侵攻してきた。

(1) **カード**Ⓐについて、このとき使われたものを、次から選びましょう。 (　　)

㋐ テレビ　㋑ ラジオ　㋒ 新聞　㋓ 電話

(2) **カード**Ⓑについて、右の**地図**と**写真**を見て、次の問いに答えましょう。

よく出る ① 原爆が投下された2つの都市を、**地図**中から選びましょう。 (　　)(　　)

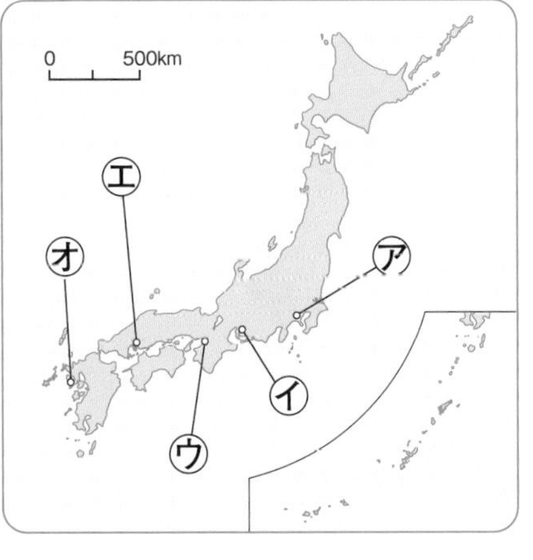

思考 ② **写真**は、原爆の被害を受けた建物で、戦争遺跡として保存されています。戦争遺跡が残されている理由を、簡単に書きましょう。

(　　　　　　　　　　　　)

(3) **カード**Ⓒについて、ポツダム宣言の内容を、次から選びましょう。 (　　)

㋐ 多額の賠償金を支払う。　㋑ 治外法権を認める。　㋒ 無条件降伏をする。

(4) **カード**Ⓓについて、あは戦わないという条約をやぶり、満州や樺太南部、千島列島に侵攻しました。この国はどこですか。 (　　)

(5) **カード**Ⓐ～Ⓓを、おこった時期の古い順に並べましょう。

(　　→　　→　　→　　)

12 新しい日本へのあゆみ①

基本のワーク

学習の目標
戦後の日本は、どのようにして国際社会に復帰したのでしょうか。

教科書 214〜219ページ 答え 17ページ

1 終戦直後の人々のくらし／新しい国づくりがはじまる

●空襲で焼け野原になった都市では家や日用品が不足し、ものの値段が①(　　　　)る。➡農村に買い出しに行ったり、②(　　　　)で買ったりした。

やみ市では、とても高い値段でものが売られていたよ。

●学校が再開されるが、校舎が焼けたところでは「③(　　　　)」で授業がおこなわれた。

●アメリカを中心とする④(　　　　)軍に国土を占領され、改革が進められる。

戦後のおもな改革

(1) 軍隊を解散する　(2) 特定の大会社を解体する
(3) 政党が復活する　(4) 男女が平等になる
(5) 労働組合の結成をすすめる
(6) ほとんどの農民が農地をもてるようになる
(7) 言論・思想の自由を認める　(8) 教育制度を改革する

◆女性の⑤(　　　　)が認められる。
◆⑥(　　　　)が9年間となる。

女性の国会議員が誕生したよ。

●⑦(　　　　)の制定…1946年11月3日公布、1947年5月3日施行。

2 日本の国際社会への復帰

●国際社会の平和のために⑧(　　　　)がつくられる。

冷たい戦争のころのようす(1946〜1955年ごろ)

アメリカを中心とする西側の国々
アメリカ・イギリス・フランス・西ドイツ(現在のドイツの西側)・日本・韓国・ブラジルなど

ソ連を中心とする東側の国々
ソ連(現在のロシア)・中国・東ドイツ(現在のドイツの東側)・ポーランド・北朝鮮など

●⑨(　　　　)・**東西冷戦**…アメリカを中心とする⑩(　　　　)側の国々と、ソ連を中心とする⑪(　　　　)側の国々の激しい対立。

●1951年、日本は48か国と⑫(　　　　)**平和条約**を結ぶ。➡翌年に独立を回復。
◆同時に⑬(　　　　)**条約**を結ぶ。➡アメリカ軍が日本の基地にとどまる。

●1950年に、韓国と北朝鮮のあいだで⑭(　　　　)がおこる。
◆自衛隊のもとになる警察予備隊がつくられる。
◆アメリカが大量の物資を日本に注文したことで、日本の経済が立ち直るきっかけとなる。

●1956年、⑮(　　　　)と国交が回復。➡国際連合への加盟が認められ、国際社会に復帰。

国際連合の常任理事国のソ連は、日本の国際連合加盟に反対していたよ。1956年に両国の国交が回復したことで、日本の加盟が実現したんだ。

教科書 214～219ページ　答え 17ページ

できた数　／15問中

1 次の問いに答えましょう。

(1) 右のグラフ中のⒶ・Ⓑは、それぞれ公定価格（政府が認めていた価格）とやみ市の価格のどちらかを示しています。やみ市の価格はどちらですか。（　　）

(2) 終戦直後、人々がやみ市で物資を買った理由を、次から選びましょう。（　　）

㋐ 公定価格よりやみ市の価格のほうが安かったから。

㋑ 国から配られる物資では足りなかったから。

㋒ やみ市では質の高い物資が売られていたから。

(3) 校舎が焼けてしまい、校庭にいすを並べておこなわれた授業を何といいますか。（　　）

公定価格とやみ市の価格(1945年)

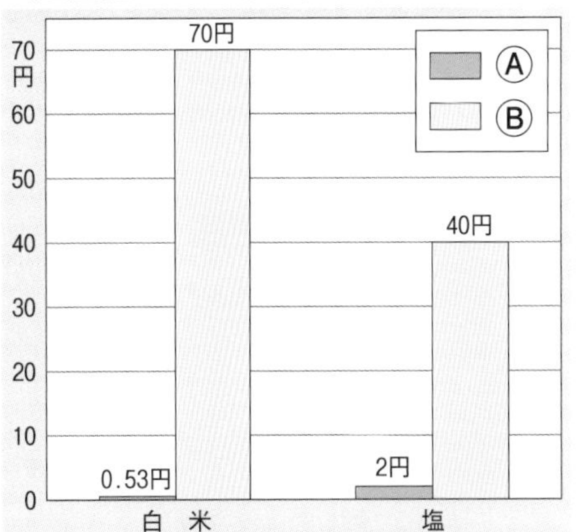

（昭和二万日の全記録　第7巻）

2 次の問いに答えましょう。

(1) 戦後はじめて女性にあたえられた、政治に参加することができる権利を何といいますか。（　　）

(2) 右の**資料**中の下線部は、何を指していますか。（　　）

(3) 右の**資料**中の□に共通してあてはまる言葉を書きましょう。（　　）

(4) 第二次世界大戦後に、国際社会の平和のためにつくられた国際組織を何といいますか。（　　）

> **『あたらしい憲法のはなし』**（一部）
> こんどの憲法では、日本の国が決して二度と□をしないように、二つのことを決めました。その一つは、兵隊も軍艦も飛行機も、およそ□をするためのものは、いっさいもたないということです。

(5) 第二次世界大戦後、世界の国々は２つの大国を中心に東西に分かれ、激しく対立するようになりました。この２つの大国を書きましょう。（　　）（　　）

(6) 右の**写真**は、1951年の講和会議のようすです。このとき、日本が48か国と結んだ条約を何といいますか。（　　）

(7) (6)と同時に、日本とアメリカとのあいだで結ばれた条約を何といいますか。（　　）

(8) 日本から解放された朝鮮では、南部と北部に国ができました。それぞれの国を正式名称で書きましょう。

南部（　　）　北部（　　）

(9) 1950年に、(8)の両国間でおこった戦争を何といいますか。（　　）

(10) (9)がはじまったころにつくられた警察予備隊は、今は何という組織になっていますか。（　　）

日本は改革を進め、独立を回復して国際社会へ復帰した。

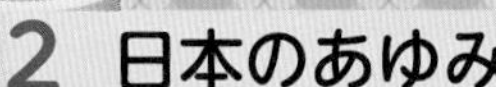

勉強した日　月　日

12　新しい日本へのあゆみ②

基本のワーク

学習の目標
産業の発展によって、くらしはどのように変わったでしょうか。

教科書 220〜227ページ　答え 17ページ

1 産業の発展と人々のくらしの変化

東海道新幹線の開通（1964年）

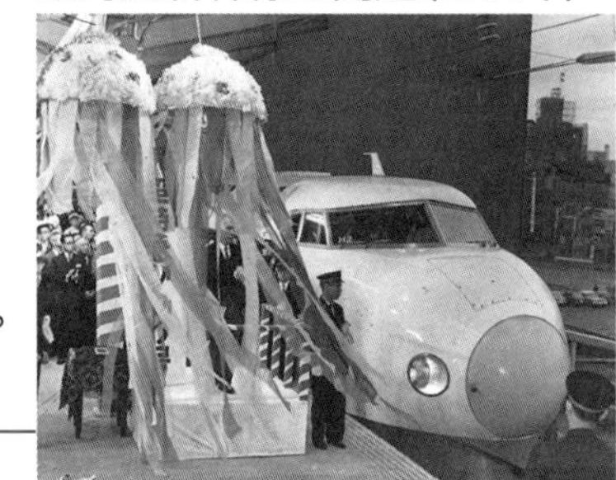

●1950年代のなかごろには、①（　　　　）がはじまり、日本経済は急速に発展した。

●1960年に政府が**国民**②（　　　　）**計画**を発表。➡産業を発展させる政策を進める。

◆鉄鋼や自動車・石油化学などの③（　　　　）工業が発達。

◆④（　　　　）や高速道路も整備される。

◆1968年には、国民総生産額（GNP）が世界第２位になる。

よみトク！資料

●1950年代なかごろ…**白黒テレビ**、**電気せんたく機**、⑤（　　　　）などがふきゅう。

●1960年代…人々のくらしが豊かになる。

◆若者が農村を出て、大都市の工場などへ集団で就職。➡経済発展を支える。

●1970年代…**3C**（カー、⑥（　　　　）、カラーテレビ）が多くの家庭に広がる。

家庭電化製品と自動車のふきゅう

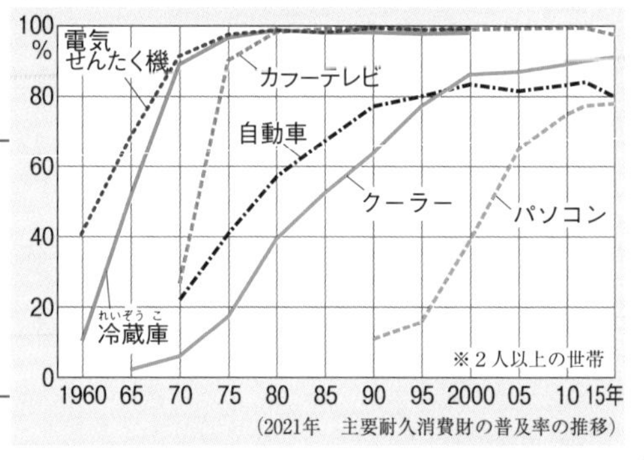

●産業が発展していくなか、水や空気が汚染され、⑦（　　　　）などの環境問題が発生。

2 国際社会のなかの日本／日本と国際社会を取りまく問題／これからの日本とわたしたち

●1964年、東京で⑧（　　　　）・**パラリンピック**が開催。➡日本の経済発展を世界に示す。

●大阪で**日本**⑨（　　　　）（1970年）、**冬季オリンピック札幌大会**（1972年）が開かれる。

●周辺国との関係

◆1972年、中華人民共和国と国交を正常化。1978年、⑩（　　　　）**条約**を結ぶ。

◆1965年、⑪（　　　　）と国交を開き、2002年にはサッカーワールドカップを共同開催。

●さまざまな分野で国際社会へこうけん

◆1997年に京都で⑫（　　　　）**防止会議**が開かれる。

◆2021年に**東京オリンピック・パラリンピック**。2025年には**日本国際博覧会**が開催予定。

●日本の課題…領土や国境をめぐる問題、沖縄に残る⑬（　　　　）**基地**の問題。

●世界的な問題…戦争や紛争、貧困、環境問題など。➡2015年に国際連合で17の「**持続可能な開発目標**（⑭（　　　　））」が採択される。

●2020年には**新型コロナウイルス感染症**（**COVID-19**）が世界的に大流行（パンデミック）。

●これからの日本…⑮（　　　　）**化**が進み、人口が減少。社会保障制度の問題や大規模な自然災害への対応などの課題、人権侵害や偏見・差別などの解決が求められる。

しゃかいか工場　オリンピック東京大会の開会式は1964年10月10日におこなわれたよ。その直前の10月１日に、東京・新大阪間で東海道新幹線が開通したんだ。

練習のワーク

教科書 220～227ページ　答え 17ページ

できた数　／14問中

1 次の写真を見て、あとの問いに答えましょう。

(1) ㋐～㋒と関係の深い文を、次からそれぞれ選びましょう。

あ(　　) い(　　) う(　　)

㋐ 京都で開かれ、世界の国々が協力して温暖化防止に取り組むことが確認された。
㋑ 東京で開かれ、世界の93の国と地域が参加した。
㋒「人類の進歩と調和」をテーマに、大阪で開かれた。

(2) あが開かれたころに整備された交通手段を、次から２つ選びましょう。(　　)(　　)

㋐ 新幹線　㋑ フェリー　㋒ 高速道路　㋓ 航空機

(3) あやいが開かれたころの、日本の急速な経済発展のことを何といいますか。

(　　)

(4) 1970年代にふきゅうした３Ｃにあてはまるものを、次から３つ選びましょう。

(　　)(　　)(　　)

㋐ 自動車　㋑ 電気せんたく機　㋒ カラーテレビ
㋓ 白黒テレビ　㋔ 冷蔵庫　㋕ クーラー

2 次の問いに答えましょう。

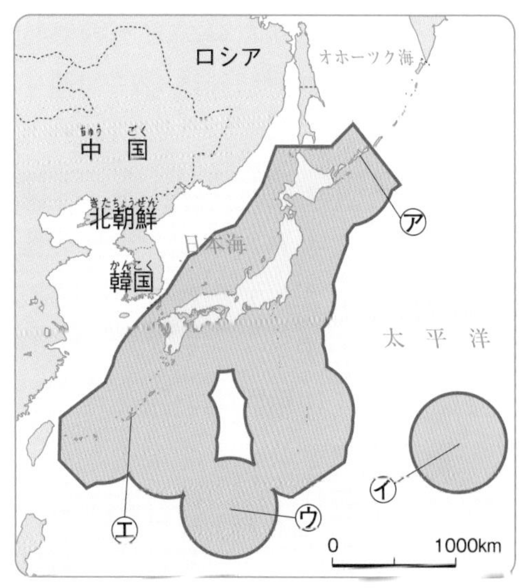

(1) 次の文にあてはまる国を、**地図**中からそれぞれ選びましょう。

① 1972年に日本と国交を正常化し、のちに平和友好条約を結んだ。(　　)

② 1965年に日本と国交を開き、2002年にサッカーワールドカップを共同で開いた。

(　　)

③ 2002年に、日本人を無理やり連れ去っていたことを認めた。(　　)

(2) **地図**中の▭の水域を何といいますか。

(　　)

(3) 1972年５月15日にアメリカから日本へ復帰したあとも、基地がおかれている島を、**地図**中の㋐～㋓から選びましょう。(　　)

ポイント **高度経済成長**とともに、国民の生活も向上した。

まとめのテスト

勉強した日　月　日

12 新しい日本へのあゆみ

時間20分

得点　/100点

教科書 214～227ページ　答え 17ページ

1 新しい国づくり 次の資料を見て、あとの問いに答えましょう。

1つ4〔24点〕

資料1

資料2

こんどの憲法では、日本の国が決して二度と戦争をしないように、二つのことを決めました。(中略) およそ戦争をするためのものは、いっさいもたないということです。 (一部)

資料3

記述 (1) **資料1**は、戦後はじめておこなわれた衆議院議員選挙で誕生した女性議員です。このときの選挙が、これまでの選挙と異なっていた点を、簡単に書きましょう。

(　　　　)

よく出る (2) **資料2**は、新しい憲法について書かれた本の一部です。次の問いに答えましょう。

① この憲法を何といいますか。 (　　　　)

② ①の憲法が公布された年月日を書きましょう。 (　　年　　月　　日)

③ ①の憲法について誤っているものを、次から選びましょう。 (　　)

㋐ 主権は国民にある。　㋑ 永久に戦争をしない。

㋒ 天皇が軍隊を率いる。　㋓ 全ての国民に基本的人権を保障する。

(3) **資料3**は、1951年に結ばれた平和条約の調印式のようすです。次の問いに答えましょう。

① この平和条約が結ばれた講和会議が開かれた都市を、次から選びましょう。 (　　)

㋐ ニューヨーク　㋑ サンフランシスコ　㋒ ロンドン　㋓ ベルリン

② 同じ日に結んだ日米安全保障条約で決まったことを、次から選びましょう。 (　　)

㋐ アメリカ軍が日本の基地にとどまること。　㋑ 日本が警察予備隊をつくること。

㋒ 日本が国際連合に加盟すること。

2 第二次世界大戦後の国際社会 次の問いに答えましょう。

1つ4〔12点〕

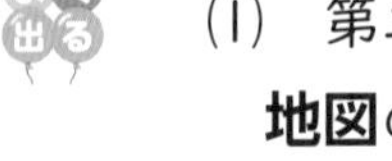

(1) 第二次世界大戦後、世界の国々が右の**地図**のように分かれて対立したことを何といいますか。 (　　　　)

(2) 1950年に**地図**中のⒶの地域でおこった戦争を何といいますか。

(　　　　)

(3) (2)によって、日本の経済が立ち直るようになった理由を、簡単に書きましょう。

(　　　　)

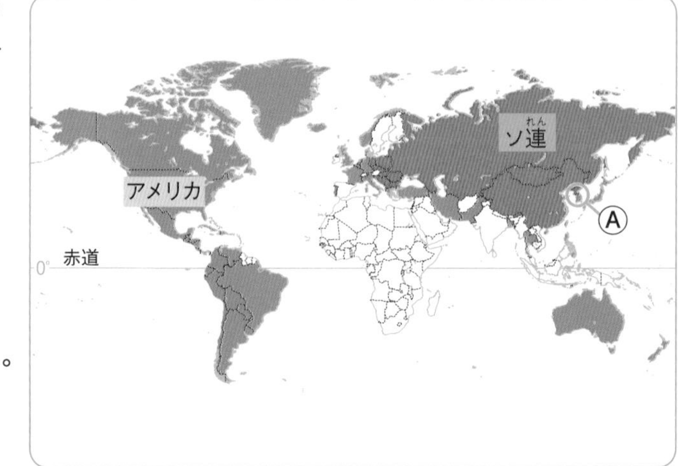

3 経済の発展と人々のくらし　右の資料を見て、次の問いに答えましょう。

1つ4〔24点〕

(1)　**資料**中の㋐～㋒にあてはまる家庭電化製品を、次からそれぞれ選びましょう。

㋐(　　　)　㋑(　　　)　㋒(　　　)

㋐　カラーテレビ　　㋑　電子レンジ

㋒　パソコン　　㋓　冷蔵庫

㋔　携帯電話

家庭電化製品と自動車のふきゅう

100 % 80 60 40 20 0

電気せんたく機　㋑　自動車　クーラー　㋒　㋐

1960 65 70 75 80 85 90 95 2000 05 10 15年

※2人以上の世帯

(2021年　主要耐久消費財の普及率の推移)

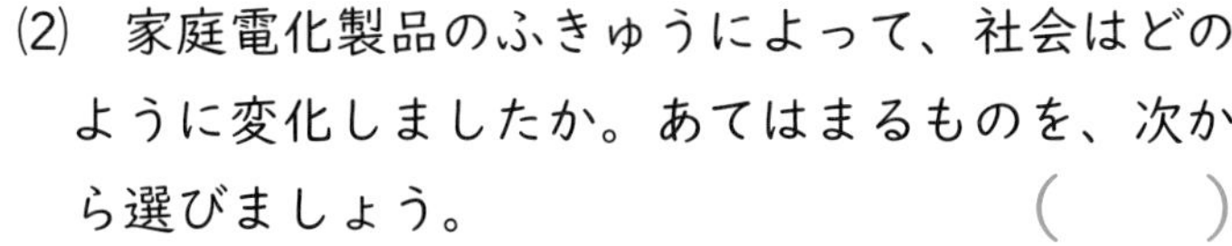

(2)　家庭電化製品のふきゅうによって、社会はどのように変化しましたか。あてはまるものを、次から選びましょう。(　　　)

㋐　貧富の差が広がった。

㋑　くらしが便利になった。

㋒　平均寿命がのびた。

(3)　1960年代から1970年代のようすとしてあてはまるものを、次から2つ選びましょう。

㋐　軽工業が発達した。(　　　)(　　　)

㋑　国民総生産額が世界第2位になった。

㋒　深刻な公害が発生した。

㋓　都市の若者の多くが、農村の工場に就職した。

4 国際社会のなかの日本　右の年表を見て、次の問いに答えましょう。

1つ5〔40点〕

年	おもなできごと
1956	㋐日本が国際連合に加盟する
1964	㋑でオリンピック・パラリンピックが開かれる
1972	冬季オリンピック㋒大会が開かれる
	㋓がアメリカから日本へ復帰する
1978	㋔を結ぶ
1997	㋕で地球温暖化防止会議が開かれる
2019	㋖施策推進法が制定される

(1)　下線部㋐は、ある国との国交が回復したことによって実現しました。その国はどこですか。(　　　　)

(2)　㋑、㋒、㋕にあてはまる都市名を、次からそれぞれ選びましょう。

㋑(　　　)　㋒(　　　)　㋕(　　　)

㋐　京都　　㋑　大阪　　㋒　東京

㋓　名古屋　　㋔　札幌

(3)　㋓にあてはまる地域を、次から選びましょう。(　　　)

㋐　北海道　　㋑　尖閣諸島　　㋒　沖縄　　㋓　千島列島

(4)　㋔にあてはまる条約名を、次から選びましょう。(　　　)

㋐　日中平和友好条約　　㋑　日米和親条約　　㋒　日米修好通商条約

(5)　㋖にあてはまる先住民族を何といいますか。カタカナ3字で答えましょう。

(　　　　)

(6)　今後、日本が解決していかなければならない課題について述べた文として正しいものを、次から選びましょう。(　　　)

㋐　経済発展をとげたことを世界に示し、先進国の仲間入りをすること。

㋑　少子高齢化が進むなか、だれもが安心してくらせる社会をつくっていくこと。

㋒　温暖化防止よりも産業の発展を優先し、経済成長を続けていくこと。

1 日本とつながりの深い国々①

日本とアメリカはどのような面で深くつながっているでしょうか。

基本のワーク

教科書 232～239ページ　答え 18ページ

1 世界に目を向けよう／日本とつながりの深い国々

●世界には196か国あり、約140万人の日本人が外国に住み、約288万人の外国人が日本に住んでいる。（2020年現在）➡さまざまな分野で世界の多くの国々とつながっている。

●日本とつながりの深い国々…経済（けいざい）や文化、歴史などのつながり。アメリカ、中国（ちゅうごく）、ブラジルなど。

2 アメリカ合衆国のくらし／子どもたちのようす

●面積…983.4万km²
●人口…約３億3100万人（2020年）
●首都…①（　　　　　）
●おもな言語…②（　　　　　）

国旗の赤と白の横線は、独立したときの13の州を表しているよ。

●貿易…日本との結びつきが強い。
◆アメリカから輸入しているものには、③（　　　　　）が最も多い。
◆日本から輸出しているものには、④（　　　　　）や機械類が多い。

日本とアメリカとの貿易

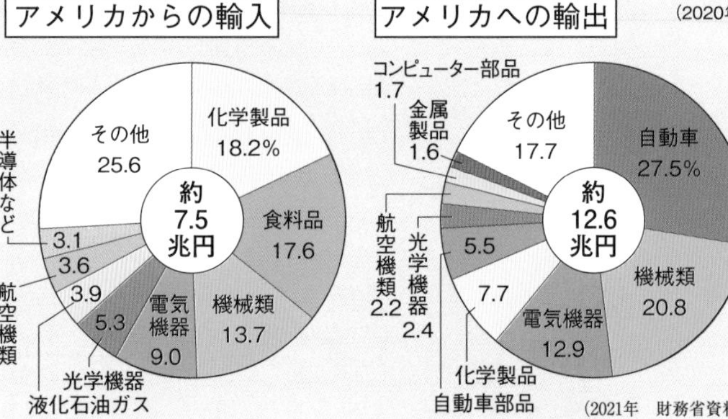

●アメリカで生まれて広がったもの
◆ファストフード、パソコン、コンビニエンスストアなど。
◆映画（えいが）やテーマパークは日本でも人気がある。

●農業…農産物は、広大な農地で、⑤（　　　　　）機械を使った⑥（　　　　　）な農業で作られている。

●⑦（　　　　　）では、アメリカを中心として各国が協力して最先端（さいせんたん）の研究開発をおこなっている。

アメリカの宇宙開発

●子どもたちのくらし
◆学校は９月か10月に新学期がはじまり、次の年の５月か６月で１学年が終わる。
◆アメリカ大陸にいた⑧（　　　　　）のほか、世界中から移り住んだ人々がくらしている。
➡勉強がはじまる前に、異（こと）なる民族の人々の心を一つにしようということを、国のしるしである⑨（　　　　　）に誓（ちか）う「忠誠（ちゅうせい）の誓い」をおこなう。
◆学校へは⑩（　　　　　）で通う。昼食はお弁当やカフェテリアを利用する学校もある。

しゃかいか工場　アメリカがイギリスから独立したときの州の数は13。それからどんどん増えて、1959年にハワイ州が加わって現在の50州になったんだ。国旗の白い星は州の数を表しているよ。

教科書 232～239ページ　答え 18ページ

できた数　／13問中

1 次の問いに答えましょう。

(1) 2020年現在、世界にはおよそいくつの国がありますか。次から選びましょう。（　　）

㋐ 140か国　㋑ 200か国　㋒ 280か国

(2) アメリカの首都を、次から選びましょう。（　　）

㋐ ニューヨーク　㋑ ロサンゼルス

㋒ ワシントンD.C.（ディーシー）　㋓ シアトル

(3) (2)の場所を、**地図**中のⒶ～Ⓓから選びましょう。（　　）

北極海（ほっきょくかい）　0 1000 2000km　アラスカ　カナダ　Ⓐ　Ⓑ　Ⓒ　Ⓓ　サンフランシスコ　アメリカ合衆国（がっしゅうこく）　太平洋　大西洋　メキシコ　キューバ　ハワイ

(4) 次の文の□にあてはまる言葉を書きましょう。（　　）

● アメリカには、アメリカ大陸にいた□のほかに、さまざまな国から移住してきた人々がくらしている。

2 次の問いに答えましょう。

(1) 右の**グラフ**を見て、次の問いに答えましょう。

① あ～うにあてはまるものを、□から選びましょう。

あ（　　）

い（　　）

う（　　）

自動車	石油	石炭
食料品	航空機類	

日本とアメリカとの貿易

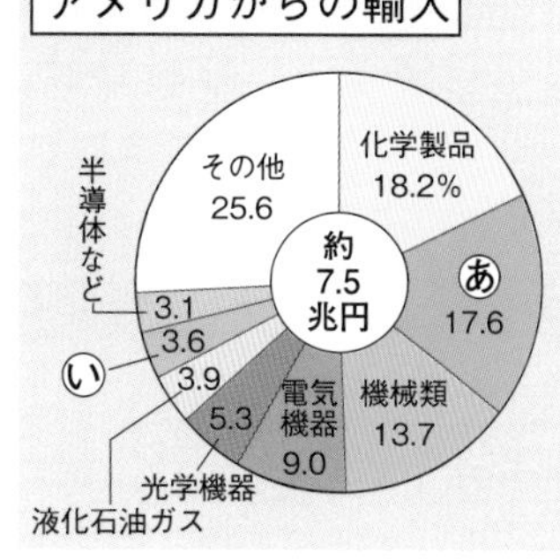

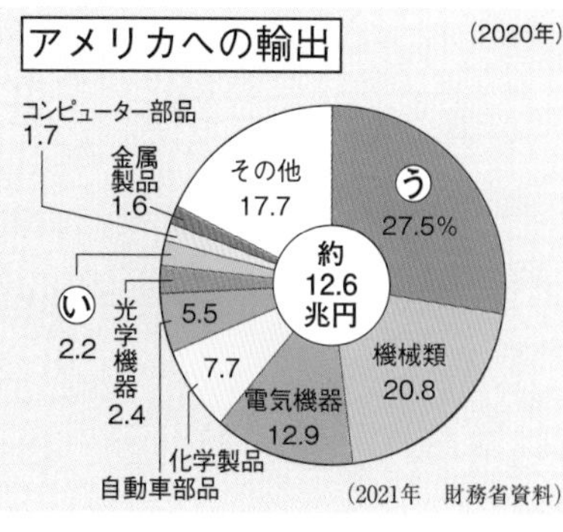

② **グラフ**からわかることを、次から選びましょう。（　　）

㋐ 日本のアメリカへの輸出額は、輸入額を大きく上回っている。

㋑ 日本のアメリカからの輸入額は、輸出額を大きく上回っている。

㋒ 日本のアメリカからの輸入額とアメリカへの輸出額は、ほぼ同じである。

(2) アメリカで生まれ世界に広がったものを、次から2つ選びましょう。（　　）（　　）

㋐ ピザ　㋑ カラオケ　㋒ コンビニエンスストア　㋓ ファストフード

(3) アメリカの学校では、勉強がはじまる前に「忠誠（ちゅうせい）の誓（ちか）い」をおこないます。何に向かって誓いをおこないますか。次から選びましょう。（　　）

㋐ 十字架（じゅうじか）　㋑ 国旗　㋒ 大統領（だいとうりょう）の写真　㋓ 自由の女神（めがみ）像

(4) 次の文の｛　｝にあてはまる記号を、それぞれ選びましょう。①（　　）②（　　）

● アメリカでは①｛㋐大型　㋑小型｝の農業機械を使った農業が営まれている。

● アメリカの学校は②｛㋐5月か6月　㋑9月か10月｝に新学期がはじまる。

日本とアメリカは、貿易や文化の面でつながりが深い。

1 日本とつながりの深い国々②

中国とブラジルは、日本とどのようなつながりがあるでしょうか。

基本のワーク

教科書 240〜247ページ　答え 18ページ

1 中華人民共和国とのつながり／子どもたちのようす

よみトク！資料

●面積…960.0万㎢
●人口…約14億3900万人（2020年）
●首都…①（　　　　）
●おもな言語…②（　　　　）

中国には55の少数民族がくらしていて、独自の言葉や風習があるよ。

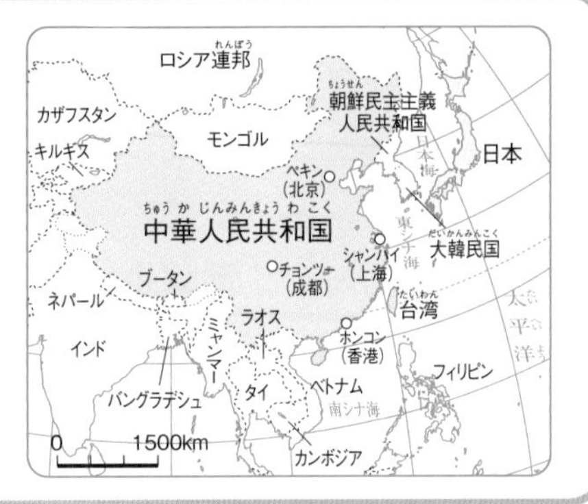

●工業…豊富な資源や③（　　　　）に加え、技術力を向上させ、世界有数の工業国となる。
●貿易…日本の最大の貿易相手国（2020年）。
◆衣類や、食料品、④（　　　　）など、日本でも中国製が多く見られる。
●子どもたちのくらし…⑤（　　　　）政策のえいきょうから、一人の子どもの教育に力を入れていた。

日本と中国との貿易

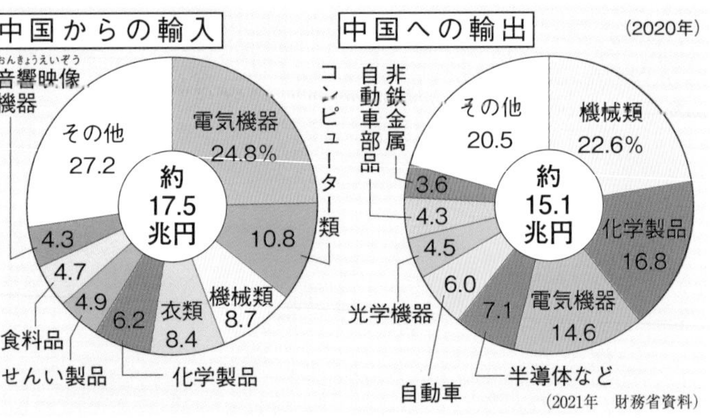

2 ブラジル連邦共和国のくらし／子どもたちのようす

よみトク！資料

●面積…851.6万㎢
●人口…約2億1200万人（2020年）
●首都…⑥（　　　　）
●おもな言語…⑦（　　　　）

日本のちょうど反対側にある国で、コーヒー豆の生産・輸出が盛んだよ。

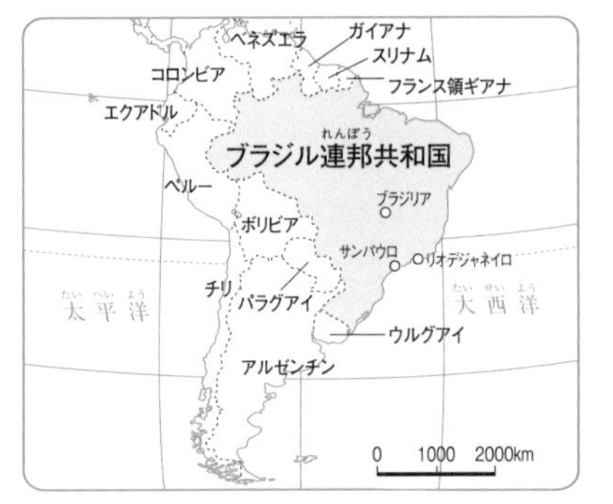

●1908年以降、約25万人の日本人が仕事を求めて移住する。
➡日本からブラジルに移り住んだ人や、その子孫など、約200万人の⑧（　　　　）ブラジル人がくらしている。
●子どもたちのくらし…南半球にあるため、日本とは季節が反対になる。
➡1月は⑨（　　　　）休み、7月は⑩（　　　　）休み。
●サンバが有名で、各地で盛大な⑪（　　　　）が開かれている。

リオのカーニバルのようす

南アメリカ大陸のほとんどの国は、かつてヨーロッパの国の植民地だったんだ。ブラジルはポルトガルの植民地だったから、今でもポルトガル語が使われているんだよ。

教科書 240～247ページ　答え 18ページ

1 次の問いに答えましょう。

(1) 中国(ちゅうごく)の首都を、次から選びましょう。（　　）

㋐ シャンハイ　㋑ ペキン　㋒ ホンコン

(2) (1)の場所を、右の**地図**中のⒶ～Ⓒから選びましょう。（　　）

日本海　東シナ海　太平洋　南シナ海　0　1500km

(3) 中国の人口の90%以上をしめる民族を何といいますか。（　　　　）

(4) 中国の伝統的な演劇(えんげき)を、次から選びましょう。（　　）

㋐ サンバ　㋑ 歌舞伎(かぶき)　㋒ 京劇(きょうげき)　㋓ 能(のう)

(5) 右の**グラフ**からわかることとして誤(あやま)っているものを、次から選びましょう。（　　）

㋐ 日本が中国から最も多く輸入しているものは電気機器である。

㋑ 日本から中国へ最も多く輸出しているものは機械類である。

㋒ 日本から中国への輸出額は、中国からの輸入額を上回っている。

日本と中国との貿易

中国からの輸入（約17.5兆円）：電気機器 24.8%、コンピューター類 10.8、機械類 8.7、衣類 8.4、化学製品 6.2、せんい製品 4.9、食料品 4.7、音響映像機器(おんきょうえいぞうきき) 4.3、その他 27.2

中国への輸出（約15.1兆円）（2020年）：機械類 22.6%、化学製品 16.8、電気機器 14.6、半導体など 7.1、自動車 6.0、光学機器 4.5、自動車部品 4.3、非鉄金属 3.6、その他 20.5

（2021年　財務省資料）

(6) 次の文の｛　　｝にあてはまる記号を、それぞれ選びましょう。　①（　　）②（　　）

● 中国では、一組の夫婦につき子どもは①｛㋐一人　㋑二人｝までとする政策(せいさく)がおこなわれていた。

● 中国には、旧暦(きゅうれき)の正月を祝う②｛㋐節分(せつぶん)　㋑春節(しゅんせつ)｝という行事がある。

2 次の問いに答えましょう。

(1) ブラジルを、右の**地図**中のⒶ～Ⓓから選びましょう。（　　）

(2) ブラジルの首都を、次から選びましょう。（　　）

㋐ ブラジリア　㋑ サンパウロ　㋒ リオデジャネイロ

(3) ブラジル人のなかで、祖先が日本人の人を何といいますか。（　　　　）

太平洋　大西洋　0　1000　2000km

(4) 明治(めいじ)時代以降(いこう)、日本人がブラジルに移住しはじめたおもな目的を、次から選びましょう。（　　）

㋐ 観光のため。　㋑ 働くため。　㋒ 勉強のため。

(5) ブラジルについて述べた文を、次から２つ選びましょう。（　　）（　　）

㋐ 日本と最も距離(きょり)が近い国の１つである。　㋑ リオのカーニバルが有名である。

㋒ サッカーが盛(さか)んである。　㋓ ７月に夏休みがある。

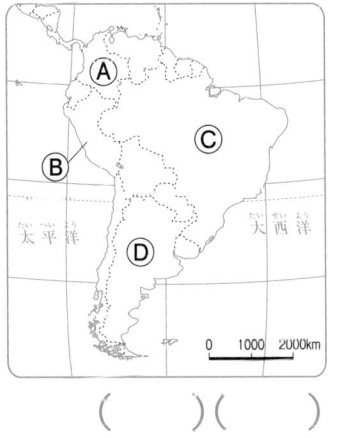

中国は貿易、ブラジルは移住の面で日本とつながりが深い。

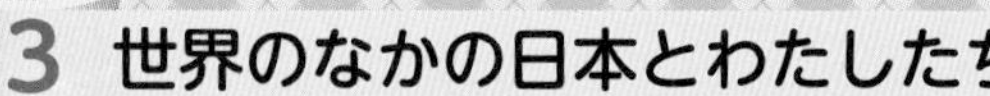

勉強した日 月 日

1 日本とつながりの深い国々③

基本のワーク

学習の目標
日本と近い韓国は、どのようなくらしをしているでしょうか。

教科書 248～257ページ 答え 19ページ

1 大韓民国のくらし／子どもたちのようす

よみトク！資料

●面積…10.0万㎢
●人口…約5100万人（2020年）
●首都…①（　　　　）
●おもな言語…②（　　　　）

日本と韓国は、日帰りで行き来できるほど距離が近いよ。

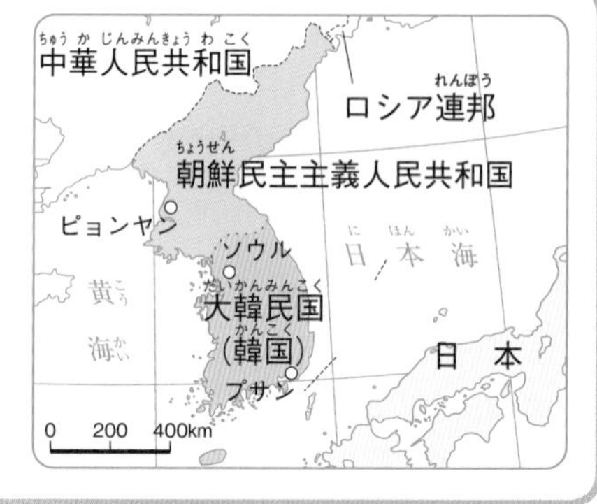

●交通…日本各地の空港から飛行機が運航。③（　　　　）港とのあいだには、船の定期航路が開かれている。
●食事…主食は④（　　　　）。韓国を代表するつけ物の⑤（　　　　）は日本でも人気。
●芸能…韓国のドラマやアイドルが日本でも人気。
●子どもたちのくらし…小学校にあたる初等学校は６年間。⑥（　　　　）（情報通信技術）を活用した授業が盛んでパソコンや英語が得意な子どもが多い。

日本と韓国との貿易額の移り変わり

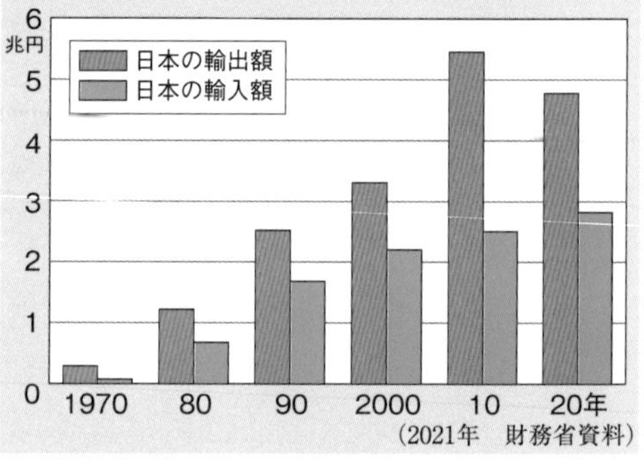

2 調べてきた国々のようす／スポーツによる国際交流／文化による国際交流

●オリンピック・パラリンピックによる交流
◆夏季・冬季それぞれ⑦（　　　　）年に１度開かれるスポーツの祭典。
◆言葉やものの考え方などがちがっても、スポーツを通して理解を深め合い、⑧（　　　　）な世界をつくることを目的とする。
◆表しょう式では優勝した選手の国の⑨（　　　　）をあげ、⑩（　　　　）を演奏し、選手の健とうをたたえる。
⑪（　　　　）のしるしとして尊重。

●文化や芸術による交流
◆国際建築展…各国の建築家たちが個性的な作品を出展。
◆それぞれの国の伝統食を味わえる国際食品・飲料展、工業技術を競う国際大会など。
◆日本の伝統芸能である⑫（　　　　）は、世界各地で公演をし、京劇との共同公演などの取り組みもおこなっている。

しゃかいか工場
韓国の文字「ハングル」は、15世紀に朝鮮の第４代国王の世宗が「訓民正音」として制定した文字だよ。その後、漢字にかわって広く使われるようになったんだ。

教科書 248〜257ページ　答え 19ページ

1 次の問いに答えましょう。

(1) 韓国の首都を、次から選びましょう。（　　）

㋐ ソウル　㋑ プサン　㋒ ピョンヤン

(2) (1)の場所を、右の**地図**から選びましょう。（　　）

(3) 次の文の□にあてはまる時間を、あとから選びましょう。

● 福岡空港から(1)までは、飛行機で□ほどで行ける。（　　）

㋐ 1時間30分　㋑ 2時間30分

㋒ 3時間30分　㋓ 4時間30分

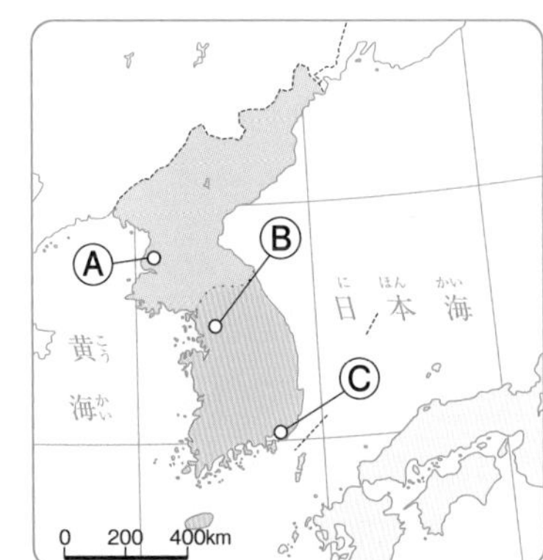

(4) 右の**グラフ**からわかることを、次から2つ選びましょう。（　　）（　　）

㋐ 日本の輸出額は毎年増え続けている。

㋑ 日本の輸入額は毎年増え続けている。

㋒ 2020年の輸出額は4兆円以上である。

㋓ いずれの年も日本の輸入額は輸出額を上回っている。

日本と韓国との貿易額の移り変わり

（兆円）0〜6　日本の輸出額　日本の輸入額

1970　80　90　2000　10　20年

（2021年　財務省資料）

(5) 韓国の食事にかかせない、韓国を代表するつけ物を何といいますか。（　　　）

(6) 韓国について述べた文として正しいものを、次から2つ選びましょう。（　　）（　　）

㋐ 義務教育は初等学校6年間のみである。　㋑ 金属製のはしやスプーンで食べる。

㋒ コンピューターの利用は盛んではない。　㋓ 3月に新学期がはじまる。

2 次の問いに答えましょう。

(1) オリンピックと同じ時期に同じ都市でおこなわれる、障がいのある人たちが参加するスポーツ大会を何といいますか。（　　　）

(2) オリンピックの表しょう式では、優勝した選手の国の国旗をあげ、国歌を演奏します。日本の国旗と国歌を、それぞれ何といいますか。

国旗（　　　）　国歌（　　　）

(3) 2019年にアジアで初めて開催され、日本が会場となったワールドカップの競技は何ですか。次から選びましょう。（　　）

㋐ サッカー　㋑ ラグビー　㋒ バレーボール　㋓ バスケットボール

(4) 文化による国際交流について、次の文の｛　｝にあてはまる言葉をそれぞれ選びましょう。

①（　　）②（　　）

● それぞれの国の伝統食を味わうなど、①｛㋐食文化　㋑工業技術｝の交流がある。

● 日本の伝統芸能である②｛㋐歌舞伎　㋑相撲｝が、海外でもひろうされている。

スポーツや文化は、国際交流に大きな役割をはたしている。

勉強した日　　月　　日

まとめのテスト

1　日本とつながりの深い国々

教科書　232〜257ページ　答え　19ページ

1 日本とつながりの深い国々　**右の地図を見て、次の問いに答えましょう。**　1つ4〔48点〕

(1) **地図**中のⒶ〜Ⓓの国の名前を、［　　］からそれぞれ選びましょう。

Ⓐ（　　　　）
Ⓑ（　　　　）
Ⓒ（　　　　）
Ⓓ（　　　　）

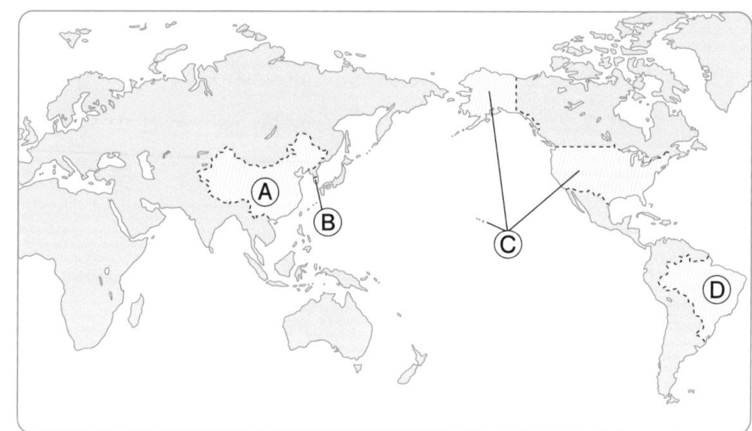

韓国（かんこく）	アメリカ
中国（ちゅうごく）	ブラジル

よく出る

(2) 次の国旗はどこの国のものですか。**地図**中のⒶ〜Ⓓからそれぞれ選びましょう。

①（　　）　②（　　）　③（　　）　④（　　）

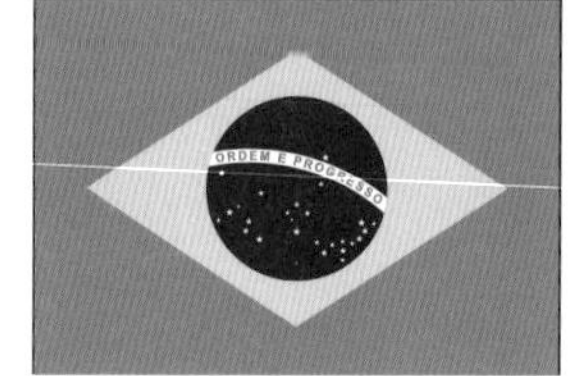

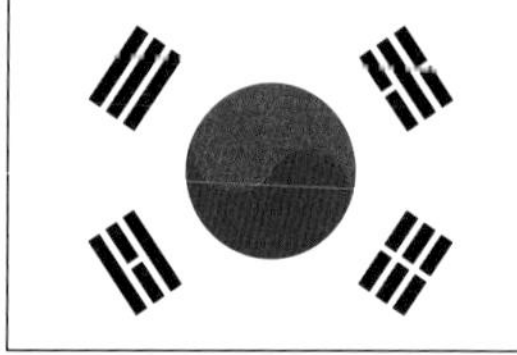

(3) 次の文にあてはまる国を、**地図**中のⒶ〜Ⓓからそれぞれ選びましょう。

①（　　）　②（　　）　③（　　）　④（　　）

① 日本から見て地球の反対側にある国。
② 日本最大の貿易相手国。
③ 日本に最も近い国。
④ コンビニエンスストアが生まれた国。

2 人々のくらし　**次の資料を見て、あとの問いに答えましょう。**　1つ4〔12点〕

資料1

資料2

資料3

(1) **資料1**は、アメリカの子どもたちの授業のようすです。これを見て、次の文の［　］にあてはまる言葉を漢字2字で書きましょう。（　　　　）

● いろいろな［　］の子どもが同じ教室で学んでいる。

(2) **資料2**は、旧暦（きゅうれき）の正月を祝う中国の行事です。この行事を何といいますか。（　　　　）

記述

(3) **資料3**は、ブラジルの東洋人街のようすです。この街に日本語の看板（かんばん）が多い理由を、簡単（かんたん）に書きましょう。

（　　　　　　　　　　　　　　　　　　　　）

3 貿易でのつながり 右の資料を見て、次の問いに答えましょう。

(3)は完答、1つ4〔16点〕

(1) **資料1**からわかることを、次から選びましょう。（　　）

㋐ アメリカからの輸入では、化学製品が最も多い。

㋑ アメリカへの輸出では、自動車と自動車部品が半分以上をしめる。

㋒ アメリカからの輸入額は、アメリカへの輸出額の約2倍である。

(2) **資料2**中のⒶ・Ⓑにあてはまるものを、次からそれぞれ選びましょう。

Ⓐ（　　）Ⓑ（　　）

㋐ 石油　　㋑ 機械類

㋒ 航空機類　　㋓ 電気機器

思考 (3) 日本の最大の貿易相手国といえるのは、アメリカと中国のどちらですか。また、そのように判断した理由を、「貿易額」という言葉を使って、簡単に書きましょう。

国（　　　　）

理由（　　　　　　　　　　）

資料1　日本とアメリカとの貿易

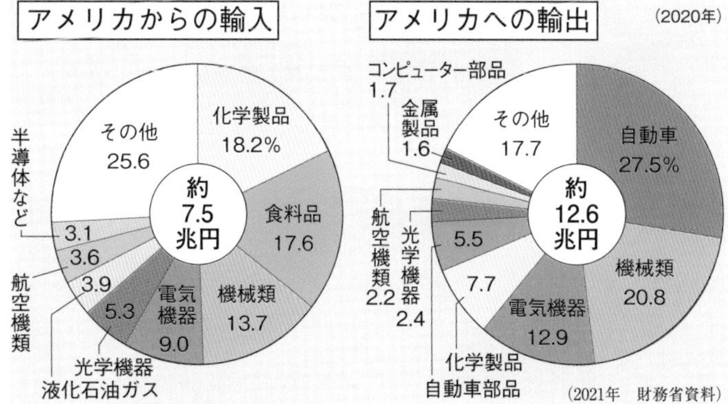

資料2　日本と中国との貿易

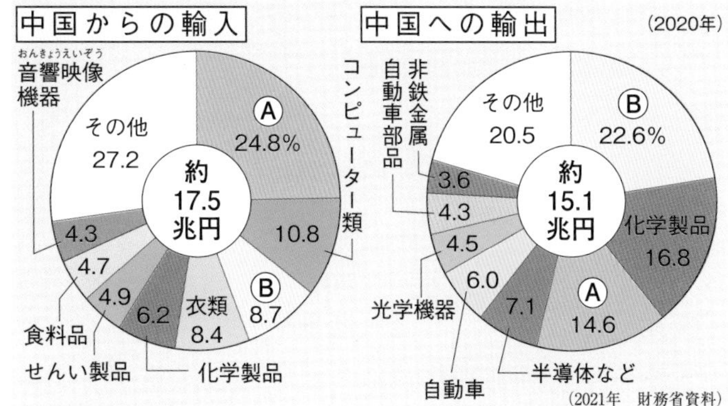

4 さまざまな国際交流 次の問いに答えましょう。

1つ4〔24点〕

(1) 右の**絵**は、4年に1度開かれるスポーツの祭典のようすです。これを何といいますか。

（　　　　）

(2) 2021年に(1)がおこなわれた都市はどこですか。（　　　　）

(3) 日本の国旗を何といいますか。「日の丸」以外の呼び方で書きましょう。

（　　　　）

(4) 国際交流をするうえでたいせつなことを、次から2つ選びましょう。（　　）（　　）

㋐ 自分の国のことを、世界の人々に紹介すること。

㋑ 外国の文化について、あまり深く知ろうとしないこと。

㋒ 宗教が異なる国の人たちには、むやみに話しかけないこと。

㋓ 相手の国の文化や歴史をたいせつにし、尊重すること。

チャレンジ！ (5) 世界の人たちと交流するには、さまざまな方法があります。あなたがやってみたいと思う交流活動を、なるべくくわしく書きましょう。

（　　　　　　　　　　　　　　　　）

勉強した日 月 日

2 世界がかかえる問題と日本の役割①

学習の目標

世界のさまざまな問題への取り組みについて調べてみましょう。

基本のワーク

教科書 260～265ページ　答え 20ページ

1 世界がかかえるさまざまな問題／世界平和に向けた取り組み

●世界がかかえる問題…戦争や紛争、環境問題とそれによる食料不足など。

よみトク！ 地図

第二次世界大戦後のおもな戦争・紛争地

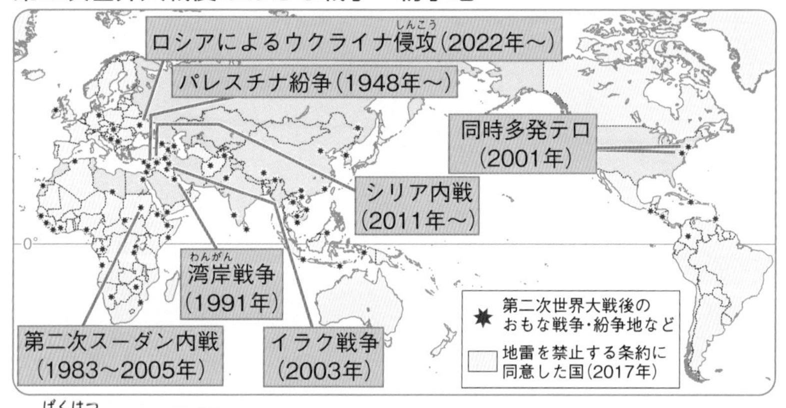

●2005年に①（　　　　　）の紛争が終わり、平和のために**国際連合（国連）**が活動する。

◆日本の②（　　　　　）も2008年から活動に参加。

◆2011年に③（　　　　　）として独立。

●④（　　　　　）…戦争や紛争中にうめられ、ふみつけると爆発する。➡世界各地に約1億個あるといわれている。

●⑤（　　　　　）**（国連児童基金）**の活動…世界の子どもが平和で健康的にくらせるよう、⑥（　　　　　）条約を基本にして支援をおこなう。

◆飢えや病気の子どもたちに、食料や薬品を送る。だれもが予防接種を受けられるように⑦（　　　　　）**活動**をおこなう。

戦後、日本も粉ミルクなどの食料援助を受けていたんだよ。

2 世界の環境保全に向けた取り組み

●おもな環境問題

◆⑧（　　　　　）…二酸化炭素などの⑨（　　　　　）によって、地球の気温が上がる。➡南極などの氷がとけて海面が高くなり、国土が水没するおそれのある国も出てきている。

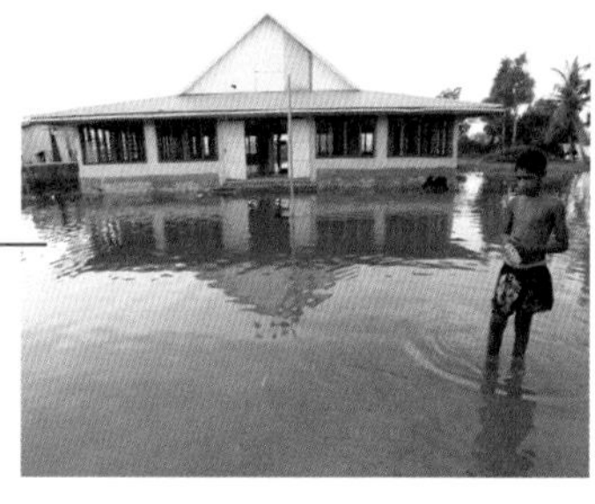
水没のおそれのあるツバル

◆⑩（　　　　　）…自動車や工場から排出されるガスが雨にとけこみ、強い酸性の雨が降る。➡木がかれるなどの被害。

●地球環境問題に向けた国連の取り組み

◆1972年の国際会議で、地球環境を守るため、国際社会が協力することが決まる。➡国連は「⑪（　　　　　）計画」という機関を設立。

◆1997年、⑫（　　　　　）で開かれた国際会議で、各国が**温室効果ガス**を減らすことが決まる。

◆2015年、国連本部で⑬（　　　　　）**な開発目標（SDGs）**を採択。➡全ての国が、2030年までにさまざまな問題に対して目標を立て、力をつくす。

ユネスコは、国連教育科学文化機関ともいうよ。

●⑭（　　　　　）の取り組み…教育・科学・文化を通じて国際協力を盛んにし、世界の平和と人類の福祉を進める。➡貴重な自然や遺跡などを⑮（　　　　　）に登録して保護。

しゃかい工場　地球環境問題をはじめとする人類共通の問題の解決をめざし、地球号の共通の乗員として、自分だけ、自分の国だけでなく、「地球人」としての自覚をもつことが必要なんだ！

練習のワーク

教科書 260〜265ページ　答え 20ページ

できた数　　／13問中

1 右の地図を見て、次の問いに答えましょう。

(1) 地図中の□は、ある兵器を禁止する条約に同意した国々を示しています。戦争中にうめられて、そのままになっているこの兵器を何といいますか。

（　　　　　）

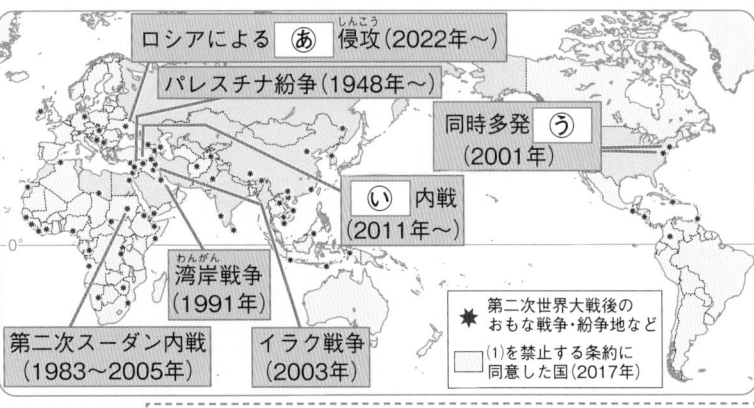

ロシアによる あ 侵攻(2022年〜)
パレスチナ紛争(1948年〜)
同時多発 う (2001年)
い 内戦 (2011年〜)
湾岸戦争 (1991年)
第二次スーダン内戦 (1983〜2005年)
イラク戦争 (2003年)
✸ 第二次世界大戦後のおもな戦争・紛争地など
□ (1)を禁止する条約に同意した国(2017年)

(2) 地図中の□にあてはまる言葉を、右の□からそれぞれ選びましょう。

あ（　　　　　）　い（　　　　　）
う（　　　　　）

ウクライナ　スーダン
朝鮮　テロ　シリア

(3) ユニセフの活動について述べた文を、次から２つ選びましょう。（　　）（　　）

ア 国と国との争いを、法にもとづいて解決する。
イ 飢えや病気で苦しむ子どもたちに食料や薬品を送る。
ウ だれもが予防接種を受けられるように、募金活動をおこなう。
エ 自衛隊を派遣し、国連施設の整備や道路の補修などをおこなう。

2 地球環境問題について、次の問いに答えましょう。

(1) 次の**写真**にあてはまる説明を、あとからそれぞれ選びましょう。

①（　　）　②（　　）　③（　　）　④（　　）

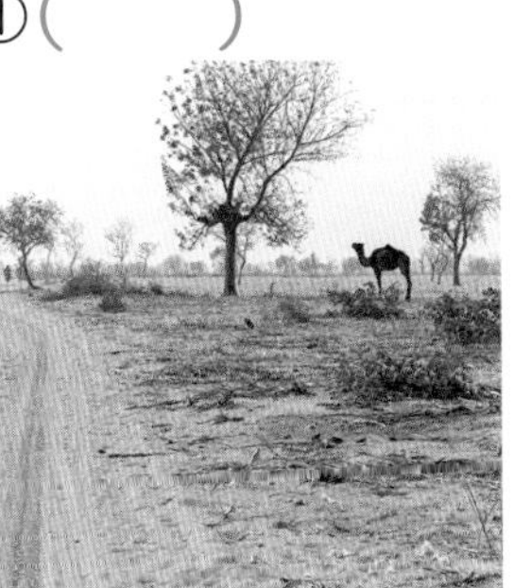

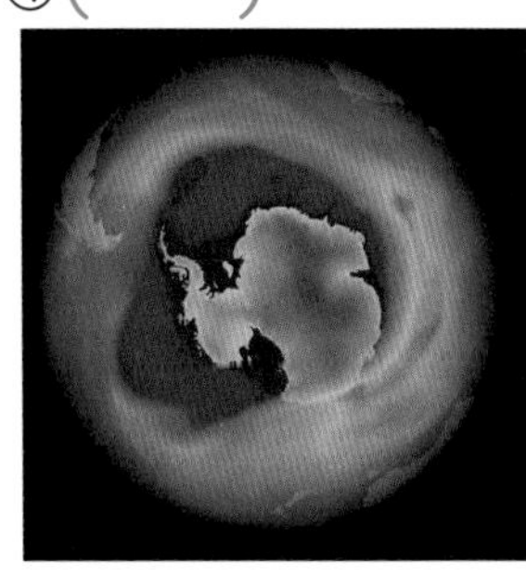

ア 酸性雨により木がかれている。　イ 砂ばく化が進んでいる。
ウ 南極上空のオゾンが減っている。　エ 地球温暖化により海面が上昇している。

(2) 1972年に開かれた国際会議で、地球環境を守るために国際社会が協力することが決められました。これを受けてつくられた機関を、次から選びましょう。（　　）

ア 国連児童基金　イ 国連環境計画　ウ 国連教育科学文化機関

(3) 世界の貴重な自然や遺跡などを世界遺産に登録し、保護しようとしている国際連合の機関はどこですか。カタカナで書きましょう。（　　　　）

(4) 持続可能な開発目標の略称を、アルファベットで何といいますか。（　　　　）

ポイント　地球の環境を守るため、国連やさまざまな国が協力して取り組んでいる。

勉強した日　月　日

2　世界がかかえる問題と日本の役割②

基本のワーク

学習の目標

国際連合は、どのような活動をしているのでしょうか。

教科書 266〜271ページ　答え 20ページ

1 国連のはたらきと目的

よみトク！資料

国連憲章（一部）

〈国連の目的〉

○世界の平和と①（　　　　）を守り、国と国との争いを、平和的な方法で解決する。

○全ての国を②（　　　　）にあつかい、国々の友好関係を発展させる。

○経済・社会・文化などの問題を解決し、③（　　　　）と自由を尊重するために、国々が協力し合うようにする。

●**国際連合（国連）**…第二次世界大戦が終わった④（　　　　）年に、51か国が加盟して設立。現在は193か国が加盟（2021年）。

◆日本は1956年に加盟。

◆本部はアメリカ・ニューヨークにある。

●⑤（　　　　）**理事会**…世界の平和と安全を守るため、国どうしの争いなどを解決する。

●国連のおもな活動

◆⑥（　　　　）への食料支援。

◆南スーダンでの⑦（　　　　）活動。

◆紛争地域へ支援物資をとどける活動。

2 日本の人々の国際協力／自分の考えを深めよう

よみトク！SDGs

●⑧（　　　　）**協力隊**…国際協力機構（JICA）の事業の一つ。⑨（　　　　）国に隊員を派遣し、その国に必要な手助けをし、発展させる活動をおこなう。

◆⑩（　　　　）分野の支援…日本から学校の先生を派遣し、現地の先生に授業のしかたを教える。

◆食料不足の国には、日本の⑪（　　　　）を伝える。

活動中の青年海外協力隊員の地域別、内容別の割合

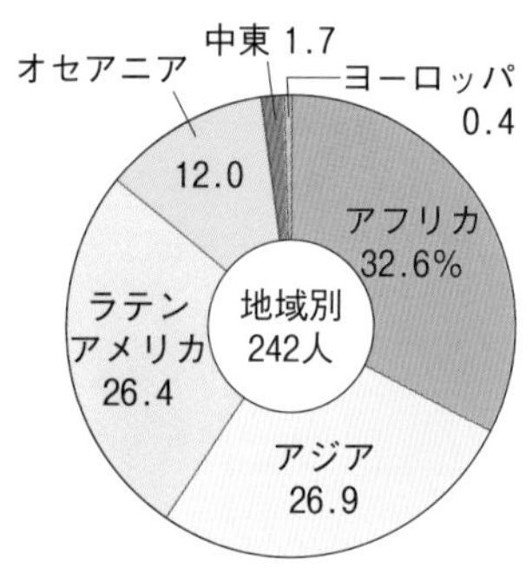

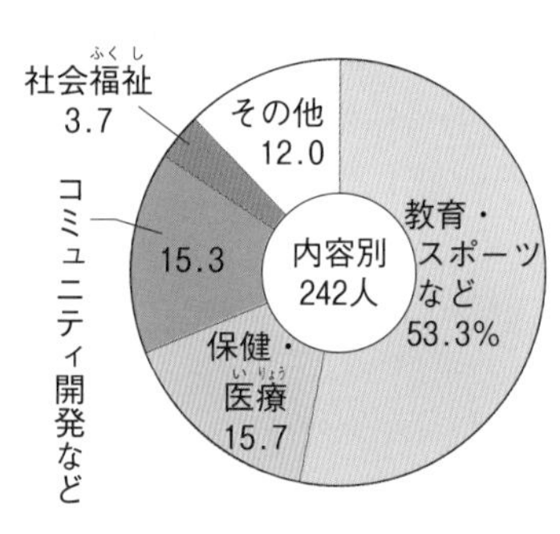

（2021年3月末　国際協力機構調べ）

隊員は、知識や経験を生かして、派遣された国の人々と協力しながら、課題の解決にあたるよ。

●「国境なき医師団」…十分な医療を受けられない人たちに、医療援助をおこなう。

◆地震や感染症などによる被害を受けた多くの国や地域で活動。

●結核研究所…1939年に日本や世界の⑫（　　　　）対策の推進のために設立。さまざまな研究や技術支援、人材育成などをおこなう。

国境なき医師団

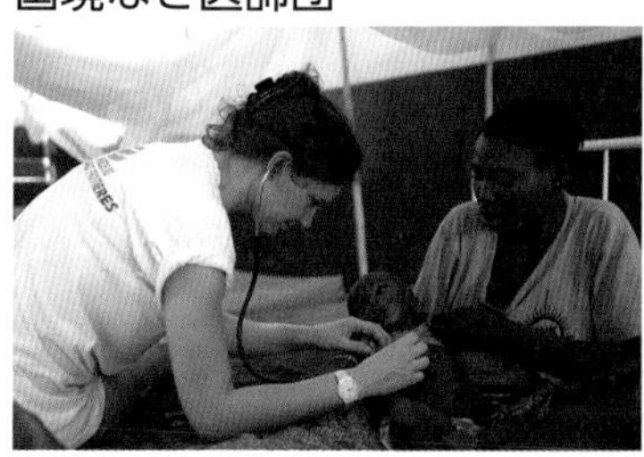

国連の安全保障理事会は、アメリカ・ロシア・イギリス・フランス・中国の５つの常任理事国と、任期が２年の10の非常任理事国で構成されているよ。

できた数 ／16問中

教科書 266〜271ページ　答え 20ページ

1 国際連合（国連）について、次の問いに答えましょう。

(1) 国連がつくられたのはいつですか。次から選びましょう。（　　）

㋐ 第一次世界大戦の前　㋑ 第一次世界大戦のあと
㋒ 第二次世界大戦の前　㋓ 第二次世界大戦のあと

(2) 国連がつくられたときの加盟国数を、次から選びましょう。（　　）

㋐ 8　㋑ 15　㋒ 51　㋓ 193

(3) 日本が国連に加盟したのは何年ですか、次から選びましょう。（　　）

㋐ 1945年　㋑ 1951年　㋒ 1956年　㋓ 2015年

(4) 右の**資料**は、国連の目的などをまとめたものです。これを何といいますか。（　　　　）

> ●世界の平和と安全を守り、国と国との争いを、平和的な方法で解決する。
> ●全ての国を平等にあつかい、国々の友好関係を発展させる。
> ●経済・社会・文化などの問題を解決し、人権と自由を尊重するために、国々が協力し合うようにする。
> （一部）

(5) 安全保障理事会の役割を、次から2つ選びましょう。（　　）（　　）

㋐ 停戦をはたらきかける。　㋑ 文化財を保護する。
㋒ 紛争の広がりを防ぐ。　㋓ 予防接種を支援する。

(6) 次の文の{　　}にあてはまる言葉を、それぞれ選びましょう。①（　　）②（　　）

● 国連の本部は①{㋐サンフランシスコ　㋑ニューヨーク}にある。
● 日本の自衛隊は、南スーダンで②{㋐募金活動　㋑平和維持活動}をおこなった。

2 次の問いに答えましょう。

(1) 経済や産業が発展するとちゅうの段階にある国を、何といいますか。（　　　　）

(2) (1)の国で産業の中心となっているものを、次から2つ選びましょう。（　　）（　　）

㋐ 工業　㋑ 農業　㋒ 水産業　㋓ 商業

(3) 右の**グラフ**は、活動中の青年海外協力隊員の地域別割合を示しています。Ⓐ〜Ⓒにあてはまる地域名を、次からそれぞれ選びましょう。Ⓐ（　　）Ⓑ（　　）Ⓒ（　　）

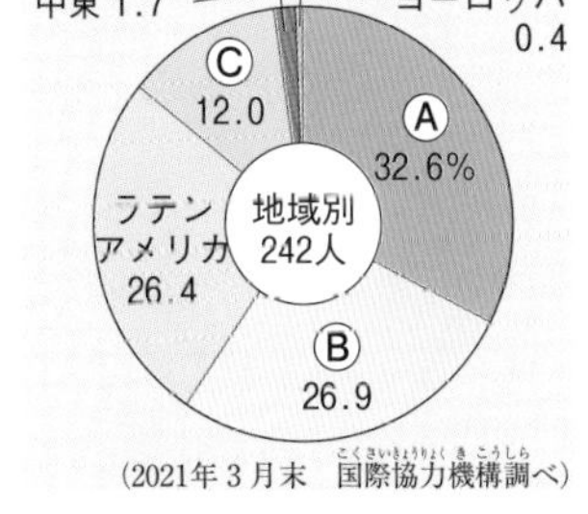

(2021年3月末　国際協力機構調べ)

㋐ アジア　㋑ オセアニア　㋒ アフリカ

(4) 青年海外協力隊が食料不足の国でおこなう活動を、次から選びましょう。（　　）

㋐ 自衛隊を派遣する。　㋑ 日本から学校の先生を派遣する。
㋒ 日本の農業技術を伝える。　㋓ 結核を防ぐための研究をおこなう。

(5) 貧困・戦争・災害などが原因で十分な医療が受けられない人たちに医療援助をおこなっている組織を、次から選びましょう。（　　）

㋐ 国際協力機構（JICA）　㋑ 安全保障理事会　㋒ 国境なき医師団

日本は青年海外協力隊などを通じて国際協力をしている。

まとめのテスト

2　世界がかかえる問題と日本の役割

勉強した日　月　日

時間20分

得点　/100点

教科書 260～271ページ　答え 20ページ

1 世界がかかえる問題　次の問いに答えましょう。　1つ4〔48点〕

(1)　世界にはさまざまな問題があります。次の**写真**は、どのような問題を示していますか。あとからそれぞれ選びましょう。　Ⓐ(　　)　Ⓑ(　　)　Ⓒ(　　)　Ⓓ(　　)

Ⓐ空爆で破壊されたまち
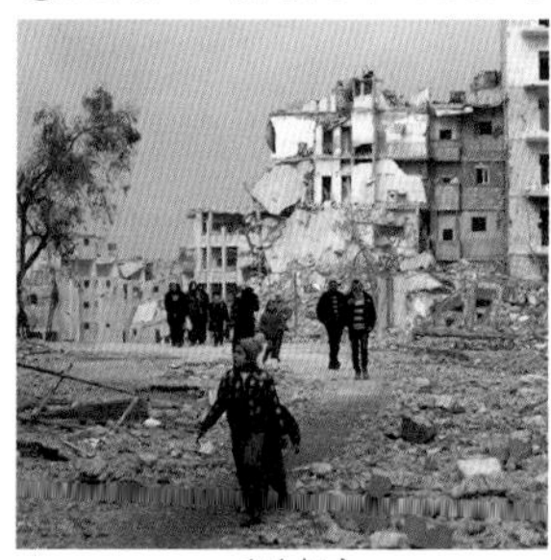

Ⓑ砂ばく化する地域

Ⓒ食料を求める人々

Ⓓ地震による被害

㋐　地球環境問題　㋑　自然災害　㋒　戦争や紛争　㋓　貧困

思考

(2)　右の**地図**を見て、次の問いに答えましょう。

第二次世界大戦後のおもな戦争・紛争地域と、地雷を禁止する条約に同意した国

①　戦争や紛争が多い地域を次から2つ選びましょう。
(　　)(　　)

㋐　アジア
㋑　南アメリカ
㋒　アフリカ
㋓　オセアニア

②　地雷を禁止する条約に同意していない国を、右の▭から2つ選んで書きましょう。
(　　　　)(　　　　)

オーストラリア　インド
ブラジル　日本　ロシア

③　次の文にあてはまる国・地域を、**地図**中の㋐～㋓からそれぞれ選びましょう。

Ⓐ　2005年に長い国内の紛争が終わり、2011年に南部が独立した。　(　　)

Ⓑ　2022年にロシアが侵攻を開始した。　(　　)

(3)　国連の組織であるユニセフの活動について、次の文の{　　}にあてはまる言葉を、それぞれ選びましょう。　Ⓐ(　　)　Ⓑ(　　)

● ユニセフは、Ⓐ{ ㋐サンフランシスコ平和条約　㋑子どもの権利条約 }を基本にして、世界の子どもが平和で健康的にくらせるように、さまざまな支援をおこなっている。

● 飢えや病気で困っている子どもたちが、Ⓑ{ ㋐予防接種　㋑結核の研究 }を受けられるように、募金活動をおこなっている。

2 地球環境問題と国連のはたらき 次の問いに答えましょう。

1つ4〔32点〕

(1) 右の**写真**を見て、次の問いに答えましょう。

① この**写真**は、水没（すいぼつ）のおそれがある島国のようすです。この国を［　］から選びましょう。　（　　　　）

オーストラリア　　ツバル　　フィリピン

② ①の国が、水没しそうになっている原因を、次から選びましょう。　（　　）

㋐ 温められた海水が蒸発（じょうはつ）したから。　㋑ 地震によって陸地がけずられたから。

㋒ 島のまわりのさんご礁（しょう）が全滅（ぜんめつ）したから。　㋓ 南極の氷がとけて海面が上昇（じょうしょう）したから。

(2) 国連について述べた文として正しいものを、次から２つ選びましょう。（　　）（　　）

㋐ 第二次世界大戦後につくられた。　㋑ 世界の平和と安全を守ることを目的とする。

㋒ 本部はスイスにおかれている。　㋓ 世界の200か国以上が加盟（かめい）している。

(3) 次の活動をおこなっている国連の機関・組織を、右の［　］からそれぞれ選びましょう。

安全保障理事会（あんぜんほしょうりじかい）
国連環境計画
ユネスコ

①（　　　　　）　②（　　　　　）　③（　　　　　）

① 貴重（きちょう）な自然や遺跡（いせき）などを世界遺産（いさん）として登録し、保護する。

② 紛争地域で停戦をはたらきかけたり、紛争の拡大（かくだい）を防いだりする。

③ 1972年に地球環境を守るために、国際社会が協力することが決められたことを受けてつくられた。

(4) 2015年に国連で採択（さいたく）された持続可能な開発目標の略称（りゃくしょう）を何といいますか。アルファベットで答えましょう。　（　　　　）

3 日本の国際協力 次の問いに答えましょう。

1つ5〔20点〕

(1) 右の**グラフ**は、活動中の青年海外協力隊員の割合（わりあい）を示したものです。これを見てわかることを、次から２つ選びましょう。　（　　）（　　）

地域別 242人：アフリカ 32.6%、アジア 26.9、ラテンアメリカ 26.4、オセアニア 12.0、中東 1.7、ヨーロッパ 0.4

内容別 242人：教育・スポーツなど 53.3%、保健・医療（いりょう） 15.7、コミュニティ開発など 15.3、社会福祉（ふくし） 3.7、その他 12.0

（2021年３月末　国際協力機構調べ）

㋐

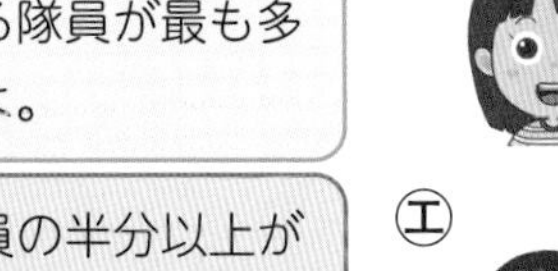

アジアで活動している隊員が最も多いよ。

㋑

開発途上国（かいはつとじょうこく）が多い地域の割合が高いね。

㋒
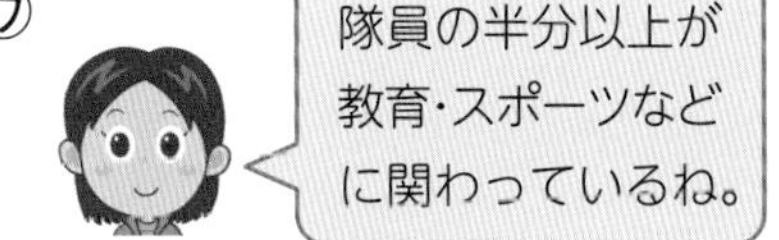

隊員の半分以上が教育・スポーツなどに関わっているね。

㋓

2000人以上の隊員が活動しているんだね。

(2) 国境なき医師団について正しく述べた文を、次から選びましょう。　（　　）

㋐ 国際協力機構（JICA（ジャイカ））の事業の一つである。

㋑ 安全保障理事会の命令により、紛争地域に派遣（はけん）される。

㋒ 国や地域に関係なく、苦しむ人に医療支援をおこなう。

㋓ 日本国内で活動がおこなわれたことはない。

記述 (3) 世界のさまざまな問題を解決するために、あなたができることを、簡単（かんたん）に書きましょう。

（　　　　　　　　　　　　　　　　　　　　）

地図を使ってチャレンジ!

プラスワーク

1 昔の地図とくらべてみよう。

「**白地図ノート**」の**6ページ**は1868年の日本地図、**7ページ**は現在の日本地図です。自分が住んでいる都道府県が、昔はどんな国だったのか調べてみましょう。

例　① ７ページの地図で自分の住んでいる都道府県を探して…　② ６ページの地図でその場所にある国を探し、地図帳で国名を調べてみよう。

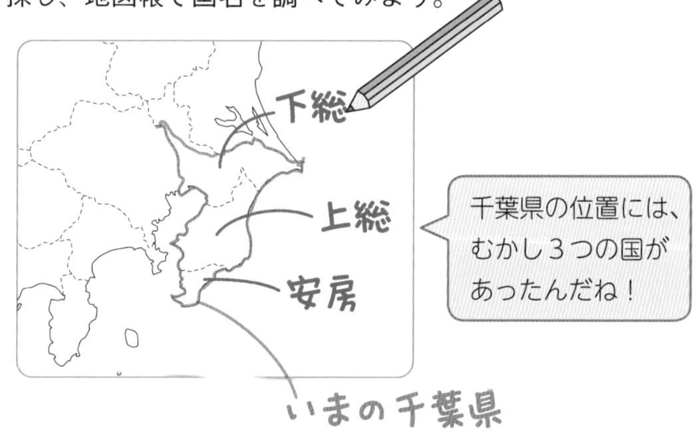

2 歴史に出てくる場所を地図で覚えよう。

① 「**白地図ノート**」の**7ページ**を使って、次のものがある場所に印をつけましょう。

三内丸山遺跡　法隆寺　金閣　安土城　富岡製糸場　原爆ドーム

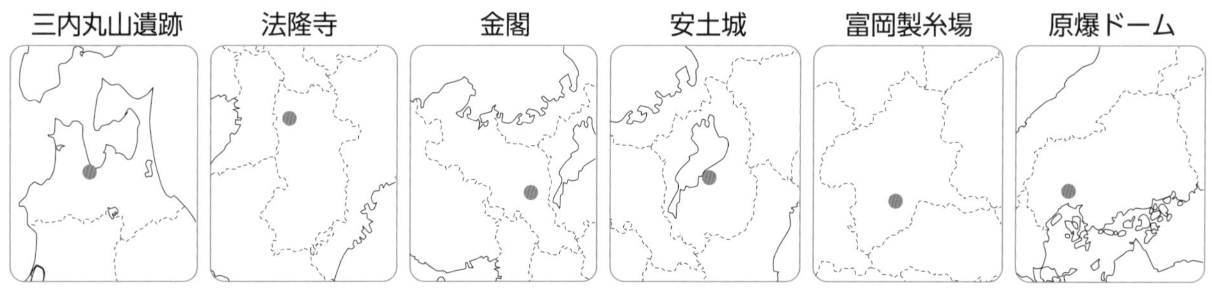

② ①の他にも、戦いがあった場所や建物の場所などを白地図に書きこんでみましょう。

3 歴史年表をつくってみよう。

「**白地図ノート**」の**16ページ**では、自由に年表をつくることができます。ふろくの「**わくわくポスター**」も参考にしながら、好きな時代の年表をつくってみましょう。

どの時代にしようかな？

好きな歴史上の人物について調べて、年表にまとめたいな。

年表の空いたスペースにイラストをかいてもいいね！

夏休みのテスト②

●勉強した日　月　日

時間 30分

名前　得点　/100点

まわったらシールをはろう

教科書　62ページ～103ページ　答え　21ページ

大昔のくらしとくにの統一

1 次の問いに答えましょう。
1つ5〔25点〕

(1) 次の表中の①～③にあてはまる言葉を、あとからそれぞれ選びましょう。

米作りが広がる前		米作りが広がったあと	
①(　　)	土偶(どぐう)	②(　　)	③(　　)

㋐ 銅鐸(どうたく)　㋑ 弥生(やよい)土器　㋒ 縄文(じょうもん)土器

(2) 次の文のうち、米作りが広がったころのむらについて、正しいもの1つに○を書きましょう。

㋐(　　)物見やぐらや、堀(ほり)やさくがつくられた。

㋑(　　)ほかのむらとの争いはおこらなかった。

㋒(　　)代表的な遺跡(いせき)に、三内丸山(さんないまるやま)遺跡がある。

(3) 古墳時代(こふんじだい)に、中国(ちゅうごく)や朝鮮(ちょうせん)半島から日本に移り住んだ人々を何といいますか。(　　　　)

天皇を中心とした政治①

2 次の問いに答えましょう。
1つ5〔25点〕

(1) 次の話と関係が深い資料を、あとからそれぞれ選び、話の答えを(　　)に書きましょう。

中大兄皇子(なかのおおえのおうじ)らが手本にした国はどこかな。　□(　　　　)

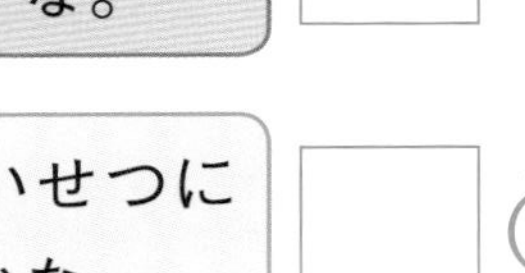

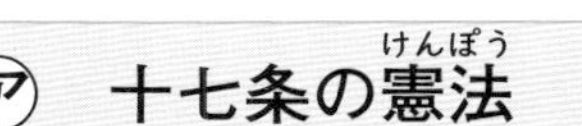

聖徳太子(しょうとくたいし)がたいせつにした宗教(しゅうきょう)は何かな。　□(　　　　)

㋐ 十七条の憲法(けんぽう)（一部）
- ○ 争いをやめてなかよくしなさい。
- ○ 仏教を敬(うやま)いなさい。
- ○ 天皇(てんのう)の命令を守りなさい。
- ○ 役人たちは礼儀(れいぎ)正しくしなさい。

㋑ 中大兄皇子らの政治
- ○ 中国で学んだ留学生とともに、天皇中心の国づくりを進めた。
- ○ 中国を手本にして都をつくった。
- ○ 国に税を納(おさ)めるしくみをつくった。

㋒ 冠位(かんい)十二階

1	大徳
2	小徳
3	大仁
4	小仁
5	大礼
6	小礼
7	大信
8	小信
9	大義
10	小義
11	大智
12	小智

(2) 聖徳太子が建てたといわれる、現存(げんぞん)する世界最古の木造建築とされる寺を何といいますか。(　　　　)

天皇を中心とした政治②/貴族が生み出した新しい文化

3 次の資料を見て、答えましょう。
1つ5〔50点〕

㋐ 東大寺(とうだいじ)の大仏

㋑ 正倉院の宝物

㋒ かな文字ができるまで

かたかな	ひらがな
阿→ア	安→安あああ
伊→イ	以→以以いい
宇→ウ	宇→宇宇うう

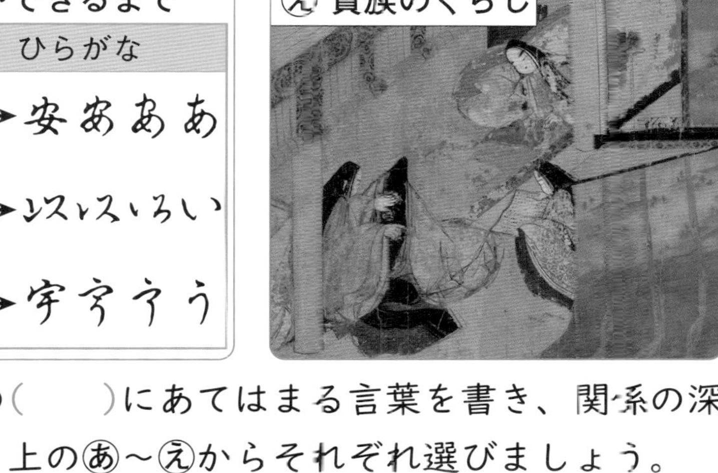

㋓ 貴族のくらし

(1) 次の文の(　　)にあてはまる言葉を書き、関係の深い資料を、上の㋐～㋓からそれぞれ選びましょう。

▶僧(そう)の(　　　　)は、聖武(しょうむ)天皇の大仏づくりに協力した。　□

▶正倉院(しょうそういん)には、(　　　　)(絹(きぬ)の道)を通って伝わった宝物(ほうもつ)が納められた。　□

▶貴族(きぞく)の生活のようすや風景がえがかれた(　　　　)が残っている。　□

(2) 次の文のうち、大仏がつくられたころのようすについて、正しいもの1つに○を書きましょう。

㋐(　　)蘇我(そが)氏が天皇をしのぐほどの力をもっていた。

㋑(　　)人々は伝染病(でんせんびょう)に苦しんでいた。

㋒(　　)大きな反乱(はんらん)もなく、平和な世の中だった。

(3) かな文字を使って、『源氏(げんじ)物語』を書いた女性はだれですか。(　　　　)

(4) 次の問いに答えましょう。

① 右の歌をよんだとされる人物を、次から選びましょう。(　　)

㋐ 藤原道長(ふじわらのみちなが)　㋑ 菅原道真(すがわらのみちざね)
㋒ 中臣鎌足(なかとみのかまたり)　㋓ 鑑真(がんじん)

この世をば
我(わ)が世とぞ思う
望月(もちづき)の欠けたることも
なしと思えば

② ①の人物は、どのようにして力を強めましたか。「むすめ」という言葉を使って書きましょう。
(　　　　　　　　　　)

●勉強した日　月　日

実力判定テスト　夏休みのテスト①

時間30分　名前　得点　/100点　おわったらシールをはろう

教科書　8ページ〜57ページ　答え　21ページ

日本国憲法と政治のしくみ

1 次の問いに答えましょう。　1つ5〔15点〕

(1) 日本国憲法の三つの原則のうち、国民が国の政治のあり方を最終的に決める権限をもつことを何といいますか。（　　　）

(2) 次のうち、国民の権利ではなく義務にあてはまるものを、2つ選びましょう。（　）（　）

㋐ 選挙をする。　㋑ 子どもに教育を受けさせる。
㋒ 税金を納める。　㋓ 職業を自由に選ぶ。

2 次の資料を見て、答えましょう。　1つ5〔35点〕

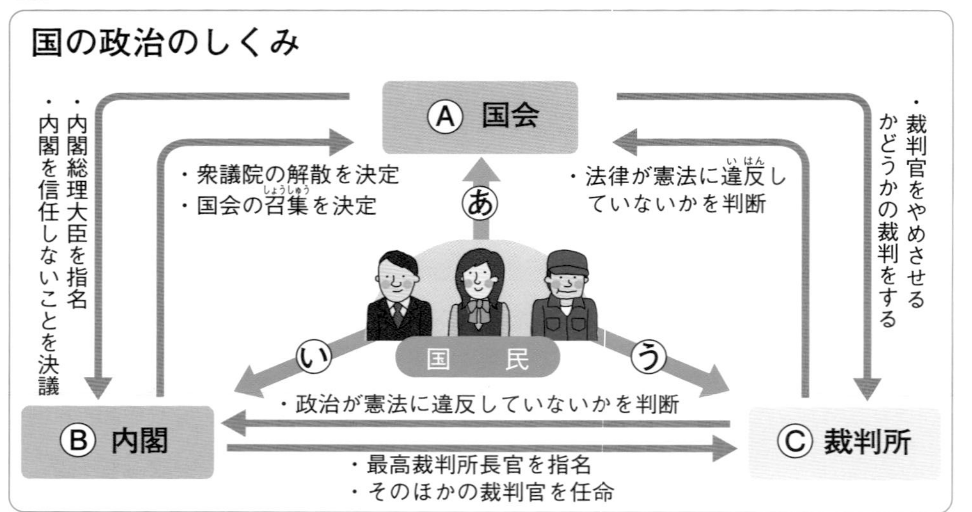

(1) 次の話にあてはまる機関を、資料中のⒶ〜Ⓒからそれぞれ選びましょう。

憲法や法律にもとづいて争いごとを解決したり、罪のあるなしを決めたりするよ。□

決められた法律や予算にもとづいて、実際の政治をおこなっているんだね。□

国民の代表者が話し合い、国の進む方向を決めているよ。□

(2) 次の文のうち、資料からわかること1つに○を書きましょう。

㋐（　）内閣総理大臣は、国会が指名する。
㋑（　）裁判所は衆議院の解散を決定する。
㋒（　）最高裁判所の長官は、国会が指名する。

(3) 資料中のあいうの矢印が示すはたらきについて、次の文の｛　｝にあう言葉に○を書きましょう。

あ 国会議員を｛ 裁判　選挙 ｝で選ぶ。
い ｛ 世論　裁判 ｝が内閣にえいきょうをあたえる。
う ｛ 国民審査　裁判 ｝をして、最高裁判所の裁判官がふさわしいかどうかを判断する。

わたしたちの願いと政治のはたらき

3 次の資料を見て、答えましょう。　1つ5〔50点〕

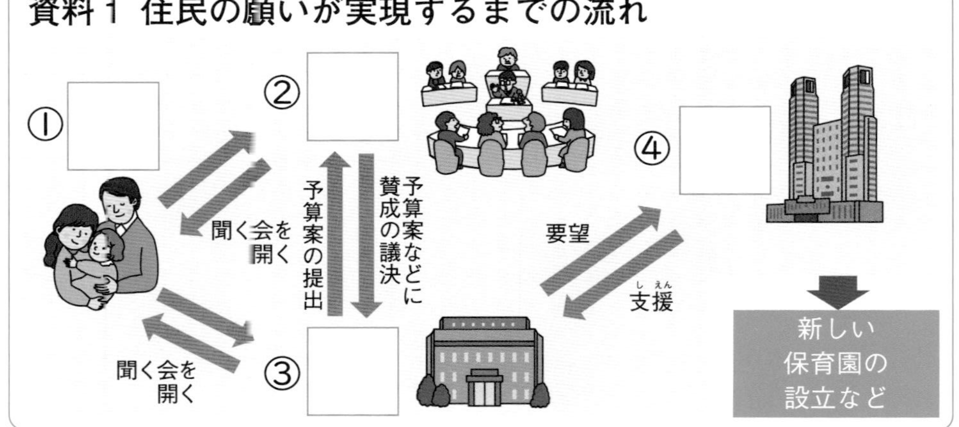

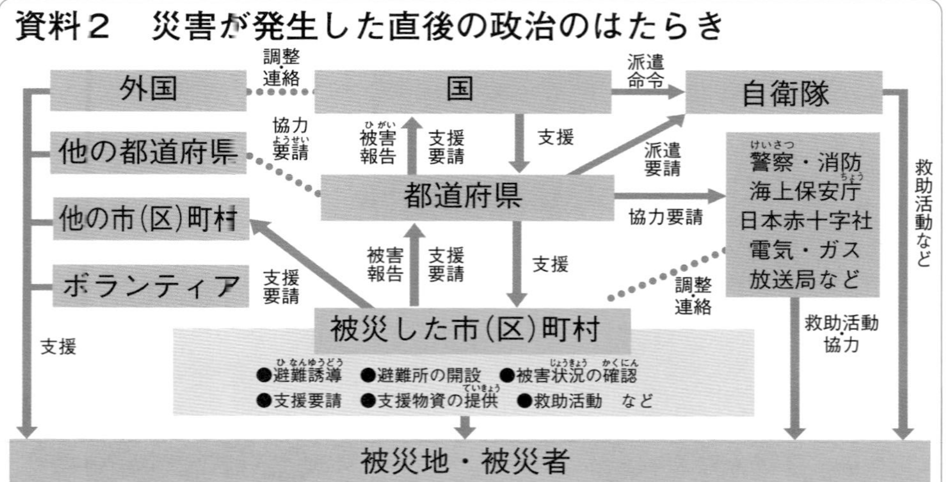

(1) 資料1中の①〜④にあてはまる言葉を、次からそれぞれ選び、□に書きましょう。

㋐ 会社　㋑ 区議会　㋒ 区役所
㋓ 住民の願い　㋔ 東京都や国

(2) 次の文のうち、資料1・2からわかること2つに○を書きましょう。

㋐（　）住民の願いは、政治のはたらきと関係が深い。
㋑（　）区議会の議員は予算案を作成する。
㋒（　）区は、国や都道府県の支援は受けない。
㋓（　）災害のとき、国は外国とも連絡をとる。

(3) 次の文の□にあてはまる言葉を、あとの□からそれぞれ選びましょう。

①（　　　）②（　　　）
③（　　　）④（　　　）

▶住民の願いを実現させるための費用は、住民が納める ① や、国・都道府県からの ② でまかなわれている。
▶被災地には、国が派遣した ③ や、自主的に活動する ④ がかけつけ、救助活動などをおこなう。

支援　税金　ボランティア　自衛隊

実力判定テスト　冬休みのテスト②

時間30分　名前　得点　／100点　おわったらシールをはろう

教科書　166ページ～213ページ　答え　22ページ

明治の新しい国づくり

1 次の資料を見て、答えましょう。　1つ5〔25点〕

① 富岡製糸場

② 明治時代初めの身分

皇族・華族 0.01　僧など 0.89　士族 4.5　□ 94.6%　（近世日本の人口構造）

(1) ①は、何県につくられましたか。（　　　）

(2) ②の□にあてはまる言葉を、次から選びましょう。

㋐ 平民　㋑ 百姓　㋒ 武士

(3) 次の文にあてはまる政策を、あとの□からそれぞれ選びましょう。

①（　　　）②（　　　）

① 藩を廃止し、新たに県を置く。

② 欧米の技術を取り入れ、産業を盛んにする。

解放令　殖産興業　廃藩置県　文明開化

(4) 明治政府が地租改正をおこなった目的を、「収入」という言葉を使って書きましょう。

（　　　）

国力の充実をめざす日本と国際社会

2 次の問いに答えましょう。　1つ5〔25点〕

(1) 次の人物にあてはまる文を、あとからそれぞれ選びましょう。　①（　）②（　）③（　）

① 伊藤博文

② 西郷隆盛

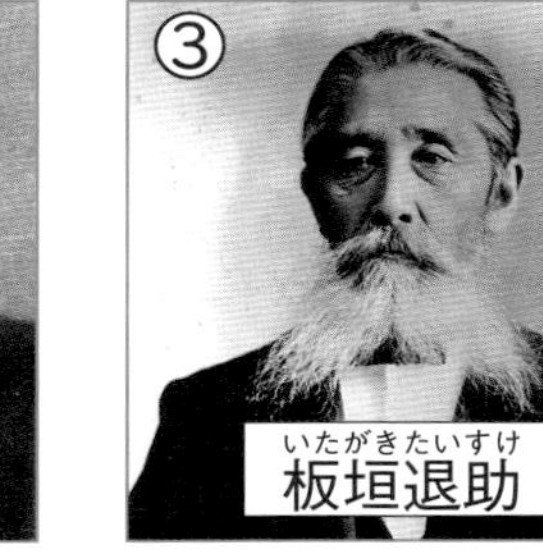
③ 板垣退助

㋐ 薩摩藩出身で、西南戦争の中心となった。

㋑ 国会開設を求めて、自由民権運動を指導した。

㋒ 初代内閣総理大臣になった。

(2) イギリスと交渉し、不平等な条約のうち、治外法権を廃止した外務大臣はだれですか。（　　　）

(3) 次の文のうち、日清戦争にあてはまるもの1つに○を書きましょう。

㋐（　）日本は多額の賠償金を受け取った。

㋑（　）与謝野晶子が戦争に批判的な歌をよんだ。

㋒（　）東郷平八郎が外国の艦隊を破った。

アジア・太平洋に広がる戦争

3 次の年表を見て、答えましょう。　1つ5〔50点〕

年	おもなできごと
	日本が不景気になる
1931	㋐満州事変がおこる
1933	日本が ① を脱退する
1937	㋑日中戦争がおこる
1939	㋒第二次世界大戦がはじまる
1940	㋓日本がドイツ・ ② と軍事同盟を結ぶ
1941	㋔太平洋戦争がおこる
1945	原爆が落とされる
1945	㋕長く続いた戦争が終わる

(1) 年表中の□にあてはまる言葉を、次の□からそれぞれ選びましょう。

①（　　　）②（　　　）

国際連盟　国会　イタリア　アメリカ

(2) 次の話と関係が深いできごとを、年表中の㋐～㋕からそれぞれ選びましょう。

ヨーロッパで、ドイツがまわりの国々と戦争をはじめたよ。　□

日本が満州(中国東北部)を手に入れようとして、「満州国」をつくったよ。　□

(3) 年表中の㋔のころの国民の生活について、正しいものには○を、誤っているものには×を書きましょう。

①（　）さとうや米などが切符制・配給制になった。

②（　）小学生は、空襲をさけるために地方から都市へ集団疎開した。

③（　）勉強がたいせつだと考えられたため、大学生で兵士になる人はいなかった。

④（　）戦争に反対する新聞や出版物は厳しく取りしまられた。

(4) 右の写真を見て、次の問いに答えましょう。

① この建物があるのはどこですか。（　　　市）

② この場所に原爆が落とされたのは、いつですか。

1945年（　　月　　日）

実力判定テスト 冬休みのテスト①

時間30分　名前　得点　/100点　おわったらシールをはろう

教科書 106ページ～161ページ　答え 22ページ

武士による政治のはじまり

1 次の問いに答えましょう。　(3)10点、他1つ5〔35点〕

(1) 次の文にあてはまる人物を、あとからそれぞれ選びましょう。　①(　) ②(　) ③(　)

① 征夷大将軍に任命され、幕府を開いた。
② 武士としてはじめて太政大臣になった。
③ 壇ノ浦の戦いで、平氏を攻めほろぼした。

㋐ 源義経

㋑ 平清盛

㋒ 源頼朝

(2) 鎌倉幕府における将軍と御家人の関係を、何といいますか。　(　)と(　)

(3) 右の戦いのあと、(2)の関係がくずれました。その理由を「ほうび」「不満」という言葉を使って書きましょう。

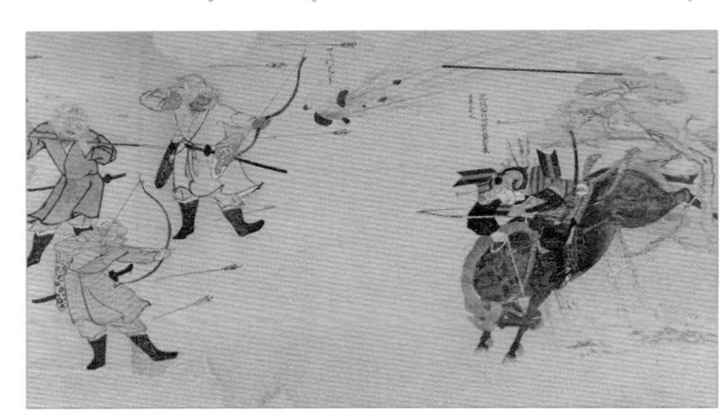

(　)

今に伝わる室町の文化と人々のくらし

2 次の資料を見て、答えましょう。　1つ5〔15点〕

① 雪舟が墨だけを使ってえがいた。

② 多くの流派を生み、今も続く。

③ 足利義満が京都の北山に建てた。

④ 今の和室のもとになった建築様式。

(1) 次の文のうち、室町時代の文化について、資料からわかること2つに○を書きましょう。

㋐(　)現在まで続いている文化がある。
㋑(　)雪舟の水墨画は世界中で人気がある。
㋒(　)金閣は3代将軍の足利義満が建てた。

(2) ④の建築様式を何といいますか。(　)

戦国の世の統一

3 次の資料を見て、答えましょう。　1つ5〔30点〕

織田信長

足利氏を京都から追い出して、[①]幕府をほろぼした。

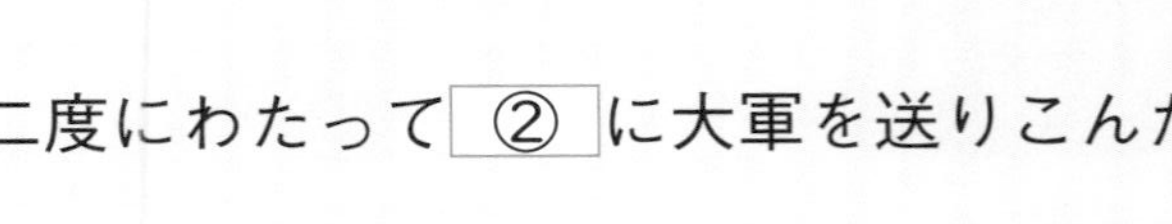
二度にわたって[②]に大軍を送りこんだ。

豊臣秀吉

(1) [　]にあてはまる言葉を、次の[　]からそれぞれ選びましょう。　①(　) ②(　)

室町　鎌倉　唐　朝鮮

(2) 次の文のうち、織田信長がおこなったことには○を、豊臣秀吉がおこなったことには△を書きましょう。

①(　)明智光秀をたおし、天下統一をはたした。
②(　)キリスト教を保護し、布教を認めた。
③(　)城下町で、だれでも自由に商工業ができるようにした。
④(　)検地と刀狩をおこなった。

武士による政治の安定/江戸の社会と文化・学問

4 次の資料を見て、答えましょう。　1つ5〔20点〕

① 大名は1年おきに江戸に住んだ。

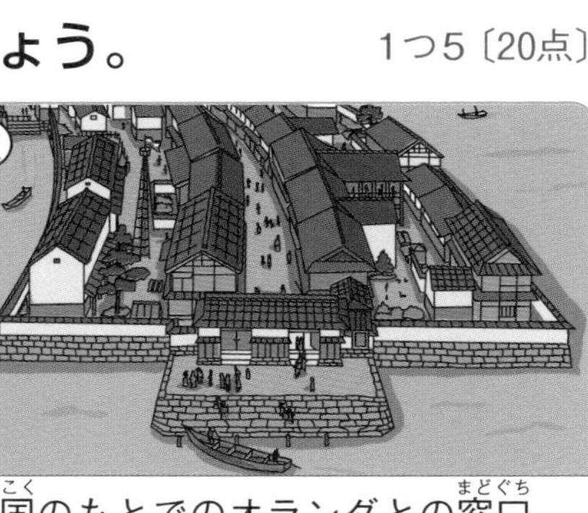
② 鎖国のもとでのオランダとの窓口。

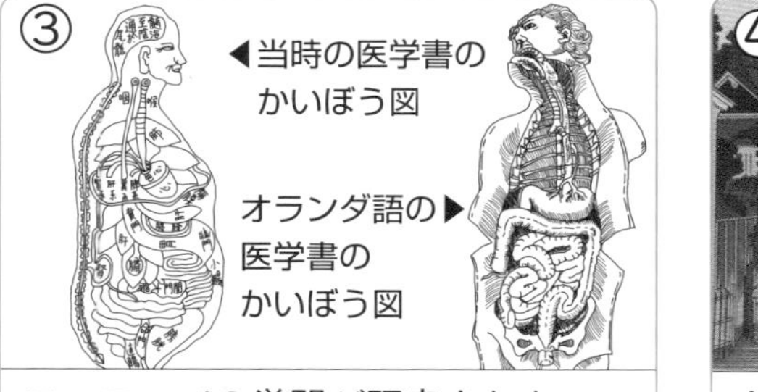

◀当時の医学書のかいぼう図
オランダ語の医学書のかいぼう図▶

③ ヨーロッパの学問が研究された。

④ 人々の日常や風景がえがかれた。

(1) ①を制度にした、江戸幕府の3代将軍はだれですか。(　)

(2) ②の人工の島を何といいますか。(　)

(3) ③・④に関係の深い人物を、次からそれぞれ選びましょう。　③(　) ④(　)

㋐ 近松門左衛門　㋑ 歌川広重
㋒ 本居宣長　㋓ 杉田玄白

●勉強した日　　月　　日

実力判定テスト

学年末のテスト①

時間30分

名前　　得点　　/100点

おわったらシールをはろう

教科書　214ページ～271ページ　答え　23ページ

新しい日本へのあゆみ

1 次の資料を見て、答えましょう。　1つ5〔30点〕

あ『あたらしい憲法のはなし』
こんどの憲法では、日本の国が決して二度と□をしないように、二つのことを決めました。その一つは、兵隊も軍艦も飛行機も、およそ戦争をするためのものは、いっさいもたないということです。（一部）

い 48か国と平和条約を結んだ。

う 東京でオリンピックが開かれた。

え はじめて女性議員が誕生した。

(1) あについて、次の問いに答えましょう。

① 下線部の「こんどの憲法」を何といいますか。（　　）

② 資料中の□にあてはまる言葉を、漢字2字で書きましょう。（　　）

(2) 次の文に関係の深い資料を、上のあ～えからそれぞれ選びましょう。

① 女性の参政権が認められた。（　）

② 日本が独立を回復した。（　）

③ 日本の復興と経済発展が世界に示された。（　）

④ 日本が平和主義をとることが示された。（　）

2 次の問いに答えましょう。　1つ5〔20点〕

(1) 次の文のうち、戦後の改革について正しいもの2つに○を書きましょう。

ア（　）軍隊が強化された。

イ（　）自分の農地をもつ農民が増えた。

ウ（　）政党が解散させられた。

エ（　）義務教育が全部で9年間になった。

(2) 次の文の｛　｝にあてはまる言葉に○を書きましょう。

▶1956年、日本は｛ 国際連盟　国際連合 ｝に加盟し、国際社会への復帰をはたした。

▶1972年、日本は｛ 中国　アメリカ ｝と国交を正常化し、1978年には平和友好条約を結んだ。

日本とつながりの深い国々

3 次の地図を見て、答えましょう。　1つ5〔20点〕

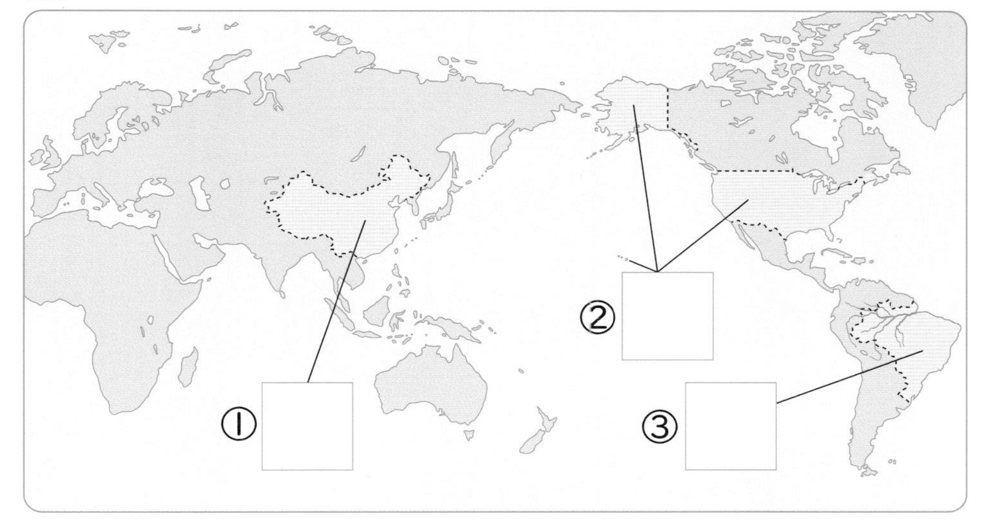

(1) 地図中の①～③の国の国旗として正しいものを次からそれぞれ選び、□に書きましょう。

ア　イ　ウ
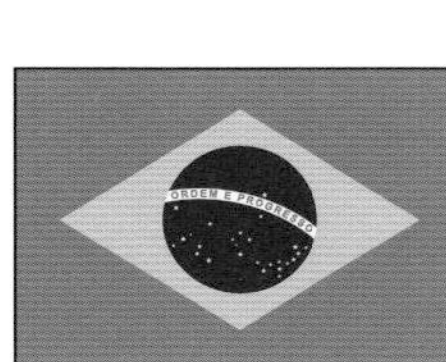

(2) 次の文のうち、①の国にあてはまるもの1つに○を書きましょう。

ア（　）祖先が日本人である人が多い。

イ（　）一人っ子政策がおこなわれていた。

ウ（　）ファストフードやパソコンが生まれた。

エ（　）キムチがよく食べられている。

世界がかかえる問題と日本の役割

4 次の問いに答えましょう。　(3)10点、他1つ5〔30点〕

(1) 次の話にあてはまる言葉を、あとの□からそれぞれ選びましょう。

飢えや病気などで困っている子どもたちを支援するよ。（　　）

教育・科学・文化の専門機関で、文化財の保護もするよ。（　　）

国どうしの争いなどを解決するときに中心になるよ。（　　）

ユニセフ　ユネスコ　安全保障理事会　NGO

(2) 温室効果ガスの増加が原因と考えられている環境問題を、何といいますか。（　　）

(3) 開発途上国とは、どのような国ですか。「経済」「産業」という言葉を使って書きましょう。

（　　）

実力判定テスト

学年末のテスト②

時間30分

名前　得点　/100点

おわったらシールをはろう

教科書　8ページ～213ページ　答え　23ページ

1・2学期の復習

1 次の問いに答えましょう。

1つ5〔25点〕

(1) 右の図を見て、次の問いに答えましょう。

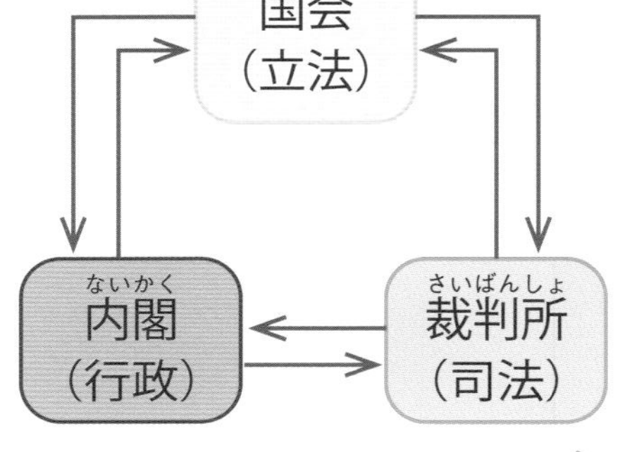

① このしくみを何といいますか。(　　　)

② このしくみがとられている理由を、「権力」という言葉を使って書きましょう。

(　　　)

(2) 日本国憲法の三つの原則を書きましょう。

(　　　)(　　　)(　　　)

2 次の資料を見て、答えましょう。

1つ5〔25点〕

あ 米作りが伝わった経路

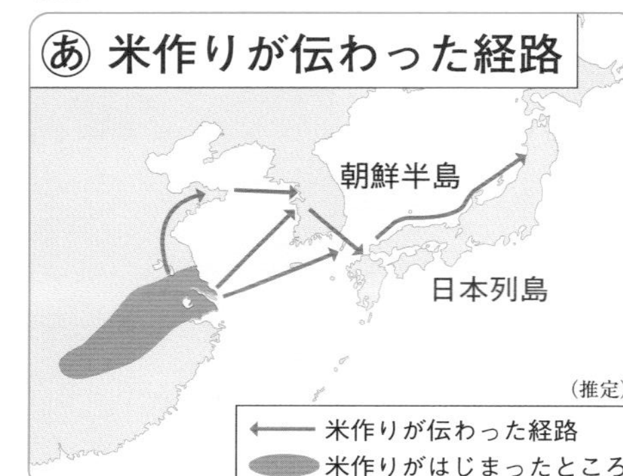

い 寝殿造のやしき

う 弥生人の1年のくらし

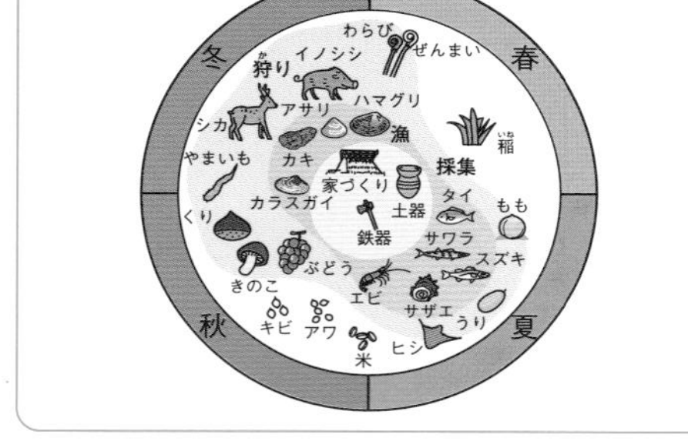

え 法隆寺

(1) 次の人は、上のどの資料を見て話していますか。

米作りは、中国や朝鮮半島を通って日本に伝わったんだね。 □

平安時代に貴族がくらしていたやしきのようすだね。 □

(2) 次の文のうち、正しいものには○を、誤っているものには×を書きましょう。

①(　)いの時代には、朝廷の政治は貴族たちが進めていた。

②(　)うの時代に、日本に仏教が伝わった。

③(　)えの寺を建てた人物は、小野妹子たちを遣唐使として中国(唐)に送った。

3 次の文にあてはまる人物を、右の年表中からそれぞれ選びましょう。

1つ5〔30点〕

① ある幕府をほろぼし、安土に城をきずいた。

(　　　)

② 関ヶ原の戦いに勝ち、幕府を開いた。

(　　　)

③ 日本で最初の内閣総理大臣になった。

(　　　)

④ 平氏をたおし、征夷大将軍となった。

(　　　)

⑤ 幕府の3代目の将軍で、中国と貿易をおこなった。

(　　　)

⑥ 政権を天皇に返し、長く続いた幕府を終わらせた。

(　　　)

時代	世紀	人物
平安	12	
鎌倉	13	
	14	
室町	15	
安土桃山	16	
	17	
江戸	18	
	19	
明治	20	

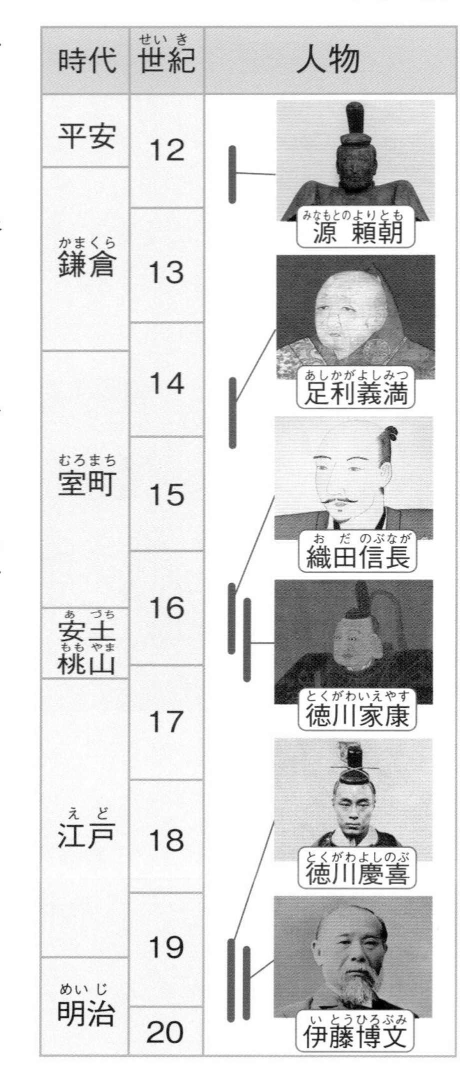

4 次のできごとがおきたわけをア～ウから選び、関係の深い資料をあ～うから選びましょう。

1つ5〔20点〕

わけ　資料

① 日本人が外国に行くことが禁止され、貿易が厳しく制限された。 □ □

② 群馬県の富岡製糸場など、国営の工場がつくられた。 □ □

ア 幕府がキリスト教の広まりをおそれたから。

イ 戦争で食料などが不足するようになったから。

ウ 産業を盛んにし、欧米に対抗しようとしたから。

●勉強した日　　月　　日

実力判定テスト かくにん！日本の歴史②

時間30分

名前　　　できた数　　／24問中

おわったらシールをはろう

年表をうめて、歴史の流れをつかもう。

答え 24ページ

1 年表中の□にあてはまる時代名を、次からそれぞれ選びましょう。

㋐ 昭和(しょうわ)　㋑ 江戸(えど)　㋒ 大正(たいしょう)　㋓ 明治(めいじ)

2 年表中の(　　)にあてはまる言葉や人名を、あとの[　　]からそれぞれ選びましょう。

時代	年	できごと
	1603	(　　　　)が江戸幕府(ばくふ)を開く
	1615	大名(だいみょう)を統制するため、(　　　　)を定める
	1635	３代将軍徳川家光(しょうぐんとくがわいえみつ)が(　　　　)を制度化する
□	1637	島原(しまばら)・天草一揆(あまくさいっき)がおこる
	1641	オランダ人を出島(でじま)に移す
	1853	(　　　　)が浦賀(うらが)に来る
	1854	(　　　　)条約(じょうやく)が結ばれる
	1858	(　　　　)条約が結ばれる
	1867	15代将軍徳川慶喜(よしのぶ)が政権(せいけん)を天皇(てんのう)に返す
	1873	(　　　　)が出される
	1881	板垣退助(いたがきたいすけ)が自由党(とう)を結成する
□	1885	(　　　　)が最初の内閣(ないかく)総理大臣になる
	1889	(　　　　)が発布(はっぷ)される
	1894	(　　　　)戦争がおこる
	1904	(　　　　)戦争がおこる
	1914	第一次世界大戦(だいいちじせかいたいせん)がおこる
□	1925	男子普通(ふつう)選挙の制度が定められる
	1931	(　　　　)がおこる
	1933	日本が(　　　　)を脱退(だったい)する
	1937	(　　　　)戦争がおこる
	1939	第二次世界大戦がおこる
	1941	(　　　　)戦争がおこる
	1945	広島(ひろしま)・(　　　　)に原爆(げんばく)が落とされる
□	1946	(　　　　)が公布される
	1951	サンフランシスコ平和条約と(　　　　)条約が結ばれる
	1956	日本が(　　　　)に加盟(かめい)する
	1964	東京(とうきょう)でオリンピック・パラリンピックが開かれる
	1978	(　　　　)条約が結ばれる
平成(へいせい)	2011	東日本大震災(ひがしにほんだいしんさい)がおこる
令和(れいわ)	2021	「東京2020オリンピック・パラリンピック」が開かれる

徳川家康(いえやす)　ペリー　本居宣長(もとおりのりなが)　伊藤博文(いとうひろぶみ)　西郷隆盛(さいごうたかもり)　杉田玄白(すぎたげんぱく)　参勤交代(さんきんこうたい)　武家諸法度(ぶけしょはっと)
日本国憲法(けんぽう)　大日本帝国憲法(ていこく)　徴兵令(ちょうへいれい)　長崎(ながさき)　中国(ちゅうごく)　太平洋(たいへいよう)　日露(にちろ)　日清(にっしん)　日中(にっちゅう)
満州事変(まんしゅう)　国際連盟(こくさいれんめい)　国際連合(れんごう)　日中平和友好　日米和親(にちべいわしん)　日米修好通商(にちべいしゅうこうつうしょう)　日米安全保障(ほしょう)

かくにん！日本の歴史①

●勉強した日　月　日

時間 30分

名前　　できた数　/24問中

おわったらシールをはろう

年表をうめて、歴史の流れをつかもう。

答え 24ページ

1 年表中の□にあてはまる時代名を、次からそれぞれ選びましょう。

㋐ 平安　㋑ 室町　㋒ 弥生　㋓ 奈良

2 年表中の（　）にあてはまる言葉や人名を、あとの▭からそれぞれ選びましょう。

時代	年	できごと
	約１万2000年前	狩りや漁をしてくらす
縄文		（　　）土器がつくられる
	約2400年前	米作りが大陸から伝わる
□		（　　）土器がつくられる
	239	邪馬台国の卑弥呼が中国に使いを送る
	３～５世紀ごろ	古墳が各地につくられる
古墳	４世紀ごろ	（　　）朝廷が日本を統一しはじめる
	538	仏教が大陸から伝わる
飛鳥	604	（　　）が十七条の憲法を定める
	645	中大兄皇子らによって（　　）がはじまる
	710	（　　）<奈良>に都が移される
□	752	（　　）の大仏の開眼式をおこなう
	794	（　　）<京都>に都が移される
	10世紀	かな文字が広く使われはじめる
		（　　）が『枕草子』を、（　　）が『源氏物語』を書く
□	1016	（　　）が政治の実権をにぎる
		武士が力をもちはじめる
	1167	（　　）が太政大臣となる
	1185	源氏が平氏をほろぼす
鎌倉	1192	（　　）が征夷大将軍となる
	1274・1281	（　　）軍が攻めてくる
	1333	鎌倉幕府がたおれる
	1338	（　　）が征夷大将軍となる
	1397	（　　）が北山に金閣を建てる
□	1467	応仁の乱がおこる
	1489	（　　）が東山に銀閣を建てる
	1543	鉄砲が伝えられる
	1549	（　　）がキリスト教を伝える
安土	1573	（　　）が室町幕府をたおす
桃山	1590	（　　）が全国を統一する

想像図

想像図

想像図

想像図

源頼朝　小野妹子　藤原道長　足利義満　足利尊氏　足利義政　織田信長
紫式部　豊臣秀吉　聖徳太子　フランシスコ＝ザビエル　平清盛　清少納言　元
明　平安京　平城京　弥生　大和　縄文　大化の改新　東大寺　法隆寺

教科書ワーク 答えとてびき

「答えとてびき」は、とりはずすことができます。

日本文教版 社会6年

使い方

まちがえた問題は、もういちどよく読んで、なぜまちがえたのかを考えましょう。正しい答えを知るだけでなく、なぜそうなるかを考えることが大切です。

1 日本国憲法と政治のしくみ

2ページ 基本のワーク

❶ ①基本的人権 ②日本国
③11(月) 3(日) ④5(月) 3(日)
⑤国民 ⑥基本的人権 ⑦平和

❷ ⑧法のもと ⑨職業
⑩文化的 ⑪働く
⑫教育 ⑬法律
⑭障害者差別解消

3ページ 練習のワーク

❶ (1)ウ (2)①イ ②ウ ③ア
(3)地方公共団体〔地方自治体〕

❷ (1)基本的人権
(2)①F ②D ③A
(3)ア、エ、オ (4)法律
(5)①差別的 ②かべ

てびき ❶ (1)日本国憲法は1946年11月3日に公布され、1947年5月3日に施行されました。

(2)国民主権は、国の政治のあり方を最終的に決める権限が国民にあることをいいます。

❷ (3)義務とは、しなければならないつとめのことです。イ・ウは国民の権利です。エ仕事について働くことは、国民の義務であり、権利でもあります。

(5)障がいを理由に差別することは、憲法が保障する平等の権利に反しています。

4ページ 基本のワーク

❶ ①国民 ②国会 ③国会議員
④民主 ⑤18 ⑥世論
⑦象徴 ⑧内閣

❷ ⑨衆議院 ⑩4 ⑪6
⑫二院 ⑬予算 ⑭条約
⑮多数決 ⑯文化
⑰憲法記念

5ページ 練習のワーク

❶ (1)あウ いア うイ えエ
(2)①イ ②内閣

❷ (1)二院制 (2)A衆議院 B参議院
(3)①ア ②ア (4)ア、ウ
(5)①本会議 ②天皇

てびき ❶ (1)ア・ウ国民は、政治をおこなう議員を選挙で選んだり、条例の制定を請求したりすることなどを通して、政治に参加することができます。イ憲法の改正には、国民投票で過半数の賛成が必要です。

(2)①アは裁判所、ウは国会議員または内閣、エは内閣の仕事です。

❷ (1)国会には、慎重な話し合いをおこなうために、異なるしくみの2つの議院がもうけられています。

(3)参議院では、議員の任期は6年で、解散はありません。

(4)イ・オは天皇、エは内閣の仕事です。

6ページ 基本のワーク

❶ ①内閣　②内閣総理大臣
③国務大臣　④閣議
⑤財務　⑥税金

❷ ⑦裁判所　⑧法律　⑨三審制
⑩裁判員　⑪選挙　⑫世論
⑬立法　⑭司法　⑮集ま

7ページ 練習のワーク

❶ (1)内閣　(2)㋐
(3)①文部科学省　②財務省
③外務省

❷ (1)最高裁判所　(2)3(回)
(3)①㋐　②㋐

❸ (1)Ⓐ国会　Ⓑ内閣
(2)①㋓　②㋒　③㋐　④㋑

てびき ❶ (1)内閣は、法律や予算にもとづいて実際の政治をおこないます。
(2)㋐は天皇の仕事です。

❷ (2)裁判を3回まで受けられるしくみを三審制といいます。
(3)②裁判員は、刑事事件について、地方裁判所でおこなわれる最初の裁判に参加します。

❸ (2)三権分立では、三つの機関がたがいに確認し合います。

8ページ 基本のワーク

❶ ①平和主義　②戦争
③原子爆弾〔原爆〕　④広島
⑤非核三原則　⑥自衛隊
⑦内閣総理大臣〔首相〕
⑧アフガニスタン　⑨難民

❷ ⑩子どもの権利条約　⑪消費税
⑫高齢者　⑬投票率　⑭若者

9ページ 練習のワーク

❶ (1)(第)9(条)
(2)Ⓐ正義　Ⓑ戦力　Ⓒ交戦
(3)㋐、㋑　(4)㋐、㋓　(5)つくらない
(6)シビリアン・コントロール

❷ (1)①消費税
②デンマーク、イタリア
(2)①㋑　②㋐

てびき ❶ (1)平和主義について、日本国憲法では前文と第9条に定められています。
(4)原子爆弾(原爆)は、1945年8月6日に広島、同年8月9日に長崎に投下されました。

10・11ページ まとめのテスト

1 (1)Ⓐ国民主権
Ⓑ基本的人権の尊重
(2)①㋐　②㋑　③㋒　④㋐
(3)①天皇　②国会

2 (1)参議院　(2)㋐、㋓
(3)㋑、㋓　(4)閣議
(5)㋓

3 (1)①三審制　②㋑
(2)立法
(3)Ⓐ選挙　Ⓑ世論
(4)①㋓　②㋐
(5)〈例〉権力が一つの機関に集まらないようにするため。

4 (1)平和主義
(2)㋐、㋑
(3)〈例〉もたない、つくらない、もちこませない

てびき **2** (3)㋐・㋒は参議院についての説明です。衆議院議員には25才以上になると立候補することができ、任期は4年です。

3 (1)②㋒裁判員は選挙権をもっている人の中からくじで選ばれます。㋓裁判官といっしょに話し合います。
(3)世論とは、社会のできごとや政治について、世の中の人々がもっている意見のことです。

なぞり道場 何回も書いてかくにんしよう！

日本国憲法	内閣
基本的人権の尊重	
衆議院	参議院
三審制	国民審査

2　わたしたちの願いと政治のはたらき

12ページ　基本のワーク

❶ ①待機児童　②減って〔減少して〕
③2　④核家族　⑤共働き
⑥専業主婦　⑦子育て

❷ ⑧アクション　⑨保育園
⑩住民　⑪東京都

13ページ　練習のワーク

❶ (1)Ⓐ待機児童　Ⓑ地方公共団体
Ⓒ子育て支援
(2)①5　②10
(3)㋑、㋒

❷ (1)政策
(2)Ⓐマンション　Ⓑ共働き
Ⓒ保育園　(3)㋑、㋒

てびき ❶ (2)①待機児童が1000人以上いる都道府県は、東京都、埼玉県、兵庫県、福岡県、沖縄県の5都県です。②待機児童の数が0人の県は、青森県、山形県、山梨県、富山県、石川県、福井県、岐阜県、鳥取県、島根県、長崎県の10県です。

(3)㋐子どもの人数が減る少子化です。㋓高齢者の数は増えています。

❷ (3)足立区では、国や東京都と連携しながら、保育園の数を増やし、働く保育士を支援したことで、2021年に待機児童がゼロになりました。

14ページ　基本のワーク

❶ ①税金　②都道府県　③給与
④会社　⑤住民　⑥土地

❷ ⑦選挙　⑧願い　⑨意見
⑩条例　⑪予算　⑫税金
⑬区議会　⑭区役所
⑮計画

15ページ　練習のワーク

❶ (1)①国や都からの補助金
②福祉(のための費用)
③16.5(%)
(2)㋑、㋒　(3)㋑、㋓

❷ (1)Ⓐ㋑　Ⓑ㋐　Ⓒ㋒　Ⓓ㋓
(2)①㋐　②㋑　(3)㋐、㋒、㋓

てびき ❶ (1)③足立区の支出のうち、子どものために使われている費用にあたるのは、児童福祉費です。

❷ (2)②区役所が立てた計画は、区議会が最終的に決定をおこないます。

(3)㋑・㋔は内閣の仕事です。

自然災害からの復旧や復興の取り組み

16ページ　基本のワーク

❶ ①土砂　②ライフライン
③かんぼつ　④災害対策本部
⑤避難所　⑥要請　⑦自衛隊
⑧消防　⑨法律

❷ ⑩砂防　⑪災害　⑫避難
⑬住宅

17ページ　練習のワーク

❶ (1)㋑
(2)①復旧　②食料　③避難所
(3)①㋔　②㋓　③㋐　④㋖
⑤㋕　⑥㋒

❷ (1)㋐　(2)税金

てびき ❶ (1)土石流は、土や石、砂が水とまざって一気に流れ出る災害です。

❷ (1)砂防ダムは、土砂をせき止めるために、川の上流などに設置されます。

経験をむだにしないまちづくり

18ページ　基本のワーク

❶ ①水俣病　②リサイクル
③環境　④未来都市

❷ ⑤環境モデル都市　⑥エコタウン
⑦水銀　⑧分別回収
⑨水俣環境　⑩ブランド
⑪マリンスポーツ　⑫地域活性化

19ページ　練習のワーク

❶ (1)㋒　(2)㋒
(3)①分別　②SDGs
③アカデミア

❷ (1)①㋐　②㋒　③㋓　④㋔
(2)㋑、㋓　(3)㋑、㋔、㋕

てびき ❶ (1)水俣湾が有機水銀をふくんだヘドロに汚染されました。

(3)②ＳＤＧｓは、2015年に国連で採択された、「持続可能な開発目標」の略称です。

❷ (1)㋑愛媛県の名産品です。㋕熊本県八代市のブランド農林水産物です。

(2)エコタウン事業は、廃棄物ゼロをめざして国がつくった制度です。

20・21ページ まとめのテスト

1 ①○ ②共働き ③○
④約２倍

2 (1)①議員 ②国会
③〈例〉選挙で選ばれた議員が、話し合ってものごとを決めるところ。
(2)㋒
(3)①→ ②←

3 (1)㋒
(2)①自衛隊 ②ボランティア
(3)㋐、㋓
(4)〈例〉災害に強いまちをつくるため。

4 (1)Ⓐ公害病 Ⓑエコタウン
Ⓒ環境モデル ⒹSDGs未来
(2)〈例〉資源ごみの分別回収や減量化(リサイクル)などに取り組んでいる。
(3)ブランド(化)

てびき 1 ④保育士の数は、2014年は約1200人、2021年は約2400人で、約２倍になりました。

2 (3)区役所は予算案をつくって区議会に提出します。区議会は提出された予算案について話し合い、議決をします。

3 (3)「復旧」とは、国や地方公共団体が中心となり被災した人たちの生活やライフラインなどをもとどおりにすることです。被災地に安心や活気を取りもどすために支援することは「復興」といいます。

なぞり道場 何回も書いてかくにんしよう！

区議会　待機児童
政策　復旧　復興

1 大昔のくらしとくにの統一

22ページ 基本のワーク

❶ ①等尺 ②１〔元〕 ③100

❷ ④想像 ⑤三内丸山
⑥世界遺産〔世界文化遺産〕
⑦さいばい ⑧戦い ⑨縄文
⑩縄文土器 ⑪木の実 ⑫骨
⑬土偶 ⑭竪穴住居 ⑮貝塚

23ページ 練習のワーク

❶ (1)等尺年表 (2)㋒
(3)①イエス＝キリスト
②１世紀
③㋐２ ㋑300 ㋒1901
㋓2100

❷ (1)縄文時代 (2)三内丸山遺跡
(3)竪穴住居
(4)①秋 ②春 ③夏 ④冬
(5)貝塚

てびき ❶ (3)イエス＝キリストは、キリスト教をひらいた人物です。西暦１(元)年は、イエス＝キリストが生まれたと考えられている年で、それから100年を１世紀といいます。

❷ (1)縄文土器は、縄を転がしてつくったもようのものが多く、食べ物をにたきしたり、たくわえたりするのに使われました。

(4)縄文時代の人々は、狩りや漁、採集をおこなっていました。

24ページ 基本のワーク

❶ ①登呂 ②高床倉庫 ③水田
④弥生土器 ⑤朝鮮半島

❷ ⑥土地 ⑦争い ⑧豪族
⑨くに ⑩王 ⑪吉野ヶ里
⑫堀 ⑬倭 ⑭邪馬台国
⑮卑弥呼

25ページ 練習のワーク

❶ (1)㋑ (2)㋐ (3)㋐、㋓
(4)Ⓐ㋑ Ⓑ㋒

❷ (1)㋒(→)㋑(→)㋐ (2)吉野ヶ里遺跡
(3)佐賀(県) (4)㋓
(5)卑弥呼 (6)倭

てびき ❶ (1)登呂遺跡は、静岡県にあります。

(2)米作りは大陸や朝鮮半島から移り住んだ人々によって九州の北部に伝わり、東日本へと広がりました。

(3)㋑・㋒は縄文土器の特徴です。

❷ (4)銅鐸には、米作りに関する絵などがえがかれたものがあります。

(5)卑弥呼はうらないによって政治をおこなったといわれています。また、中国の魏に使いを送り、金印と「親魏倭王」の称号を授けられました。

26ページ 基本のワーク

❶ ①大仙　②前方後円墳　③墓
④はにわ　⑤古墳　⑥渡来人
⑦土器　⑧漢字　⑨中国

❷ ⑩大王　⑪大和朝廷　⑫稲荷山
⑬ワカタケル　⑭古事記
⑮風土記

27ページ 練習のワーク

❶ (1)前方後円墳
(2)㋑、㋒
(3)㋑　(4)㋐

❷ (1)㋐、㋑　(2)㋒

❸ (1)①○　②奈良県　③○
(2)古事記、日本書紀
(3)㋐、㋓

てびき ❶ (1)円墳と方墳がつながっているのが特ちょうです。

(2)㋐大仙(仁徳天皇陵)古墳は大阪府堺市にあります。㋓5世紀なかごろにつくられたと考えられています。

(4)はにわは、古墳のまわりに並べられていました。古墳の内部には、銅鏡や鉄の刀などが死者とともに納められていました。

❷ (2)渡来人は、鉄をつくり加工する技術を伝えました。

❸ (1)③大王は、のちに天皇と呼ばれるようになりました。

(2)『古事記』と『日本書紀』は、8世紀の初めに天皇の命令でつくられた歴史書です。

(3)『風土記』には、各地の人々の生活のようすや地方の自然などが記されました。

28・29ページ まとめのテスト

1 (1)竪穴住居
(2)㋑
(3)①1　②1　③2　④1
(4)㋐、㋓
(5)資料－1
理由－〈例〉水田があり、米作りをしているから。

2 (1)㋐、㋒
(2)大仙〔仁徳天皇陵〕古墳
(3)㋒

3 (1)㋑
(2)Ⓑ㋒　Ⓒ㋐
(3)㋐、㋓
(4)〈例〉国内の技術や文化を高めるため。

てびき **1** (2)Ⓨは木のさくを指しています。集落を守るために設けられたと考えられることから、この時代にむらどうしの争いがあったことがわかります。

(3)①は銅鐸、②は石包丁、③は土偶、④は田げたです。

(5)米作りがおこなわれていたことが書かれていれば正解です。また、縄文時代にはない物見やぐらや堀、さくについて書かれていても正解です。

2 (2)全長は486mで、はばは305m、高さは約36mです。大仙(仁徳天皇陵)古墳をふくむ古墳群は、2019年に世界文化遺産に登録されました。

3 (1)地図から、大和朝廷の支配地域が、少なくとも関東地方から九州まで広がっていたことがわかります。

(3)渡来人が伝えた土器を須恵器といいます。高温のかまで焼いてつくられました。

なぞり道場　何回も書いてかくにんしよう！

縄文時代　土偶
弥生時代　卑弥呼
古墳時代　渡来人

2　天皇を中心とした政治

30ページ　基本のワーク

❶ ①法隆寺　②聖徳太子〔厩戸皇子〕
③豪族　④天皇　⑤冠位十二階
⑥十七条の憲法　⑦遣隋使
⑧小野妹子　⑨仏教

❷ ⑩蘇我　⑪中大兄皇子
⑫中臣鎌足　⑬遣唐使
⑭藤原京　⑮貴族　⑯飛鳥

31ページ　練習のワーク

❶ (1)法隆寺　(2)㋑
(3)聖徳太子〔厩戸皇子〕

❷ (1)十七条の憲法
(2)①㋖　②㋐　③㋔
(3)㋒

❸ (1)大化の改新　(2)㋐、㋓
(3)①㋓　②㋐　③㋖
④㋑　⑤㋔
(4)藤原京

てびき ❶ (3)聖徳太子が、仏教が盛んになることを願って建てたといわれています。

❷ (3)十七条の憲法は、政治をおこなう役人の心得を示しています。

❸ (3)律令によって定められた税や労働は、農民にとって重い負担でした。

32ページ　基本のワーク

❶ ①平城京　②仏教　③国分寺
④東大寺　⑤大仏　⑥行基
⑦渡来人

❷ ⑧木簡　⑨米　⑩特産物
⑪兵士　⑫シルクロード
⑬正倉院　⑭鑑真　⑮唐招提寺

33ページ　練習のワーク

❶ (1)㋑　(2)聖武天皇
(3)㋑　(4)㋑、㋓
(5)行基　(6)㋑

❷ (1)地方の役所ー㋒　都ー㋐、㋑、㋓
(2)シルクロード〔絹の道〕
(3)Ⓐ㋑　Ⓑ㋐
(4)正倉院

てびき ❶ (2)聖武天皇の時代には、伝染病が流行したり、貴族が反乱をおこしたりして世の中が乱れていました。聖武天皇は、仏教の力で国を治めようとしました。

(5)行基は全国に仏教を広めてまわるとともに、道路や橋、ため池などをつくって農民のくらしを助けていたため、人々からしたわれていました。

❷ (2)中国の絹をヨーロッパに運んだ道です。

34・35ページ　まとめのテスト

1 (1)㋒　(2)㋑
(3)隋　(4)㋐、㋓

2 (1)①国家　②戸籍
(2)㋑
(3)〈例〉天皇を中心とする強力な国づくり。

3 (1)平城京
(2)①東大寺　②㋑　③㋐、㋒
④〈例〉シルクロードを通じて中国に伝えられたものを、遣唐使が日本に持ち帰ったから。
(3)㋓

4 (1)木簡
(2)㋐
(3)㋑、㋒

てびき **1** (1)冠位十二階は、かんむりの色などで役人の位を区別しました。

2 (2)㋐さきもりは3年間、北九州の守りにあたりました。㋑地方の特産物は、農民が都まで運んで納めなければなりませんでした。㋒稲のとれ高の約3％を地方の役所に納めました。㋓1年に10日、都で働くか、布を納めなければなりませんでした。

3 (1)平城京は、中国の唐の都・長安を手本につくられました。

なぞり道場　何回も書いてかくにんしよう！

しょう	とく	たい	し		けん	ずい	し
聖	徳	太	子		遣	隋	使
しょう	む	てん	のう			ぎょう	き
聖	武	天	皇			行	基

3 貴族が生み出した新しい文化

36ページ 基本のワーク

❶ ①平安京 ②貴族 ③寝殿造
④中臣鎌足〔藤原鎌足〕 ⑤きさき
⑥十二単

❷ ⑦菅原道真 ⑧遣唐使
⑨日本風 ⑩かな文字
⑪紫式部 ⑫清少納言
⑬大和 ⑭年中行事

37ページ 練習のワーク

❶ (1)平安時代
(2)㋓ (3)㋒

❷ (1)藤原道長 (2)㋒
(3)㋑ (4)寝殿造

❸ (1)遣唐使 (2)大和絵
(3)①㋒ ②㋐
(4)かたかな (5)㋐、㋓

てびき ❶ (1)平安京に都が移されたのは794年。明治時代に東京が首都とされるまでの約1100年間、京都が日本の都でした。

(3)㋐は飛鳥時代に聖徳太子が定めた冠位十二階、㋑は古墳時代のようすです。

❸ (1)遣唐使が取りやめになったころ、中国の文化をもとにしつつ、日本の風土やくらしに合った日本風の文化が生まれました。

38・39ページ まとめのテスト

1 (1)寝殿造 (2)㋐、㋓
(3)㋐ (4)平安京
(5)Ⓐ㋓ Ⓑ㋐
(6)㋒
(7)〈例〉むすめを天皇のきさきとし、生まれた子が天皇になることで大きな力をもった。

2 (1)①㋑ ②㋑ (2)㋒
(3)①ひらがな ②㋑
(4)①作品名－源氏物語
作者名－紫式部
②作品名－枕草子
作者名－清少納言
(5)㋒ (6)賀茂祭〔葵祭〕

てびき **1** (2)㋑弥生時代につくられた戦いに備えた集落の説明です。㋒縄文時代につくられた竪穴住居の説明です。

(3)貴族は寝殿造のやしきの庭でけまりなどをおこない、池には舟をうかべて音楽や和歌などを楽しみました。

(4)平安京に都が移されてから約400年間続いた時代を、平安時代といいます。

(6)藤原道長は、中臣鎌足(藤原鎌足)の子孫である藤原氏の一族です。

2 (2)㋐は古墳時代、㋑は縄文時代、㋓は奈良時代につくられました。

(3)②かな文字を使って、日本人の心情をより自由に表現できるようになりました。

(5)貴族は、政治とともに儀式や年中行事もたいせつにしていました。

なぞり道場 何回も書いてかくにんしよう！

ふじ	わらの	みち	なが		しん	でん	づくり
藤	原	道	長		寝	殿	造
すが	わらの	みち	ざね		むらさき	しき	ぶ
菅	原	道	真		紫	式	部
せい	しょう	な	ごん		やまと		え
清	少	納	言		大	和	絵

4 武士による政治のはじまり

40ページ 基本のワーク

❶ ①武士 ②農業 ③武芸
④やぐら ⑤畑

❷ ⑥源氏 ⑦平清盛
⑧太政大臣 ⑨兵庫
⑩平氏 ⑪源義経
⑫壇ノ浦

41ページ 練習のワーク

❶ (1)①△ ②○ ③○
(2)平氏 (3)平清盛
(4)㋑ (5)厳島神社
(6)㋒

❷ (1)伊豆 (2)㋒
(3)源義経
(4)①㋑ ②㋑ ③㋐

てびき ❶ (4)平清盛は平治の乱(1159年)で源頼朝の父である源義朝をたおし、朝廷内における勢力を強めました。

(5)清盛が航海の安全を祈った厳島神社は、世界文化遺産に登録されています。

(6)平清盛が太政大臣になったころ、朝廷の重要な地位の多くを、平氏の一族がしめるようになりました。

❷ (4)③源氏のかしらであった源頼朝は、平氏の政治に不満をもつ関東地方の武士と協力し、平氏をたおすために兵をあげました。

42ページ 基本のワーク

❶ ①鎌倉　②御家人　③守護
④地頭　⑤征夷大将軍
⑥鎌倉時代　⑦御恩　⑧奉公
⑨執権　⑩北条政子

❷ ⑪モンゴル　⑫北条時宗
⑬九州　⑭集団　⑮火薬
⑯足利

43ページ 練習のワーク

❶ (1)①守護　②地頭
③征夷大将軍
(2)Ⓐ㋑、㋒　Ⓑ㋐
(3)執権
(4)承久の乱
(5)北条政子

❷ (1)元　(2)㋒
(3)北条時宗
(4)①㋑　②㋐
(5)㋑

てびき ❶ (1)源頼朝は、家来の武士(御家人)を地方の守護や地頭につけることで、地方にも力がおよぶようにしました。

(3)北条氏は、頼朝の妻である北条政子の一族です。

❷ (2)一度目の戦いで元軍が上陸した博多湾沿岸に石るいがつくられました。

(5)元との戦いのあと、幕府と御家人の関係がくずれていきました。元との戦いから50年ほどのちに、北条氏は、足利氏らによってたおされました。

44・45ページ まとめのテスト

1 (1)㋑
(2)㋐、㋒

2 (1)①㋑　②㋐　③㋒
(2)〈例〉むすめを天皇のきさきにし、朝廷の重要な地位を一族で独占した。
(3)①㋕　②㋒　③㋑

3 (1)①㋒　②㋔　③㋓
(2)〈例〉敵に攻めこまれにくい地形。
(3)征夷大将軍
(4)㋒

4 (1)㋑
(2)①火薬兵器、集団戦法
②㋑
(3)〈例〉御恩として領地をもらえた者がわずかだったから。

てびき **1** (1)資料1は、武士が馬にのり、弓を射る訓練をするようすです。

(2)㋑束帯は平安時代の男性の正装です。㋓十二単は平安時代の女性の正装です。武士はふだん、直垂を着て、戦いのときには大鎧を身につけました。女性は小袖を着ていました。

2 (2)平清盛は藤原氏と同じように、自分のむすめを天皇のきさきにし、生まれた子を次の天皇に立てて朝廷で力をもちました。

(3)①は広島県、②は伊豆(静岡県)、③は鎌倉(神奈川県)です。

3 (1)地図から東・北・西を山に囲まれ、南は海に面していることがわかります。

(3)征夷大将軍は、もともと東北地方を武力でしずめる役職でしたが、幕府の代表者を意味するようになりました。

4 (2)①陶器に火薬と鉄片をつめた「てつはう」と呼ばれる武器が使われました。

なぞり道場 何回も書いてかくにんしよう！

たいらの	きよ	もり		みなもとの	より	とも	
平	清	盛		源	頼	朝	
ばく	ふ		ご	おん		ほう	こう
幕	府		御	恩		奉	公
しっ	けん			ほう	じょう	とき	むね
執	権			北	条	時	宗

5 今に伝わる室町の文化と人々のくらし

46ページ 基本のワーク

❶ ①祇園祭 ②足利尊氏 ③室町

❷ ④大名 ⑤明 ⑥金閣
⑦足利義満 ⑧銀閣 ⑨書院造
⑩応仁の乱 ⑪足利義政 ⑫幕府

47ページ 練習のワーク

❶ (1)祇園祭 (2)㋑ (3)㋑

❷ (1)足利尊氏 (2)大名
(3)㋒
(4)Ⓐ金閣 Ⓑ銀閣
(5)①Ⓐ ②Ⓑ ③Ⓑ
④Ⓐ ⑤Ⓐ ⑥Ⓑ
(6)応仁の乱

てびき ❷ (3)足利義満は、元にかわって中国を統一した明と貿易をおこないました。
(6)8代将軍足利義政のあとつぎ争いに、大名どうしの争いがからんだことで、応仁の乱がおこりました。

48ページ 基本のワーク

❶ ①水墨画 ②茶の湯 ③盆おどり
④田楽 ⑤能 ⑥世阿弥
⑦おとぎ話

❷ ⑧牛 ⑨二毛作 ⑩用水路
⑪手工業 ⑫市 ⑬山城国

49ページ 練習のワーク

❶ (1)①水墨画 ②雪舟
(2)①田楽 ②猿楽
(3)能、狂言 (4)㋑、㋓

❷ (1)①㋐ ②㋑ ③㋑
(2)㋒ (3)㋒、㋓
(4)㋐

てびき ❶ (1)雪舟は、中国で水墨画を学び、帰国後、日本の水墨画を完成させました。
(4)㋐と㋒は平安時代につくられました。

❷ (1)②二期作は、同じ耕地で1年に2回同じ作物を作ることです。
(3)市は、人通りが多い港や宿場で開かれました。最初は月に数回開かれていましたが、しだいに回数が増えていきました。

50・51ページ まとめのテスト

1 (1)㋒
(2)㋑
(3)①寝殿造 ②書院造
(4)明
(5)観阿弥、世阿弥
(6)〈例〉力をもった大名が、幕府の命令をきかなくなったから。
(7)〈例〉畳がしかれているところ。
〈例〉障子があるところ。

2 (1)Ⓐ生け花 Ⓑ茶の湯
(2)①狂言 ②石庭
(3)記号—Ⓑ
理由—〈例〉Ⓐはあざやかな色でえがかれているが、Ⓑは墨だけでえがかれているから。

3 (1)①㋒ ②㋑ ③㋐
(2)㋑
(3)〈例〉自分たちの生活を守るために、自分たちの手で村を守ろうとしたから。

てびき **1** (2)㋐は源頼朝、㋒は藤原道長や平清盛、㋓は聖武天皇がおこなったことです。
(4)明との貿易で、日本は銅・いおう・刀剣などを輸出し、明銭(銅銭)・生糸・絹織物などを輸入しました。
(7)ふすまやちがい棚について書かれていても正解です。

2 (3)Ⓐは平安時代の大和絵、Ⓑは雪舟がえがいた水墨画です。

3 (1)①牛が引いているのは、「すき」という名前の、田を耕す道具です。②③豊作を祈っておこなわれる田楽とともに、田植えをしていました。
(2)㋑は弥生時代の農業のようすです。

なぞり道場 何回も書いてかくにんしよう！

あし	かが	よし	みつ			きん	かく
足	利	義	満			金	閣
あし	かが	よし	まさ			ぎん	かく
足	利	義	政			銀	閣
せっ	しゅう		のう		きょう	げん	
雪	舟		能		狂	言	

6 戦国の世の統一

52ページ 基本のワーク

❶ ①戦国大名　②長篠
③織田信長　④鉄砲
⑤武田〔武田勝頼〕

❷ ⑥種子島　⑦鉄砲　⑧堺
⑨キリスト教　⑩南蛮　⑪火薬
⑫金　⑬九州　⑭天正

53ページ 練習のワーク

❶ (1)㊁　(2)Ⓐ　(3)鉄砲

❷ (1)種子島　(2)㋑、㋒
(3)宣教師－フランシスコ＝ザビエル
場所－㊁

❸ (1)南蛮貿易
(2)ポルトガル、スペイン
(3)㋐、㋒　(4)①㋑　②㋑

てびき ❶ (2)織田・徳川連合軍が大量の鉄砲を使い、武田軍の騎馬隊を破りました。

❷ (3)**キリスト教**が伝わったあと、ポルトガルやスペインの商人も日本にやってくるようになり、ヨーロッパの文化が広まりました。

❸ (1)(2)当時、貿易をおこなっていたスペイン人やポルトガル人は南蛮人と呼ばれていたことから、**南蛮貿易**といいます。

54ページ 基本のワーク

❶ ①桶狭間　②貿易
③室町幕府　④一向宗
⑤安土　⑥楽市・楽座
⑦キリスト教　⑧明智光秀

❷ ⑨大阪城　⑩検地　⑪刀狩
⑫百姓　⑬明　⑭朝鮮
⑮安土桃山

55ページ 練習のワーク

❶ (1)安土城　(2)㋐、㊁
(3)①㋑　②㋑　(4)㊁

❷ (1)大阪城　(2)刀狩(令)
(3)百姓　(4)㋒、㊁
(5)①㋑　②㊁
(6)安土桃山時代

てびき ❶ (2)**織田信長**は、市場の税をなくしたり、商工業者の組合の**特権**をなくしたりして、だれでも自由に商売をおこなえるようにしました。

❷ (2)**豊臣秀吉**は、**刀狩**をおこない、百姓が刀や弓、やりなどの武器をもつことを禁止しました。百姓を農業に専念させて、一揆を防ぐ目的もありました。

(4)豊臣秀吉がおこなった**検地**では、ものさしやますの大きさをそろえ、統一した基準で全国の田畑の面積などを調べました。

56・57ページ まとめのテスト

1 (1)①長篠の戦い　②㋒
③左(側)
理由－〈例〉鉄砲が多くみられるから。
(2)①ポルトガル　②㊁
③㋒、㊁
(3)Ⓒ　(4)①㋑　②㋑
(5)㋒

2 (1)①検地　②収穫高　③検地帳
(2)刀狩
(3)〈例〉武士、町人と百姓の身分のちがいがはっきりした。
(4)①明　②２度　③○

3 (1)織田信長
(2)織田信長－㋒、㊁
豊臣秀吉－㋐、㋑
(3)①㋒　②城下町

てびき **1** (2)①②1543年、**種子島**(鹿児島県)にたどり着いた中国船に乗っていたポルトガル人が、日本に**鉄砲**を伝えました。

(3)京都に近く、琵琶湖のほとりにあって水運などの交通が便利なことから、この土地に城がつくられました。

3 (1)織田信長が用いた「天下布武」の印です。

なぞり道場 何回も書いてかくにんしよう！

織(お)	田(だ)	信(のぶ)	長(なが)		南(なん)	蛮(ばん)	
豊(とよ)	臣(とみ)	秀(ひで)	吉(よし)		刀(かたな)	狩(がり)	

7 武士による政治の安定

58ページ 基本のワーク

❶ ①江戸 ②関ヶ原
③征夷大将軍 ④江戸城
⑤豊臣 ⑥江戸

❷ ⑦大名 ⑧外様
⑨武家諸法度 ⑩徳川家光
⑪参勤交代 ⑫1 ⑬宿場

59ページ 練習のワーク

❶ (1)①㋑ ②㋒
③天下分け目(の戦い)
(2)征夷大将軍
(3)地名－江戸 位置－㋐

❷ (1)①㋓ ②㋑ ③㋐
(2)藩 (3)日光東照宮

❸ (1)武家諸法度 (2)徳川家光
(3)㋑、㋓

てびき ❷ (1)①関ヶ原の戦いのころに家来になった外様は江戸からはなれた場所に配置されました。②御三家とは尾張・紀伊・水戸の徳川氏の一族です。親藩の中でも高い地位をもち、将軍のあとつぎがいない場合には、この中から次の将軍が選ばれました。

❸ (3)この制度を参勤交代といいます。㋐大名は1年おきに江戸に住みました。㋒費用はすべて大名が負担しました。

60ページ 基本のワーク

❶ ①武士 ②名字 ③百姓
④町人 ⑤庄屋 ⑥五人組

❷ ⑦朱印状 ⑧日本町 ⑨島原・天草
⑩ふみ絵 ⑪オランダ ⑫鎖国

❸ ⑬出島 ⑭朝鮮通信使
⑮琉球王国 ⑯アイヌ

61ページ 練習のワーク

❶ (1)①百姓 ②武士 ③町人
(2)㋑、㋓

❷ (1)朱印状 (2)ふみ絵 (3)出島
(4)鎖国 (5)㋐、㋓

❸ (1)Ⓐ松前藩 Ⓑ対馬藩 Ⓒ薩摩藩
(2)Ⓐ

てびき ❶ (2)鎖国の制度がととのえられ、㋐と㋒はすべての人に禁止されていました。

❷ (5)中国(清)とオランダは、キリスト教を布教しなかったため、貿易が認められていました。

❸ (2)北海道には、アイヌ民族が住んでおり、江戸時代には松前藩と交易をおこなっていました。

62・63ページ まとめのテスト

1 (1)㋒(→)㋓(→)㋐(→)㋑
(2)譜代
(3)〈例〉江戸からはなれた場所。
(4)①〈例〉江戸での生活に多くの費用を使わなければならなかった。
②㋑、㋒

2 (1)①町人 ②武士
(2)①㋒ ②半分〔50%〕

3 (1)①中国〔清〕
②〈例〉キリスト教を広めなかったから。
(2)島原・天草一揆
(3)㋑ (4)朱印状
(5)Ⓓ(→)Ⓒ(→)Ⓑ(→)Ⓐ

4 (1)〈例〉将軍がかわったとき。
(2)㋐ (3)琉球王国
(4)㋑、㋓

てびき 1 (1)㋐は1603年、㋑は1615年、㋒は1590年、㋓は1600年のできごとです。

(4)①江戸のやしきでかかる費用や領地と江戸の往復にかかる費用の負担は重く、大名たちの経済力を弱めることになりました。

2 (2)町人にも税がかけられましたが、収穫の半分ほどをねんぐとして納めなければならなかった百姓に比べると、負担の軽いものでした。

3 (5)Ⓐは1641年、Ⓑは1637年、Ⓒは1612年、Ⓓは江戸時代の初めごろのできごとです。

4 (2)松前藩の不正な取り引きに対し、アイヌの人々の不満が高まりました。

なぞり道場 何回も書いてかくにんしよう！

徳川家康（とくがわいえやす）　親藩（しんぱん）
武家諸法度（ぶけしょはっと）　鎖国（さこく）

8　江戸の社会と文化・学問

64ページ　**基本のワーク**

❶ ①町人　②歌舞伎
③人形浄瑠璃　④近松門左衛門
⑤無形文化　⑥浮世絵
⑦歌川広重　⑧東海道五十三次

❷ ⑨蘭学　⑩オランダ
⑪解体新書　⑫日本地図

65ページ　**練習のワーク**

❶ (1)あ㋔　い㋐
(2)㋑、㋒　(3)㋒
(4)浮世絵　(5)歌川広重
(6)㋑

❷ (1)㋑　(2)解体新書
(3)㋐、㋒　(4)伊能忠敬
(5)㋒

てびき ❶ (1)歌舞伎や人形浄瑠璃は、2008年にユネスコの無形文化遺産に登録されました。

❷ (4)伊能忠敬がつくった日本地図は、現在の地図とほとんど変わらないほどの正確さでした。

66ページ　**基本のワーク**

❶ ①儒学　②国学　③天皇
④古事記伝　⑤寺子屋
⑥そろばん

❷ ⑦台所　⑧商業　⑨おひざもと
⑩五街道　⑪農具　⑫肥料
⑬特産物　⑭町人

67ページ　**練習のワーク**

❶ (1)儒学　(2)㋑　(3)国学
(4)①本居宣長　②古事記伝
(5)①㋐、㋒
②読み、書き、そろばん
③㋒

❷ (1)東海道、中山道
(2)①大阪　②江戸

てびき ❶ (2)幕府は、人々を支配するのに役だつ儒学を武士に学ばせました。

(4)②本居宣長は、30年あまりかけて『古事記伝』を完成させました。

(5)①武士の子どもたちは幕府の学校や藩がつくった藩校で、町人や百姓の子どもは町や村につくられた寺子屋で学びました。

❷ (1)五街道は、参勤交代の大名や商人のほか、幕府の書類などを運ぶ飛脚がゆきかいました。

68・69ページ　**まとめのテスト**

1 (1)人形浄瑠璃－㋒　歌舞伎－㋐
(2)①東海道五十三次
②〈例〉版画で数多く印刷されたから。
③㋒
(3)㋐　(4)㋑　(5)㋐

2 (1)①㋑　②㋑
(2)〈例〉人々を支配するのに都合がよかったから。
(3)寺子屋
(4)〈例〉日常の生活や商品の取り引きに必要だから。

3 (1)㋐、㋓
(2)〈例〉新田を開発したから。
(3)㋑
(4)あ東海道　い西まわり航路
(5)天下の台所

てびき 1 あは近松門左衛門、いは歌川広重、うは杉田玄白、えは本居宣長です。

(2)③浮世絵は、日本から外国への輸出品のつつみに使われていたことなどから、ヨーロッパに伝わり人気となりました。

(3)㋑は、当時使われていたかいぼう図です。

3 (1)㋒稲をかり取ったあとに麦などを作る二毛作は、鎌倉時代に広まりました。

(3)㋐幕府も藩も、特産物をつくる産業に力を入れました。

(4)東海道と中山道は江戸と京都を結ぶ道です。五街道のなかでも、東海道はとくに多くの人々に利用されました。

なぞり道場　何回も書いてかくにんしよう！

にん	ぎょう	じょう	る	り		らん	がく
人	形	浄	瑠	璃		蘭	学
か	ぶ	き		う	き	よ	え
歌	舞	伎		浮	世	絵	

9 明治の新しい国づくり

70ページ 基本のワーク

1 ①明治　②東京　③浦賀
④貿易　⑤日米和親
⑥下田　⑦函館
⑧日米修好通商　⑨鎖国

2 ⑩大塩平八郎　⑪打ちこわし
⑫西郷隆盛　⑬木戸孝允
⑭徳川慶喜

71ページ 練習のワーク

1 (1)Ⓑ
(2)Ⓐ㋐、㋓　Ⓑ㋑、㋒

2 (1)ペリー　(2)㋑
(3)日米和親条約　(4)㋐、㋓

3 (1)㋑
(2)①薩摩藩　②長州藩
③土佐藩
(3)大政奉還

てびき 1 Ⓐは江戸時代の寺子屋です。

2 (1)ペリーはアメリカ大統領からの手紙を直接幕府に手わたすため、江戸湾の入口の浦賀にあらわれました。

(4)㋐は函館（北海道）、㋓は下田（静岡県）です。

72ページ 基本のワーク

1 ①五か条の御誓文　②廃藩置県
③身分　④士族　⑤平民
⑥解放令

2 ⑦富国強兵　⑧徴兵
⑨地租改正　⑩富岡製糸場
⑪岩倉使節団　⑫生糸
⑬文明開化　⑭福沢諭吉

73ページ 練習のワーク

1 (1)五か条の御誓文　(2)㋑
(3)明治維新
(4)①廃藩置県　②版籍奉還

2 (1)①皇族　②士族　③平民
(2)㋒

3 (1)富国強兵　(2)殖産興業
(3)徴兵令　(4)岩倉具視
(5)㋐、㋒

てびき 2 (2)㋐平民（もとの百姓や町人）にも名字が許されました。㋑士族は刀をさすことを禁止されました。

3 (4)岩倉具視を中心とする岩倉使節団が、1871年に欧米へ派遣されました。使節団には伊藤博文や大久保利通らが参加しました。

74・75ページ まとめのテスト

1 (1)㋑　(2)㋒
(3)〈例〉日米和親条約を結ぶ前は反対の意見が多かったが、結んだあとは賛成が多くなった。
(4)㋑、㋓　(5)㋒
(6)天皇〔朝廷〕

2 (1)①大名　②藩
(2)①㋐　②㋑

3 (1)㋑
(2)①富岡製糸場　②㋑　③㋑
(3)〈例〉不作や豊作に関係なく、国の収入を安定させるため。

4 (1)小学校〔学校〕　(2)㋑
(3)㋒　(4)㋒　(5)㋑、㋓

てびき 1 (1)大塩平八郎は、1833年におきた大ききんをきっかけに、苦しむ人々を助けるため兵をあげました。

2 (2)①北海道の開たくが進められたことによって、アイヌの人々の土地がうばわれることになりました。

4 (2)女子児童の就学率は、1879年には男子児童の就学率の3分の1ほどでしたが、1905年には男子とほぼ同じで100%に近くなりました。

(5)㋑雑誌とともに新聞も広まりました。㋓江戸時代までは、牛肉を食べる習慣はほとんどありませんでした。㋐・㋒江戸時代に広まりました。

なぞり道場 何回も書いてかくにんしよう！

ご		じょう		ご	せい	もん	
五	か	条	の	御	誓	文	
ふ	こく	きょう	へい		ちょう	へい	れい
富	国	強	兵		徴	兵	令

10 国力の充実をめざす日本と国際社会

76ページ 基本のワーク

❶ ①江戸幕府 ②ノルマントン号
③治外法権 ④関税自主権
⑤陸奥宗光 ⑥小村寿太郎

❷ ⑦西南戦争 ⑧西郷隆盛
⑨自由民権 ⑩板垣退助
⑪自由党 ⑫大隈重信

❸ ⑬ドイツ ⑭内閣総理大臣
⑮大日本帝国憲法 ⑯天皇
⑰帝国議会 ⑱衆議院 ⑲25

77ページ 練習のワーク

❶ (1)イギリス (2)治外法権
(3)㋑

❷ (1)㋑
(2)人物－板垣退助 政党名－自由党

❸ (1)大日本帝国憲法
(2)伊藤博文
(3)Ⓐ天皇 Ⓑ内閣
Ⓒ帝国議会 Ⓓ国民
(4)㋒

てびき ❶ (3)㋓**小村寿太郎**は1911年に関税自主権を回復した外務大臣です。

❷ (1)**自由民権運動**は、政府に国会を開くように求める運動で、全国に広がりました。

78ページ 基本のワーク

❶ ①朝鮮 ②日清戦争 ③台湾
④ロシア ⑤イギリス
⑥日露戦争 ⑦東郷平八郎
⑧アメリカ

❷ ⑨ポーツマス ⑩樺太 ⑪植民地
⑫満州 ⑬独立 ⑭中華民国
⑮第一次世界大戦

79ページ 練習のワーク

❶ (1)㋒ (2)日清戦争 (3)下関条約
(4)台湾－㋓
リアオトン(遼東)半島－㋑

❷ (1)日露戦争 (2)①Ⓑ ②Ⓐ
(3)㋑ (4)与謝野晶子

❸ (1)㋑、㋒ (2)①㋐ ②㋑

てびき ❶ (3)山口県下関市で講和会議が開かれました。

❷ Ⓐはロシア、Ⓑはイギリス、Ⓒはアメリカを表しています。

(1)日清戦争の後、ロシアが満州で勢力を広げ、日本国内で危機感が高まりました。

❸ (1)㋐は日清戦争の講和条約(下関条約)の内容です。

(2)②**第一次世界大戦**は1914年から1918年にかけてヨーロッパを中心におこりました。オーストリアやドイツなどの国々と、ロシア・イギリス・アメリカ・日本などの国々が戦い、ドイツ側が敗れました。

80ページ 基本のワーク

❶ ①生糸 ②八幡製鉄所 ③公害
④足尾銅山 ⑤北里柴三郎
⑥野口英世 ⑦津田梅子
⑧電気 ⑨女性

❷ ⑩大正 ⑪米騒動
⑫平塚らいてう ⑬全国水平社
⑭普通選挙 ⑮治安維持

81ページ 練習のワーク

❶ (1)①八幡製鉄所 ②㋑
(2)あ㋑ い㋓
(3)衆議院議員－田中正造
鉱山－足尾銅山
(4)①野口英世 ②北里柴三郎
③津田梅子

❷ (1)米騒動
(2)平塚らいてう〔らいちょう〕
(3)全国水平社 (4)㋓ (5)㋑

てびき ❶ (1)**八幡製鉄所**は1901年に現在の福岡県北九州市で操業を開始し、日本の重工業の発展を支えました。

(2)日露戦争後、生糸の輸出量は世界一をほこっていました。

❷ (4)納める税金による制限はなくなりましたが、女子には選挙権があたえられませんでした。

(5)日本国内の産業が発達するにつれて、女性たちがさまざまな職場でかつやくするようになりました。

82・83ページ まとめのテスト

1 (1)あ

(2)〈例〉武力による反乱はなくなり、言論によってうったえていくようになった。

(3)Ⓐ㋑　Ⓑ㋐　Ⓒ㋒

2 (1)①天皇　②法律

(2)㋒　(3)①15　②25

3 (1)〈例〉治外法権を認める。

〈例〉関税自主権がない。

(2)㋑

(3)Ⓒ陸奥宗光　Ⓕ小村寿太郎

(4)㋒　(5)ロシア　(6)㋐

4 (1)Ⓐ㋓　Ⓑ㋒　Ⓒ㋐　Ⓓ㋑

(2)㋒　(3)米騒動

(4)〈例〉社会運動をおさえるため。〔政治や社会のしくみを変えようとする運動や思想を厳しく取りしまるため。〕

てびき **1** (3)**自由民権運動**は、国会開設を求める運動で、国民を政治に参加させるべきだと主張しました。

2 (2)㋐衆議院と貴族院に分かれていました。㋑貴族院は皇族・華族のほか、天皇から任命された議員で構成されました。㋓天皇が任命する大臣で構成される内閣のほうが、強い権限をもっていました。

(3)条件を満たすのは、当時の人口の約1.1%でした。

3 (4)㋐はロシア、㋑は日本、㋓は中国を表しています。

(6)第1回帝国議会が開かれたのは、**大日本帝国憲法**が発布された翌年の1890年です。

4 (1)Ⓐは**平塚らいてう**、Ⓑは**田中正造**、Ⓒは**野口英世**、Ⓓは**与謝野晶子**です。

(4)人々の**民主主義**への意識が高まり、社会的な権利を主張する動きが高まったため、取りしまるための法律をつくりました。

なぞり道場　何回も書いてかくにんしよう！

じ	ゆう	みん	けん	うん	どう		
自	由	民	権	運	動		
			てい	こく	けん	ぽう	
大	日	本	帝	国	憲	法	

11　アジア・太平洋に広がる戦争

84ページ 基本のワーク

1 ①好景気　②不景気

③関東大震災　④アメリカ

⑤冷害　⑥満州

2 ⑦資源　⑧移住　⑨満州事変

⑩満州国　⑪国際連盟　⑫天皇

⑬二・二六

85ページ 練習のワーク

1 (1)第一次世界大戦

(2)①㋑　②㋑

(3)㋑、㋓

2 (1)南満州(鉄道)　(2)満州事変

(3)①満州国　②中国

(4)㋑　(5)㋐、㋒　(6)㋒

てびき **1** (1)(2)第一次世界大戦中、ヨーロッパの国々の生産力がおとろえたため、日本の輸出が増え、好景気となりました。

2 (1)日露戦争で勝った日本は、ロシアから南満州鉄道を管理する権利をゆずり受けました。

(2)日本の不景気がひどくなると、満州を領土にすれば、広い土地と豊かな資源が手に入ると主張する軍人や政治家が出てきました。

(5)㋐は1936年、㋒は1932年におこりました。

86ページ 基本のワーク

1 ①日中戦争　②軍国主義

③姓名　④徴兵　⑤ドイツ

⑥第二次世界大戦　⑦東南アジア

⑧イタリア　⑨マレー　⑩ハワイ

⑪太平洋戦争

2 ⑫鉄　⑬切符制

⑭ぜいたく　⑮疎開

87ページ 練習のワーク

1 (1)①日中戦争

②ナンキン〔南京〕、シャンハイ〔上海〕

(2)第二次世界大戦

(3)ドイツ、イタリア

(4)㋐、㋓

2 (1)㋑　(2)㋑、㋓

(3)①㋒　②㋐　③㋑

てびき ❶ (1)ⓐはペキン(北京)です。1937年からはじまった**日中戦争**は中国全土に広がり、1945年まで続きました。

(4)日本は、イギリス領のマレー半島とハワイのアメリカ軍基地を攻撃しました。

❷ (1)㋐は1925年に出された治安維持法、㋒は1873年に出された徴兵令です。

(2)さとうやマッチ、米、みそ、しょうゆ、衣料品など、生活必需品が**切符制**・**配給制**になりました。

(3)①兵力だけでなく労働力も不足していたため、中学生や女学生も兵器工場などに動員されました。

88ページ 基本のワーク

❶ ①空襲 ②軍事 ③沖縄
④地上戦 ⑤学徒

❷ ⑥イタリア ⑦ドイツ
⑧無条件 ⑨ポツダム ⑩広島
⑪長崎 ⑫ソ連 ⑬昭和天皇
⑭満州

89ページ 練習のワーク

❶ (1)㋐、㋓ (2)㋑ (3)Ⓓ

❷ (1)イギリス、中国、アメリカ
(2)㋒
(3)広島ー㋑ 長崎ー㋓
(4)原爆ドーム
(5)8(月) 15(日)
(6)㋒

てびき ❶ (1)1945年の**東京大空襲**では、10万人以上の人たちがなくなりました。

(2)㋐は群馬県、㋒・㋓は東京都です。

(3)**沖縄**では、住民を巻きこんだ激しい地上戦がおこなわれ、軍人だけでなく、多くの県民がぎせいになりました。

❷ (3)戦争で**原爆**が使われたのは、世界ではじめてのことでした。放射線による後遺症は、戦後も人々を苦しめました。

(4)**原爆ドーム**は、ユネスコの世界文化遺産に「負の遺産」として登録されています。

(5)ほとんどの国民は、ラジオを通してはじめて天皇の声を聞きました。

90・91ページ まとめのテスト

1 (1)関東大震災
(2)不景気
(3)㋐
(4)〈例〉国際連盟が「満州国」を認めない決議をしたから。
(5)㋑、㋓
(6)㋑、㋒、㋔
(7)①東南アジア ②資源
(8)ⓘ

2 (1)㋒
(2)〈例〉不足する兵力を補うため。
(3)ぜいたく

3 (1)㋑
(2)①㋓、㋔
②〈例〉戦争のすさまじさを伝えるため。
(3)㋒ (4)ソ連
(5)Ⓒ(→)Ⓑ(→)Ⓓ(→)Ⓐ

てびき **1** (1)**関東大震災**による死者・ゆくえ不明者は10万人以上にのぼり、日本経済に大きな打撃をあたえました。

(5)㋐・㋒は日清戦争について述べた文です。

(6)日本は、ドイツ・イタリアと軍事同盟を結び、アメリカやイギリスなどの連合国と対立しました。

(7)日本軍は、ビルマ(現在のミャンマー)やジャワ島などの油田を占領しました。

(8)**日中戦争**が長引くなか、1938年に法律ができました。

2 (3)戦争が長引くと、「ぜいたくは敵だ」というスローガンも生まれ、国民の生活は苦しくなっていきました。

3 (5)Ⓒポツダム宣言の発表(1945年7月)→Ⓑアメリカ軍が1回目の原爆を投下(8月6日)→Ⓓソ連の侵攻(8月8日)→Ⓐ日本の降伏を発表(8月15日)の順です。

なぞり道場 何回も書いてかくにんしよう！

たい	へい	よう	せん	そう		くう	しゅう
太	平	洋	戦	争		空	襲
しゅう	だん	そ	かい				
集	団	疎	開				

12 新しい日本へのあゆみ

92ページ 基本のワーク

❶ ①上が　②やみ市
③青空教室　④連合国
⑤参政権　⑥義務教育
⑦日本国憲法

❷ ⑧国際連合　⑨冷たい戦争
⑩西　⑪東　⑫サンフランシスコ
⑬日米安全保障　⑭朝鮮戦争
⑮ソ連

93ページ 練習のワーク

❶ (1)Ⓑ　(2)㋑　(3)青空教室

❷ (1)参政権
(2)日本国憲法　(3)戦争
(4)国際連合
(5)アメリカ、ソ連
(6)サンフランシスコ平和条約
(7)日米安全保障条約
(8)南部－大韓民国
　北部－朝鮮民主主義人民共和国
(9)朝鮮戦争　(10)自衛隊

てびき ❷ (5)アメリカを中心とする国々は西ヨーロッパに、ソ連を中心とする国々は東ヨーロッパに多かったので、東西冷戦ともいいます。

94ページ 基本のワーク

❶ ①高度経済成長　②所得倍増
③重化学　④新幹線
⑤冷蔵庫　⑥クーラー
⑦公害

❷ ⑧オリンピック　⑨万国博覧会
⑩日中平和友好　⑪韓国
⑫地球温暖化　⑬アメリカ軍
⑭SDGs　⑮少子高齢

95ページ 練習のワーク

❶ (1)㋐㋑　㋑㋒　㋒㋐
(2)㋐、㋒
(3)高度経済成長
(4)㋐、㋒、㋕

❷ (1)①中国　②韓国　③北朝鮮
(2)排他的経済水域　(3)㋓

てびき ❶ (1)㋐は1964年に開かれたオリンピック東京大会、㋑は1970年に大阪で開かれた日本万国博覧会、㋒は1997年に京都で開かれた地球温暖化防止会議のようすです。

(2)オリンピック東京大会に向けて、高速道路や東海道新幹線がつくられました。

(3)高度経済成長は、1950年代なかごろから、1970年代前半まで続き、国民の生活が豊かになりました。

(4)1970年代に家庭に広まった自動車(カー)、クーラー、カラーテレビは3Cと呼ばれました。白黒テレビ、電気せんたく機、冷蔵庫は1960年代に家庭に広がり、「三種の神器」と呼ばれました。

❷ (1)③北朝鮮に連れ去られた人を返してもらう努力が、現在も続けられています。

(2)排他的経済水域内の資源などを採る権利は、沿岸国にあります。

(3)沖縄は、1952年に日本が独立を回復した後も、アメリカに占領されていました。日本に返すよう交渉がおこなわれ、1972年に日本へ復帰しました。

96・97ページ まとめのテスト

1 (1)〈例〉女性にも参政権があたえられた点。
(2)①日本国憲法
　②1946(年) 11(月) 3(日)
　③㋒
(3)①㋑　②㋐

2 (1)冷たい戦争〔東西冷戦〕
(2)朝鮮戦争
(3)〈例〉アメリカが大量の物資を日本に注文したから。

3 (1)㋐㋓　㋑㋐　㋒㋒
(2)㋑
(3)㋑、㋒

4 (1)ソ連
(2)㋑㋒　㋒㋔　㋕㋐
(3)㋒
(4)㋐
(5)アイヌ
(6)㋑

てびき **1** (1)参政権には、選挙権だけでなく被選挙権(立候補できる権利)もふくまれます。戦後はじめておこなわれた1946年の衆議院議員選挙では、39人の女性議員が生まれました。

(2)②現在は文化の日として国民の祝日になっています。③㋐の国民主権、㋑の平和主義、㋓の基本的人権の尊重の三つは、日本国憲法の基本原則となっています。

(3)**資料3**は、サンフランシスコ平和条約の調印式のようすです。日本はアメリカやイギリスなど、48か国と平和条約を結びました。いっぽう、中国は会議に招待されず、ソ連は調印をこばみました。

2 (2)朝鮮戦争がはじまると、連合国軍総司令部の指令で、今の自衛隊のもとになる警察予備隊がつくられました。

(3)アメリカ軍は、日本のアメリカ軍基地から出動し、大量の物資を日本に注文しました。これにより、国内の産業が盛んになり、日本の経済が立ち直るきっかけになりました。

3 (3)㋐鉄鋼や自動車などの重化学工業が発達しました。㋑アメリカに次ぐ第2位になりました。㋒急速な産業の発展は、各地で公害を引きおこしました。四日市ぜんそく、新潟水俣病、イタイイタイ病、水俣病の四大公害裁判がおこなわれました。㋓農村の若者の多くが、都市の工場に就職しました。

4 (1)1956年に日ソ共同宣言が調印され、ソ連との国交が回復しました。

(4)㋐日本と中国の経済・文化の発展のために結ばれました。

(5)アイヌ民族に関して、1997年にアイヌ文化振興法、2019年にはアイヌ施策推進法が制定されました。

なぞり道場 何回も書いてかくにんしよう！

にち	べい	あん	ぜん	ほ	しょう	じょう	やく
日	米	安	全	保	障	条	約
こう	ど	けい	ざい	せい	ちょう		
高	度	経	済	成	長		
こう	がい		しょう	し	こう	れい	か
公	害		少	子	高	齢	化

1 日本とつながりの深い国々

98ページ 基本のワーク

2 ①ワシントンD.C.　②英語
③化学製品　④自動車
⑤大型　⑥大規模
⑦宇宙開発　⑧先住民
⑨国旗　⑩スクールバス

99ページ 練習のワーク

1 (1)㋑　(2)㋒
(3)Ⓓ　(4)先住民

2 (1)①㋐食料品　㋑航空機類
㋒自動車
②㋐
(2)㋒、㋓　(3)㋑
(4)①㋐　②㋑

てびき **1** (3)地図中のⒶはシアトル、Ⓑはロサンゼルス、Ⓒはニューヨークです。

(4)アメリカには、先住民の人々のほか、ヨーロッパ系、アフリカ系、アジア系などさまざまな人たちがくらしています。

2 (4)①アメリカ合衆国では、広い農地で大型機械を使った大規模な農業がおこなわれており、世界中の国々に食料を輸出しています。このことから、アメリカ合衆国は「世界の食料庫」と呼ばれています。

100ページ 基本のワーク

1 ①ペキン〔北京〕　②中国語
③労働力　④電気機器
⑤一人っ子

2 ⑥ブラジリア　⑦ポルトガル語
⑧日系　⑨夏　⑩冬
⑪カーニバル

101ページ 練習のワーク

1 (1)㋑　(2)Ⓐ
(3)漢民族　(4)㋒　(5)㋒
(6)①㋐　②㋑

2 (1)Ⓒ　(2)㋐
(3)日系ブラジル人
(4)㋑
(5)㋑、㋒

てびき ❶ (1)(2)地図中のⒶがペキン(北京)、Ⓑはシャンハイ(上海)、Ⓒはホンコン(香港)です。大都市には日本の会社や店がたくさん進出しています。

(3)中国には、56もの民族がくらしています。このうち、人口の90％以上をしめるのが漢民族で、残りは少数民族です。

(6)①人口の急激な増加をおさえるため、一人っ子政策がおこなわれていましたが、現在は廃止されています。②春節には学校や会社などが休みになり、故郷に帰省する人が多くなります。

❷ (1)地図中のⒶはコロンビア、Ⓑはペルー、Ⓒはブラジル、Ⓓはアルゼンチンです。

(4)ブラジルに移住した日本人の多くは、コーヒー農園などで働きました。

(5)㊁ブラジルは国土の大部分が南半球にあり、日本と季節が反対になるため、1月が夏休みになります。

102ページ 基本のワーク

❶ ①ソウル　②韓国語　③プサン
④米　⑤キムチ　⑥ＩＣＴ

❷ ⑦4　⑧平和　⑨国旗
⑩国歌　⑪独立国
⑫歌舞伎

103ページ 練習のワーク

❶ (1)㋐　(2)Ⓑ
(3)㋐　(4)㋑、㋒
(5)キムチ　(6)㋑、㋓

❷ (1)パラリンピック
(2)国旗－日章旗〔日の丸〕
国歌－君が代
(3)㋑　(4)①㋐　②㋐

てびき ❶ (2)地図中のⒶは朝鮮民主主義人民共和国の首都であるピョンヤン、Ⓑはソウル、Ⓒはプサンです。

(6)㋐義務教育は初等学校6年間と中学校3年間の9年間です。㋒韓国では、ＩＣＴを活用した授業が盛んで、デジタル教科書や外国語教育でのコンピューターの活用が進んでいます。㋓小学校は3月から7月が1学期、8月下旬から2月末までが2学期です。

❷ (3)2019年に開催されたラグビーワールドカップは、東京都調布市や大阪府東大阪市など全国12か所の会場でおこなわれました。

(4)歌舞伎は、日本の伝統芸能で、無形文化遺産に登録されています。相撲は日本の国技(日本を代表するスポーツ)です。

104・105ページ まとめのテスト

1 (1)Ⓐ中国　Ⓑ韓国　Ⓒアメリカ
Ⓓブラジル
(2)①Ⓐ　②Ⓒ　③Ⓓ　④Ⓑ
(3)①Ⓓ　②Ⓐ　③Ⓑ　④Ⓒ

2 (1)民族　(2)春節
(3)〈例〉日系ブラジル人が多いから。

3 (1)㋐
(2)Ⓐ㋓　Ⓑ㋑
(3)国－中国
理由－〈例〉中国との貿易額が、アメリカとの貿易額より多いから。

4 (1)オリンピック・パラリンピック
(2)東京
(3)日章旗
(4)㋐、㋓
(5)〈例〉自分が住んでいる地域で開かれる国際交流祭りに参加して、外国の人たちと英語で話してみたい。

てびき **1** (1)(2)教科書に出てくる国の位置、首都名、国旗が一致するように覚えましょう。

2 (3)東洋人街には、近年日系人だけではなく中国などのアジア系の人々が増えています。

3 (3)輸出額と輸入額の合計が貿易額で、2020年のアメリカとの貿易額は約20.1兆円、中国との貿易額は約32.6兆円です。

なぞり道場　何回も書いてかくにんしよう！

アメリカ合衆国（がっしゅうこく）
中華人民共和国（ちゅうかじんみんきょうわこく）
大韓民国（だいかんみんこく）

2　世界がかかえる問題と日本の役割

106ページ　基本のワーク

❶ ①スーダン　②自衛隊
③南スーダン　④地雷
⑤ユニセフ　⑥子どもの権利
⑦募金

❷ ⑧地球温暖化　⑨温室効果ガス
⑩酸性雨　⑪国連環境　⑫京都
⑬持続可能　⑭ユネスコ
⑮世界遺産

107ページ　練習のワーク

❶ (1)地雷
(2)あウクライナ　いシリア
うテロ
(3)㋑、㋒

❷ (1)①㋑　②㋓　③㋐　④㋒
(2)㋑　(3)ユネスコ
(4)SDGs

てびき ❶ (1)地雷は一度うめられると作動し続けるため、紛争が終わったあとも、ふんだ人たちが被害を受けています。処理する場合も危険をともないます。

❷ (2)㋐はユニセフ、㋒はユネスコのことです。

(4)2030年までに世界が協力して達成すべき17の目標です。

108ページ　基本のワーク

❶ ①安全　②平等　③人権
④1945　⑤安全保障
⑥難民　⑦平和維持

❷ ⑧青年海外　⑨開発途上
⑩教育　⑪農業技術
⑫結核

109ページ　練習のワーク

❶ (1)㋓　(2)㋒
(3)㋒　(4)国連憲章
(5)㋐、㋒
(6)①㋑　②㋑

❷ (1)開発途上国　(2)㋑、㋒
(3)Ⓐ㋒　Ⓑ㋐　Ⓒ㋑
(4)㋒　(5)㋒

てびき ❶ (1)国際連合は第二次世界大戦後の1945年につくられました。

(2)2021年現在、世界の193か国が国際連合に加盟しています。

(5)㋑はユネスコの役割です。

❷ (3)アフリカやアジアなど、開発途上国が多い地域へ多く派遣しています。

110・111ページ　まとめのテスト

1 (1)Ⓐ㋒　Ⓑ㋐　Ⓒ㋓　Ⓓ㋑
(2)①あ、う　②インド、ロシア
③Ⓐ㋑　Ⓑ㋐
(3)Ⓐ㋑　Ⓑ㋐

2 (1)①ツバル　②㋓
(2)㋐、㋑
(3)①ユネスコ　②安全保障理事会
③国連環境計画
(4)SDGs

3 (1)㋑、㋒
(2)㋒
(3)〈例〉地球の環境を守るために、買い物をするときはエコバッグを使うようにする。／世界の貧しい子どもを救うため、学校でおこなわれている募金活動に積極的に参加する。など

てびき **1** (3)ユニセフは、国連児童基金のことで、全ての子どものためにさまざまな活動を支援することを目的とする国連の組織です。

2 (1)ツバルは太平洋にある島国です。国土面積は26㎢で、世界で4番目に小さい国です。

3 (3)地球環境のほか、食料や災害、差別などさまざまな問題について、あなたができることを考えてみましょう。

なぞり道場　何回も書いてかくにんしよう！

あん	ぜん	ほ	しょう	り	じ	かい	
安	全	保	障	理	事	会	
かい	はつ	と	じょう	こく			
開	発	途	上	国			

実力判定テスト　夏休みのテスト①

日本国憲法と政治のしくみ

1 次の問いに答えましょう。 1つ5〔15点〕

(1) 日本国憲法の三つの原則のうち、国民が国の政治のあり方を最終的に決める権限をもつことを何といいますか。　（ 国民主権 ）

(2) 次のうち、国民の権利ではなく義務にあてはまるものを、２つ選びましょう。　（㋑）（㋒）

㋐ 選挙をする。　㋑ 子どもに教育を受けさせる。
㋒ 税金を納める。　㋓ 職業を自由に選ぶ。

2 次の資料を見て、答えましょう。 1つ5〔35点〕

国の政治のしくみ

Ⓐ 国会
Ⓑ 内閣
Ⓒ 裁判所
国民
・衆議院の解散を決定
・国会の召集を決定
・法律が憲法に違反していないかを判断
・内閣総理大臣を指名
・内閣を信任しないことを決議
・裁判官をやめさせるかどうかの裁判をする
・政治が憲法に違反していないかを判断
・最高裁判所長官を指名
・そのほかの裁判官を任命
あ　い　う

(1) 次の話にあてはまる機関を、資料中のⒶ～Ⓒからそれぞれ選びましょう。

憲法や法律にもとづいて争いごとを解決したり、罪のあるなしを決めたりするよ。　Ⓒ
決められた法律や予算にもとづいて、実際の政治をおこなっているんだね。　Ⓑ
国民の代表者が話し合い、国の進む方向を決めているよ。　Ⓐ

(2) 次の文のうち、資料からわかること１つに○を書きましょう。

㋐（○）内閣総理大臣は、国会が指名する。
㋑（　）裁判所は衆議院の解散を決定する。
㋒（　）最高裁判所の長官は、国会が指名する。

(3) 資料中のあいうの矢印が示すはたらきについて、次の文の｛　｝にあう言葉に○を書きましょう。

あ 国会議員を｛ 裁判　(選挙) ｝で選ぶ。
い ｛(世論)　裁判 ｝が内閣にえいきょうをあたえる。
う ｛(国民審査)　裁判 ｝をして、最高裁判所の裁判官がふさわしいかどうかを判断する。

わたしたちの願いと政治のはたらき

3 次の資料を見て、答えましょう。 1つ5〔50点〕

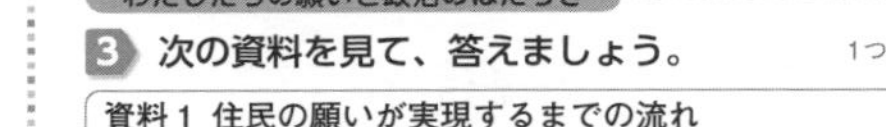

資料１ 住民の願いが実現するまでの流れ

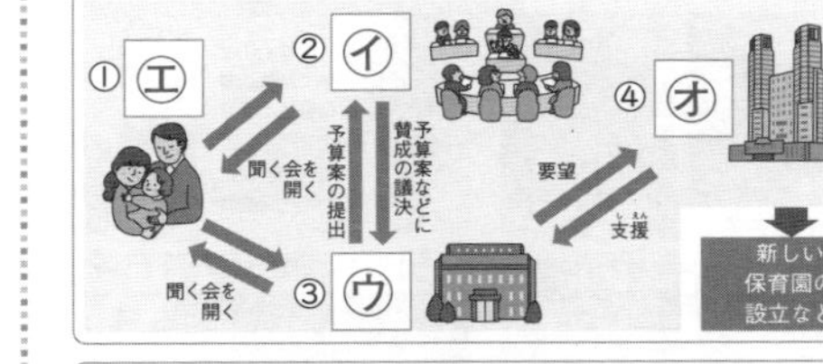

資料２ 災害が発生した直後の政治のはたらき

外国
他の都道府県
他の市(区)町村
ボランティア
国
都道府県
被災した市(区)町村
自衛隊
警察・消防 海上保安庁 日本赤十字社 電気・ガス 放送局など
被災地・被災者
調整連絡　派遣命令　協力要請　支援要請　被害報告　支援　派遣要請　協力要請　救助活動など　救助活動協力
●避難誘導 ●避難所の開設 ●被害状況の確認 ●支援要請 ●支援物資の提供 ●救助活動 など

(1) 資料１中の①～④にあてはまる言葉を、次からそれぞれ選び、□に書きましょう。

㋐ 会社　㋑ 区議会　㋒ 区役所
㋓ 住民の願い　㋔ 東京都や国

(2) 次の文のうち、資料１・２からわかること２つに○を書きましょう。

㋐（○）住民の願いは、政治のはたらきと関係が深い。
㋑（　）区議会の議員は予算案を作成する。
㋒（　）区は、国や都道府県の支援は受けない。
㋓（○）災害のとき、国は外国とも連絡をとる。

(3) 次の文の□にあてはまる言葉を、あとの□からそれぞれ選びましょう。

①（ 税金 ）②（ 支援 ）
③（ 自衛隊 ）④（ ボランティア ）

▶住民の願いを実現させるための費用は、住民が納める①や、国・都道府県からの②でまかなわれている。
▶被災地には、国が派遣した③や、自主的に活動する④がかけつけ、救助活動などをおこなう。

支援　税金　ボランティア　自衛隊

実力判定テスト　夏休みのテスト②

大昔のくらしとくにの統一

1 次の問いに答えましょう。 1つ5〔25点〕

(1) 次の表中の①～③にあてはまる言葉を、あとからそれぞれ選びましょう。

米作りが広がる前		米作りが広がったあと	
①（㋒）	土偶	②（㋑）	③（㋐）

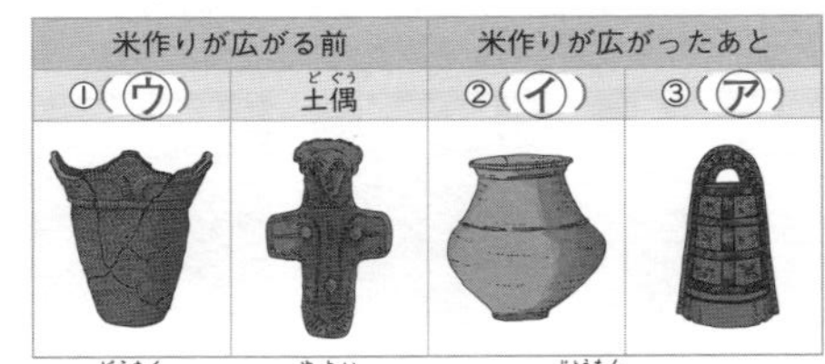

㋐ 銅鐸　㋑ 弥生土器　㋒ 縄文土器

(2) 次の文のうち、米作りが広がったころのむらについて、正しいもの１つに○を書きましょう。

㋐（○）物見やぐらや、堀やさくがつくられた。
㋑（　）ほかのむらとの争いはおこらなかった。
㋒（　）代表的な遺跡に、三内丸山遺跡がある。

(3) 古墳時代に、中国や朝鮮半島から日本に移り住んだ人々を何といいますか。　（ 渡来人 ）

天皇を中心とした政治①

2 次の問いに答えましょう。 1つ5〔25点〕

(1) 次の話と関係が深い資料を、あとからそれぞれ選び、話の答えを（　）に書きましょう。

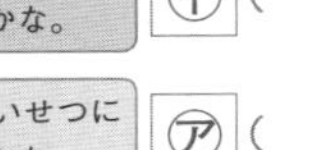
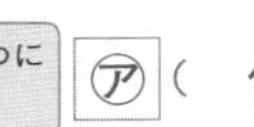

中大兄皇子らが手本にした国はどこかな。　㋑（ 中国 ）
聖徳太子がたいせつにした宗教は何かな。　㋐（ 仏教 ）

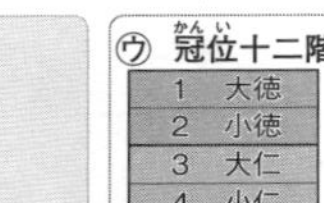

㋐ 十七条の憲法（一部）
○ 争いをやめてなかよくしなさい。
○ 仏教を敬いなさい。
○ 天皇の命令を守りなさい。
○ 役人たちは礼儀正しくしなさい。

㋑ 中大兄皇子らの政治
○ 中国で学んだ留学生とともに、天皇中心の国づくりを進めた。
○ 中国を手本にして都をつくった。
○ 国に税を納めるしくみをつくった。

㋒ 冠位十二階

1	大徳
2	小徳
3	大仁
4	小仁
5	大礼
6	小礼
7	大信
8	小信
9	大義
10	小義
11	大智
12	小智

(2) 聖徳太子が建てたといわれる、現存する世界最古の木造建築とされる寺を何といいますか。　（ 法隆寺 ）

天皇を中心とした政治②/貴族が生み出した新しい文化

3 次の資料を見て、答えましょう。 1つ5〔50点〕

あ 東大寺の大仏
い 正倉院の宝物

う かな文字ができるまで

かたかな	ひらがな
阿→ア	安→安あああ
伊→イ	以→以いいい
宇→ウ	宇→宇うううう

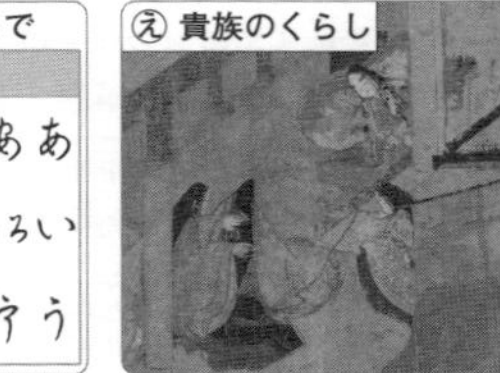

え 貴族のくらし

(1) 次の文の（　）にあてはまる言葉を書き、関係の深い資料を、上のあ～えからそれぞれ選びましょう。

▶僧の（ 行基 ）は、聖武天皇の大仏づくりに協力した。　あ
▶正倉院には、（ シルクロード ）（絹の道）を通って伝わった宝物が納められた。　い
▶貴族の生活のようすや風景がえがかれた（ 大和絵 ）が残っている。　え

(2) 次の文のうち、大仏がつくられたころのようすについて、正しいもの１つに○を書きましょう。

㋐（　）蘇我氏が天皇をしのぐほどの力をもっていた。
㋑（○）人々は伝染病に苦しんでいた。
㋒（　）大きな反乱もなく、平和な世の中だった。

(3) かな文字を使って、『源氏物語』を書いた女性はだれですか。　（ 紫式部 ）

(4) 次の問いに答えましょう。

① 右の歌をよんだとされる人物を、次から選びましょう。　（㋐）

この世をば　我が世とぞ思う　望月の欠けたることも　なしと思えば

㋐ 藤原道長　㋑ 菅原道真
㋒ 中臣鎌足　㋓ 鑑真

② ①の人物は、どのようにして力を強めましたか。「むすめ」という言葉を使って書きましょう。

（〈例〉むすめを天皇のきさきにした。）

実力判定テスト 冬休みのテスト①

武士による政治のはじまり

1 次の問いに答えましょう。 (3)10点、他1つ5〔35点〕

(1) 次の文にあてはまる人物を、あとからそれぞれ選びましょう。 ①(ウ) ②(イ) ③(ア)

① 征夷大将軍に任命され、幕府を開いた。
② 武士としてはじめて太政大臣になった。
③ 壇ノ浦の戦いで、平氏を攻めほろぼした。

(2) 鎌倉幕府における将軍と御家人の関係を、何といいますか。 （ 御恩 ）と（ 奉公 ）

(3) 右の戦いのあと、(2)の関係がくずれました。その理由を「ほうび」「不満」という言葉を使って書きましょう。

（〈例〉戦いのほうびをもらえなかった御家人たちが、幕府に不満をもつようになったから。）

今に伝わる室町の文化と人々のくらし

2 次の資料を見て、答えましょう。 1つ5〔15点〕

① 雪舟が墨だけを使ってえがいた。

② 多くの流派を生み、今も続く。

③ 足利義満が京都の北山に建てた。

④ 今の和室のもとになった建築様式。

(1) 次の文のうち、室町時代の文化について、資料からわかること2つに○を書きましょう。

㋐(○)現在まで続いている文化がある。
㋑(　)雪舟の水墨画は世界中で人気がある。
㋒(○)金閣は3代将軍の足利義満が建てた。

(2) ④の建築様式を何といいますか。（ 書院造 ）

戦国の世の統一

3 次の資料を見て、答えましょう。 1つ5〔30点〕

織田信長

足利氏を京都から追い出して、① 幕府をほろぼした。

二度にわたって ② に大軍を送りこんだ。

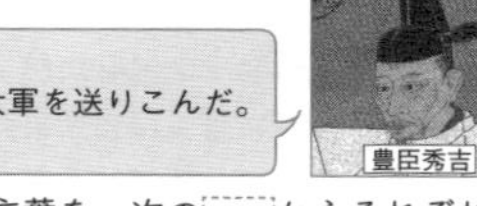

(1) □にあてはまる言葉を、次の□からそれぞれ選びましょう。 ①（ 室町 ） ②（ 朝鮮 ）

室町　鎌倉　唐　朝鮮

(2) 次の文のうち、織田信長がおこなったことには○を、豊臣秀吉がおこなったことには△を書きましょう。

①(△)明智光秀をたおし、天下統一をはたした。
②(○)キリスト教を保護し、布教を認めた。
③(○)城下町で、だれでも自由に商工業ができるようにした。
④(△)検地と刀狩をおこなった。

武士による政治の安定/江戸の社会と文化・学問

4 次の資料を見て、答えましょう。 1つ5〔20点〕

① 大名は1年おきに江戸に住んだ。

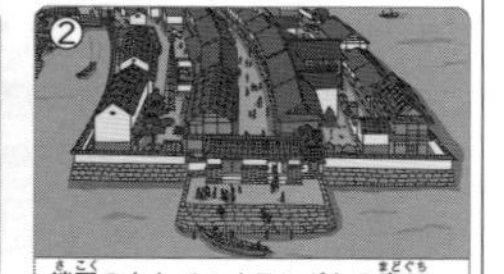
② 鎖国のもとでのオランダとの窓口。

③ ヨーロッパの学問が研究された。
◀当時の医学書のかいぼう図
オランダ語の医学書のかいぼう図▶

④ 人々の日常や風景がえがかれた。

(1) ①を制度にした、江戸幕府の3代将軍はだれですか。（ 徳川家光 ）

(2) ②の人工の島を何といいますか。（ 出島 ）

(3) ③・④に関係の深い人物を、次からそれぞれ選びましょう。 ③(エ) ④(イ)

㋐ 近松門左衛門　㋑ 歌川広重
㋒ 本居宣長　㋓ 杉田玄白

実力判定テスト 冬休みのテスト②

明治の新しい国づくり

1 次の資料を見て、答えましょう。 1つ5〔25点〕

① 富岡製糸場

② 明治時代初めの身分

(1) ①は、何県につくられましたか。（ 群馬県 ）

(2) ②の□にあてはまる言葉を、次から選びましょう。

㋐ 平民　㋑ 百姓　㋒ 武士

(3) 次の文にあてはまる政策を、あとの□からそれぞれ選びましょう。 ①（ 廃藩置県 ） ②（ 殖産興業 ）

① 藩を廃止し、新たに県を置く。
② 欧米の技術を取り入れ、産業を盛んにする。

解放令　殖産興業　廃藩置県　文明開化

(4) 明治政府が地租改正をおこなった目的を、「収入」という言葉を使って書きましょう。

（〈例〉国の収入を安定させるため。）

国力の充実をめざす日本と国際社会

2 次の問いに答えましょう。 1つ5〔25点〕

(1) 次の人物にあてはまる文を、あとからそれぞれ選びましょう。 ①(ウ) ②(ア) ③(イ)

① 伊藤博文　② 西郷隆盛　③ 板垣退助

㋐ 薩摩藩出身で、西南戦争の中心となった。
㋑ 国会開設を求めて、自由民権運動を指導した。
㋒ 初代内閣総理大臣になった。

(2) イギリスと交渉し、不平等な条約のうち、治外法権を廃止した外務大臣はだれですか。（ 陸奥宗光 ）

(3) 次の文のうち、日清戦争にあてはまるもの1つに○を書きましょう。

㋐(○)日本は多額の賠償金を受け取った。
㋑(　)与謝野晶子が戦争に批判的な歌をよんだ。
㋒(　)東郷平八郎が外国の艦隊を破った。

アジア・太平洋に広がる戦争

3 次の年表を見て、答えましょう。 1つ5〔50点〕

年	おもなできごと
1931	日本が不景気になる
1931	㋐満州事変がおこる
1933	日本が ① を脱退する
1937	㋑日中戦争がおこる
1939	㋒第二次世界大戦がはじまる
1940	㋓日本がドイツ・②と軍事同盟を結ぶ
1941	㋔太平洋戦争がおこる
1945	原爆が落とされる
1945	㋕長く続いた戦争が終わる

(1) 年表中の□にあてはまる言葉を、次の□からそれぞれ選びましょう。 ①（ 国際連盟 ） ②（ イタリア ）

国際連盟　国会　イタリア　アメリカ

(2) 次の話と関係が深いできごとを、年表中の㋐～㋕からそれぞれ選びましょう。

（ウ）

（ア）

(3) 年表中の㋔のころの国民の生活について、正しいものには○を、誤っているものには×を書きましょう。

①(○)さとうや米などが切符制・配給制になった。
②(×)小学生は、空襲をさけるために地方から都市へ集団疎開した。
③(×)勉強がたいせつだと考えられたため、大学生で兵士になる人はいなかった。
④(○)戦争に反対する新聞や出版物は厳しく取りしまられた。

(4) 右の写真を見て、次の問いに答えましょう。

① この建物があるのはどこですか。（ 広島 市）
② この場所に原爆が落とされたのは、いつですか。
1945年（ 8 月 6 日）

実力判定テスト　学年末のテスト①

新しい日本へのあゆみ

1 次の資料を見て、答えましょう。 1つ5〔30点〕

あ『あたらしい憲法のはなし』
こんどの憲法では、日本の国が決して二度と□をしないように、二つのことを決めました。その一つは、兵隊も軍艦も飛行機も、およそ戦争をするためのものは、いっさいもたないということです。（一部）

い 48か国と平和条約を結んだ。

う 東京でオリンピックが開かれた。

え はじめて女性議員が誕生した。

(1) あについて、次の問いに答えましょう。
① 下線部の「こんどの憲法」を何といいますか。（日本国憲法）
② 資料中の□にあてはまる言葉を、漢字2字で書きましょう。（戦争）

(2) 次の文に関係の深い資料を、上のあ～えからそれぞれ選びましょう。
① 女性の参政権が認められた。（え）
② 日本が独立を回復した。（い）
③ 日本の復興と経済発展が世界に示された。（う）
④ 日本が平和主義をとることが示された。（あ）

2 次の問いに答えましょう。 1つ5〔20点〕

(1) 次の文のうち、戦後の改革について正しいもの2つに○を書きましょう。
ア（　）軍隊が強化された。
イ（○）自分の農地をもつ農民が増えた。
ウ（　）政党が解散させられた。
エ（○）義務教育が全部で9年間になった。

(2) 次の文の｛　｝にあてはまる言葉に○を書きましょう。
▶1956年、日本は｛国際連盟　(国際連合)｝に加盟し、国際社会への復帰をはたした。
▶1972年、日本は｛(中国)　アメリカ｝と国交を正常化し、1978年には平和友好条約を結んだ。

日本とつながりの深い国々

3 次の地図を見て、答えましょう。 1つ5〔20点〕

① イ
② ア
③ ウ

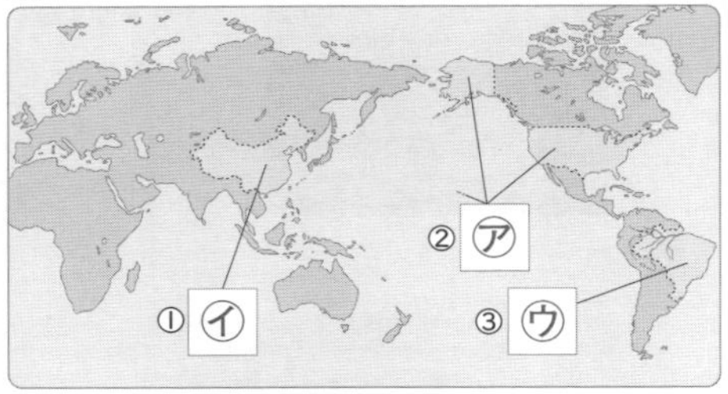

(1) 地図中の①～③の国の国旗として正しいものを次からそれぞれ選び、□に書きましょう。
ア　イ　ウ

(2) 次の文のうち、①の国にあてはまるもの1つに○を書きましょう。
ア（　）祖先が日本人である人が多い。
イ（○）一人っ子政策がおこなわれていた。
ウ（　）ファストフードやパソコンが生まれた。
エ（　）キムチがよく食べられている。

世界がかかえる問題と日本の役割

4 次の問いに答えましょう。 (3)10点、他1つ5〔30点〕

(1) 次の話にあてはまる言葉を、あとの□からそれぞれ選びましょう。

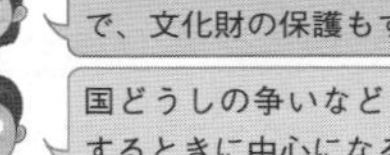
飢えや病気などで困っている子どもたちを支援するよ。
教育・科学・文化の専門機関で、文化財の保護もするよ。
国どうしの争いなどを解決するときに中心になるよ。

（ユニセフ）
（ユネスコ）
（安全保障理事会）

ユニセフ　ユネスコ　安全保障理事会　NGO

(2) 温室効果ガスの増加が原因と考えられている環境問題を、何といいますか。（地球温暖化）

(3) 開発途上国とは、どのような国ですか。「経済」「産業」という言葉を使って書きましょう。
（〈例〉経済や産業が発展するとちゅうの段階にある国。）

実力判定テスト　学年末のテスト②

1・2学期の復習

1 次の問いに答えましょう。 1つ5〔25点〕

(1) 右の図を見て、次の問いに答えましょう。

国会（立法）
内閣（行政）
裁判所（司法）

① このしくみを何といいますか。（三権分立）
② このしくみがとられている理由を、「権力」という言葉を使って書きましょう。
（〈例〉権力が1つの機関に集まらないようにするため。）

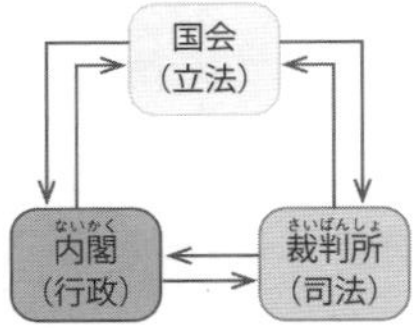

(2) 日本国憲法の三つの原則を書きましょう。
（国民主権）（基本的人権の尊重）（平和主義）

2 次の資料を見て、答えましょう。 1つ5〔25点〕

あ 米作りが伝わった経路

朝鮮半島
日本列島
米作りが伝わった経路
米作りがはじまったところ

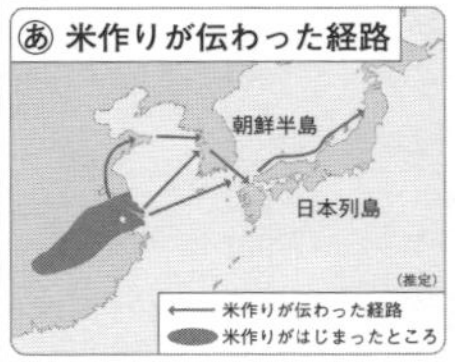

い 寝殿造のやしき

う 弥生人の1年のくらし

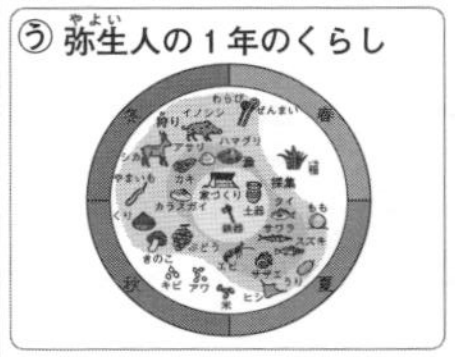

え 法隆寺

(1) 次の人は、上のどの資料を見て話していますか。

米作りは、中国や朝鮮半島を通って日本に伝わったんだね。（あ）

平安時代に貴族がくらしていたやしきのようすだね。（い）

(2) 次の文のうち、正しいものには○を、誤っているものには×を書きましょう。
①（○）いの時代には、朝廷の政治は貴族たちが進めていた。
②（×）うの時代に、日本に仏教が伝わった。
③（×）えの寺を建てた人物は、小野妹子たちを遣唐使として中国（唐）に送った。

3 次の文にあてはまる人物を、右の年表中からそれぞれ選びましょう。 1つ5〔30点〕

① ある幕府をほろぼし、安土に城をきずいた。（織田信長）
② 関ヶ原の戦いに勝ち、幕府を開いた。（徳川家康）
③ 日本で最初の内閣総理大臣になった。（伊藤博文）
④ 平氏をたおし、征夷大将軍となった。（源頼朝）
⑤ 幕府の3代目の将軍で、中国と貿易をおこなった。（足利義満）
⑥ 政権を天皇に返し、長く続いた幕府を終わらせた。（徳川慶喜）

時代	世紀	人物
平安	12	源頼朝
鎌倉	13	
	14	足利義満
室町	15	
安土桃山	16	織田信長
	17	徳川家康
江戸	18	徳川慶喜
	19	伊藤博文
明治	20	

4 次のできごとがおきたわけをア～ウから選び、関係の深い資料をあ～うから選びましょう。 1つ5〔20点〕

	わけ	資料
① 日本人が外国に行くことが禁止され、貿易が厳しく制限された。	ア	あ
② 群馬県の富岡製糸場など、国営の工場がつくられた。	ウ	い

ア 幕府がキリスト教の広まりをおそれたから。
イ 戦争で食料などが不足するようになったから。
ウ 産業を盛んにし、欧米に対抗しようとしたから。

実力判定テスト かくにん! 日本の歴史①

1 年表中の□にあてはまる時代名を、次からそれぞれ選びましょう。

㋐ 平安　㋑ 室町　㋒ 弥生　㋓ 奈良

2 年表中の(　　)にあてはまる言葉や人名を、あとの□からそれぞれ選びましょう。

時代	年	できごと
縄文	約1万2000年前	狩りや漁をしてくらす
		(　縄文　)土器がつくられる
㋒	約2400年前	米作りが大陸から伝わる
		(　弥生　)土器がつくられる
	239	邪馬台国の卑弥呼が中国に使いを送る
	3～5世紀ごろ	古墳が各地につくられる
古墳	4世紀ごろ	(　大和　)朝廷が日本を統一しはじめる
	538	仏教が大陸から伝わる
飛鳥	604	(聖徳太子)が十七条の憲法を定める
	645	中大兄皇子らによって(大化の改新)がはじまる
	710	(　平城京　)<奈良>に都が移される
㋓	752	(　東大寺　)の大仏の開眼式をおこなう
	794	(　平安京　)<京都>に都が移される
	10世紀	かな文字が広く使われはじめる
		(清少納言)が『枕草子』を、(　紫式部　)が『源氏物語』を書く
㋐	1016	(藤原道長)が政治の実権をにぎる
		武士が力をもちはじめる
	1167	(　平清盛　)が太政大臣となる
	1185	源氏が平氏をほろぼす
鎌倉	1192	(　源頼朝　)が征夷大将軍となる
	1274・1281	(　元　)軍が攻めてくる
	1333	鎌倉幕府がたおれる
	1338	(足利尊氏)が征夷大将軍となる
	1397	(足利義満)が北山に金閣を建てる
㋑	1467	応仁の乱がおこる
	1489	(足利義政)が東山に銀閣を建てる
	1543	鉄砲が伝えられる
	1549	(フランシスコ=ザビエル)がキリスト教を伝える
安土	1573	(織田信長)が室町幕府をたおす
桃山	1590	(豊臣秀吉)が全国を統一する

源頼朝　小野妹子　藤原道長　足利義満　足利尊氏　足利義政　織田信長
紫式部　豊臣秀吉　聖徳太子　フランシスコ＝ザビエル　平清盛　清少納言　元
明　平安京　平城京　弥生　大和　縄文　大化の改新　東大寺　法隆寺

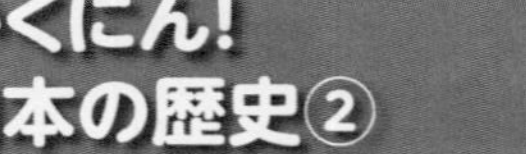
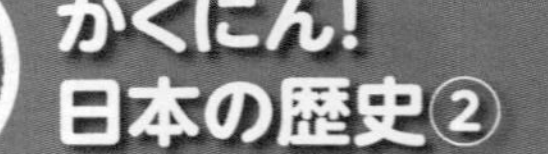

実力判定テスト かくにん! 日本の歴史②

1 年表中の□にあてはまる時代名を、次からそれぞれ選びましょう。

㋐ 昭和　㋑ 江戸　㋒ 大正　㋓ 明治

2 年表中の(　　)にあてはまる言葉や人名を、あとの□からそれぞれ選びましょう。

時代	年	できごと
	1603	(徳川家康)が江戸幕府を開く
	1615	大名を統制するため、(武家諸法度)を定める
	1635	3代将軍徳川家光が(参勤交代)を制度化する
	1637	島原・天草一揆がおこる
㋑	1641	オランダ人を出島に移す
	1853	(　ペリー　)が浦賀に来る
	1854	(日米和親)条約が結ばれる
	1858	(日米修好通商)条約が結ばれる
	1867	15代将軍徳川慶喜が政権を天皇に返す
	1873	(　徴兵令　)が出される
	1881	板垣退助が自由党を結成する
㋓	1885	(伊藤博文)が最初の内閣総理大臣になる
	1889	(大日本帝国憲法)が発布される
	1894	(　日清　)戦争がおこる
	1904	(　日露　)戦争がおこる
	1914	第一次世界大戦がおこる
㋒	1925	男子普通選挙の制度が定められる
	1931	(満州事変)がおこる
	1933	日本が(国際連盟)を脱退する
	1937	(　日中　)戦争がおこる
	1939	第二次世界大戦がおこる
	1941	(　太平洋　)戦争がおこる
	1945	広島・(　長崎　)に原爆が落とされる
㋐	1946	(日本国憲法)が公布される
	1951	サンフランシスコ平和条約と(日米安全保障)条約が結ばれる
	1956	日本が(国際連合)に加盟する
	1964	東京でオリンピック・パラリンピックが開かれる
	1978	(日中平和友好)条約が結ばれる
平成	2011	東日本大震災がおこる
令和	2021	「東京2020オリンピック・パラリンピック」が開かれる

徳川家康　ペリー　本居宣長　伊藤博文　西郷隆盛　杉田玄白　参勤交代　武家諸法度
日本国憲法　大日本帝国憲法　徴兵令　長崎　中国　太平洋　日露　日清　日中
満州事変　国際連盟　国際連合　日中平和友好　日米和親　日米修好通商　日米安全保障

3 2 1 0 9 8 7 6 5 4
＊ ＊ D C B A